本书受教育部人文社会科学研究项目（项目号：17XJA880）

非营利性民办学校内部控制规范研究

刘建银 ◎ 著

科学出版社

北京

内 容 简 介

引导规范民办教育健康发展，有必要引入新的思考视角。本书基于组织内部控制框架，在分析我国民办非企业单位、非营利性民办学校相关制度的基础上，对民办学校的内部控制状况进行了案例研究，然后分析了世界上有代表性的内部控制规范。最后，针对我国非营利性民办学校内部控制规范构建问题，本书从导向、目标、主体、方法、对象以及评价等方面进行了论述。全书政策法规梳理翔实，案例丰富。

本书适合教育行政人员、研究者，民办学校举办者、管理者，以及其他感兴趣的从业人员阅读参考。

图书在版编目（CIP）数据

非营利性民办学校内部控制规范研究 / 刘建银著. -- 北京 : 科学出版社, 2025.6. -- ISBN 978-7-03-081554-5

Ⅰ. G522.74

中国国家版本馆 CIP 数据核字第 2025TS9387 号

责任编辑：王 丹 赵 洁 / 责任校对：贾伟娟
责任印制：徐晓晨 / 封面设计：润一文化

科学出版社 出版
北京东黄城根北街 16 号
邮政编码：100717
http://www.sciencep.com
北京建宏印刷有限公司印刷
科学出版社发行 各地新华书店经销
*

2025 年 6 月第 一 版　　开本：720×1000　1/16
2025 年 6 月第一次印刷　　印张：14 1/2
字数：238 000
定价：128.00 元
（如有印装质量问题，我社负责调换）

目 录

第一章 研究背景与方法 …………………………………………… 1

 第一节 研究背景 ………………………………………………… 1

  一、防止舞弊或欺诈是包括民办学校在内的组织优先关注的
   治理目标 …………………………………………………… 1

  二、强化民办学校自我监管需要更为体系化的理论和政策框架 …… 2

  三、内部控制规范在全球政府、企业等组织中得到广泛应用 ……… 4

  四、我国面向民间非营利组织尤其是非营利性民办学校的内部
   控制专项规范有待建立 …………………………………… 6

 第二节 研究思路与方法 ………………………………………… 7

  一、研究思路 ………………………………………………… 7

  二、研究方法 ………………………………………………… 8

第二章 非营利性民办学校内部控制分析框架 ……………………… 10

 第一节 内部控制的概念、目标与类型 …………………………… 10

  一、内部控制的概念分析 …………………………………… 10

  二、内部控制的目标分析 …………………………………… 17

  三、内部控制的类型分析 …………………………………… 19

 第二节 内部控制规范的演变历程 ………………………………… 21

  一、内部控制规范在国际上的演变历程 …………………… 21

  二、我国内部控制规范的建设进展 ………………………… 26

 第三节 内部控制的要素 ………………………………………… 33

  一、控制环境 ………………………………………………… 34

  二、风险评估 ………………………………………………… 37

　　　　三、控制活动……………………………………………………38
　　　　四、信息与沟通…………………………………………………46
　　　　五、监控与评价…………………………………………………48
　　　　六、内部控制五要素的关系……………………………………50

第三章　民间非营利组织的特征及内部控制制度基础分析…………53
　　第一节　民间非营利组织的特征……………………………………53
　　　　一、组织分化与民间非营利组织的产生………………………53
　　　　二、民间非营利组织特征的国际理解…………………………55
　　　　三、我国民间非营利组织的特征………………………………57
　　第二节　民间非营利组织内部控制的制度基础——以民办非企业
　　　　　　单位为例……………………………………………………59
　　　　一、我国民办非企业单位内部控制制度基础的发展进程……60
　　　　二、民办非企业单位内部控制制度基础的重点分布…………66
　　　　三、民办非企业单位内部控制制度基础的特征分析…………79

第四章　民办学校组织特征及非营利性民办学校内部控制制度基础分析……84
　　第一节　我国民办学校组织性质演变与性质界分…………………84
　　　　一、我国古代私学和近代私立学校的非营利性质……………84
　　　　二、新中国成立至改革开放前民办学校的非营利性质………86
　　　　三、改革开放至分类管理政策实施前的民办学校组织性质…86
　　　　四、民办学校分类管理政策的酝酿与民办学校组织性质界分………87
　　　　五、我国非营利性民办学校的组织特征………………………90
　　第二节　非营利性民办学校内部控制制度基础……………………91
　　　　一、非营利性民办学校内部控制制度基础的发展进程………91
　　　　二、非营利性民办学校内部控制制度基础的重点分布………99
　　　　三、现有非营利性民办学校内部控制制度基础的特征………104

第五章　非营利性民办学校内部控制相关规范建设与实施的案例研究…108
　　第一节　基于实地调查的案例呈现与分析…………………………108

一、某非营利性民办普通本科院校内部控制相关规范建设
　　　　与实施状况 ………………………………………………… 108
　　二、某非营利性民办高职院校内部控制相关规范建设与实施状况 … 116
第二节　基于文献调查的案例呈现与分析 ……………………………… 121
第三节　案例非营利性民办学校内部控制相关规范建设
　　　　与实施的特征 ………………………………………………… 124

第六章　世界代表性内部控制规范的比较研究 ……………………… 129

第一节　国际组织和专业协会发布的内部控制规范 …………………… 129
　　一、INTOSAI 关于公共部门的内部控制指南 ……………………… 129
　　二、世界银行 IFC 发布的《内部控制手册》 ……………………… 133
　　三、ISACA 发布的《信息与相关技术控制目标指南》 …………… 139
　　四、欧盟委员会发布的《内部控制框架修订版》 ………………… 143
第二节　欧美发达国家发布的内部控制规范 …………………………… 147
　　一、美国发布的内部控制规范 ……………………………………… 147
　　二、加拿大 CoCo 发布的控制指南 ………………………………… 151
　　三、英国 FRC 发布的内部控制指南 ……………………………… 154

第七章　非营利性民办学校内部控制规范的构建（一）…………… 158

第一节　非营利性民办学校内部控制规范构建导向 …………………… 158
　　一、倡导利益相关者共同治理 ……………………………………… 158
　　二、突出公信力或公共责任 ………………………………………… 160
　　三、贯穿风险管理思想 ……………………………………………… 162
　　四、依托和强化信息系统内部控制 ………………………………… 164
第二节　非营利性民办学校内部控制目标与主体 ……………………… 166
　　一、为何控制——控制目标 ………………………………………… 166
　　二、谁来控制——控制主体 ………………………………………… 168
第三节　如何控制——风险评估与控制方法 …………………………… 171
　　一、风险评估 ………………………………………………………… 171

二、控制方法……………………………………………………175

第八章　非营利性民办学校内部控制规范的构建（二）……179

第一节　控制什么——控制业务……………………………179

一、组织环境控制………………………………………………179

二、经济业务控制………………………………………………183

三、教育业务控制………………………………………………194

四、其他业务控制………………………………………………199

第二节　效果如何——效果评价与监督改进………………203

一、明确内部控制评价主体及机构……………………………203

二、建立内部控制评价指标体系………………………………204

三、内部控制评价的内外部监督………………………………209

第三节　强化内部控制规范建设与运用的建议……………211

一、坚持内部控制的全员、全过程、全面覆盖………………211

二、正确认识和处理好内部控制与学校其他业务的关系……213

三、立足信息系统和数据库开展内部控制体系建设…………213

四、政府主导推动并将内部控制纳入年检和内外部审计范畴……215

五、循序渐进推进内部控制体系建设…………………………216

参考文献………………………………………………………219

后记……………………………………………………………223

第一章 研究背景与方法

第一节 研究背景

一、防止舞弊或欺诈是包括民办学校在内的组织优先关注的治理目标

防止组织内部出现舞弊或欺诈风险，从来都是架构和优化组织治理体系、提升治理能力过程中值得关注的话题。无论是解释舞弊产生的"三要素理论"还是"四要素理论"[①]，都把舞弊可能发生的"机会"（opportunity）要素放在了非常重要的位置。从舞弊者角度来说，舞弊可能发生的"机会"主要表现为组织中特殊岗位难以监管或者组织设计疏忽而造成的结构性、制度性漏洞。比如有的工作岗位信息严重不对称，工作质量不易判断和评价；有的员工负责的工作流程长，导致舞弊行为不易暴露或被发现；有的员工个人权力过大且没有受到相应制约，或者缺乏相应的核查制度和惩罚措施等。这些都为员工舞弊创造了机会。如果再遇到员工的压力时刻（如欠债、家庭变故等）和自我合理化（如别人舞弊都没被发现、今天拿走改天会还回等），舞弊或欺诈现象就很可能发生。短期、轻微的舞弊主要给工作带来不利影响，而长期、严重的舞弊很可能会导致组织倒闭，甚至在整个产业中形成系统性风险。历史上，无论是家族、企业还是国家，无论其规模大或小，都存在长期或严重舞弊导致衰亡的案例。即便没有故意舞

[①] 舞弊三要素理论是克瑞斯提出并由阿尔布雷特发展的旨在揭示舞弊风险因素的理论，该理论认为舞弊由机会（Opportunity）、压力（Pressure）和自我合理化（Rationalization）三个因素共同导致，三者构成"舞弊三角形"。舞弊四要素理论即 GONE 理论，这是由波隆瓜等人提出的。该理论揭示舞弊风险因素有贪婪（Greed）、机会（Opportunity）、需要（Need）和暴露（Exposure）四个。参见 Dorminey J, Fleming A S, Kranacher M J, et al. The evolution of fraud theory[J]. *Issues in Accounting Education*, 2012, 27(2): 555-579.

弊，组织在业务发展过程中，由于多种因素影响或者监督管理不力，也可能出现人为或非人为的差错，从而给组织带来巨大的生存风险或可持续发展风险。因此，如何更好地减少组织中的错误，防范故意舞弊和欺诈现象，是许多国际组织、国家或地区推进组织治理体系和治理能力现代化过程中广泛关注的重要课题。

回到民办学校的举办和运营管理领域。应该说，国家行政部门作为监管方，肯定不希望民办教育领域存在重大的政策舞弊空间，比如默许举办者套取公共补贴或发布虚假招生广告扰乱招生。国家行政部门一直在积极思考如何弥补既有政策不足，并采取多种监管方式规范民办学校的办学行为。此外，民办学校的出资人、举办者或校长也不希望学校内部管理中存在员工得以舞弊的机会或出错的空间，从而或者掏空学校内部资源或者在工作中出现重大纰漏，进而让学校蒙受损失。可以说，加强内部管理，优化工作流程，强化业务监督，维持学校稳定、持续、健康发展，是民办学校监管者、举办者和管理者共同寻求的最大公约数，也是民办学校高质量办学的基础性条件。反过来说，这些管理机制一旦缺失，不仅会给舞弊者提供机会，激化舞弊者的动机，也会触发舞弊者寻找合理化借口的思维路径[1]，从而为舞弊的发生创造温床。

二、强化民办学校自我监管需要更为体系化的理论和政策框架

长期以来，我国民办教育领域在不同时期存在着不同程度的违规办学行为。从发布虚假广告宣传招生、虚假出资或抽逃转移资金（资产）到卷款出逃，舞弊和欺诈式办学行为在民办教育领域中时有发生。此外，从改革开放初期民办学校办学条件严重不足，到 20 世纪 90 年代一些民办学校法人财产权难以落实、治理结构不完善，再到 21 世纪以来以"名校办民校"等模式举办的"公参民"学校在运行过程中出现要素不独立、"违规掐尖招生"等状况，这些都反映出我国一些民办学校存在运行不合规、报告可靠性弱、可持续发展风险大等问题。在发展过程中，尤其值得关注 20 世纪 90 年代初在民办中小学举办过程中应用较多的教育储备金集资办学模式。这种办学模式存在巨大的资金风险，一度给民办学校健康发展带来了很大隐患。

---

[1] 孙燕东. 内部控制有效防范会计舞弊风险问题探析[J]. 现代管理科学，2013（8）：115-117.

案例 1.1：某民办学校陷入资金困境[①]

某民办学校是 20 世纪 90 年代初利用教育储备金创办的一所设施条件优越的"贵族学校"。教育储备金是除学费外另一就读缴费形式，俗称"大费"。学生一次性交纳 8 万元到 20 万元不等的教育储备金后，即可享受学校股东权利，从而免费就读。校董刘某某当初依靠储备金这块招牌，筹措到数千万元的资金，建成了集学前、小学、中学为一体能容纳 1800 多名学生的寄宿私立学校。但出于多方面的原因，后来学校生源大幅减少。到 2003 年前后，学校资金链出现断裂，回退家长的储备金较为困难，学校陷入绝境。

2004 年，针对案例民办学校及其他类似民办学校存在的问题，地方政府按照"确保稳定、平稳过渡"和最大限度保护广大家长和群众切身利益的原则，对收取教育储备金的 6 所民办学校采取了终止办学、资产重组、全部清偿等方式进行处置，有效避免了学校退出可能导致的社会风险。

从国家层面看，鉴于民办学校办学行为中存在的类似收取教育储备金等不规范问题，多年来，我国一直在综合性地推动民办学校强化内部规范管理。1986—1996 年，国家教育委员会（简称国家教委）单独或会同其他部门发布了多项规范性文件。如《关于不得乱登办学招生广告的通知》（由中共中央宣传部、国家教委联合发布）、《关于社会力量办学的若干暂行规定》、《社会力量办学财务管理暂行规定》（由国家教委和财政部联合发布）、《关于社会力量办学几个问题的通知》、《社会力量办学教学管理暂行规定》（已废止）、《关于跨省、自治区、直辖市办学招生广告审批权限的通知》（已失效）、《社会力量办学印章管理暂行规定》（已废止）、《民办高等学校设置暂行规定》（已废止）、《关于加强社会力量办学管理工作的通知》等文件，对社会力量办学的审批、学校名称、招生广告（简章）的审核和管理、学校教育质量的检查和评估、学校收费及资产财务管理和监督等问题进行了全面规范。1997 年出台的《社会力量办学条例》（已废止）、2002 年通过的《中华人民共和国民办教育促进法》、

[①] 根据相关文献做了删改和整理。李国. 教育储备金击中民办学校软肋[N]. 工人日报,2003-05-25；刘文新. 重庆一"贵族"学校陷困境[N]. 中国消费者报, 2003-03-13；李国,李建. 重庆："贵族学校"的没落……[N]. 工人日报, 2003-11-11.

2004年发布的《中华人民共和国民办教育促进法实施条例》,以及后续的修订,更是从法律法规层面对民办学校规范管理进行了系统升级。政府其他部门及各地出台的相关规章制度,更是多方面地对民办学校规范办学提出了明确要求,共同促进了民办教育的健康发展。

党的二十大报告强调的"引导规范民办教育发展",为民办教育健康发展指明了正确方向。目前,在规范民办学校发展方面,各地主要采取的是政府主导的从民办学校外部进行监管的方式。这种外部监管可以细分为事前、事中和事后三个阶段。在事前监管阶段,主要是根据法律法规的要求对民办学校的办学资质加以审查批准;在事中监管阶段,监管部门主要通过组织开展年检来实施监管(每年的年检工作主要是听取汇报、检查核对民办学校的汇编材料和现场考察);事后监管主要是在民办学校违反法律法规后,对其进行处置,比如进行行政处罚,令其补偿教师工资、安置学生入学等。

总体来讲,基于行政的外部监管体系较为详备且发挥了有效作用,但也存在不足。比如面对众多民办学校,行政部门监管人手常常不够,而且有的监管不得不联合公安、民政、文化等部门共同进行;在事后行政处罚方面,尽管行政部门在处罚的同时会要求民办学校加以整改,但体系化推动民办学校管理流程或制度文化的自我合规重塑的激励机制不够;在处理规范与活力关系方面,外部监管不同程度地存在"放权容易导致失序、小力度规范作用不大、大力度规范影响活力"等问题。内部治理与外部监管是促进包括民办学校在内的社会组织高质量发展和作用发挥的一体两翼[1],需要正确处理好二者的关系。当前,从有效弥补外部监管自身缺陷的角度来看,亟须引入更体系化和更有效的旨在促进民办学校加强内部自我监管的理论和政策框架。

三、内部控制规范在全球政府、企业等组织中得到广泛应用

内部控制(internal control)来源于早期的内部牵制思想,目的是防止一个人拥有多岗位权力,并确保权力制衡。因为当一个人同时负责经办、复核和审批等工作时,其舞弊和犯错的可能性会比两个人大。后来,内部

---

[1] 于萌. 关于社会组织内部治理现状、问题与对策研究的思考[J]. 中国社会组织, 2023(4): 42-44.

牵制进一步发展为会计控制，重在加强财务管理过程中各环节的控制。在历史上及实践中，大多数的舞弊或欺诈目标都指向了"钱财"和"资产"，指向了"捞钱""捞物"。因此，利益的诱惑使得财务和资产控制成为内部控制的重点。尤其鉴于 21 世纪初类似安然公司等跨国企业发生重大舞弊事件所导致的严重后果，内部控制在一些发达国家和地区得到了强化。面对组织日益复杂、多样的业务活动，外部监管力量难以有足够的能力和时间去关注组织运营中的每项业务和每个环节。因此，设计一套旨在促进组织自我监管、自我审计、自我报告的体制机制，就显得至关重要了。

当前，全球最有影响的内部控制框架，是美国发起组织委员会（The Committee of Sponsoring Organizations of the Treadway Commission，COSO）在 20 世纪 90 年代初启动并持续修改完善形成的《内部控制：整合框架》，以及进入 21 世纪后制定的《企业风险管理：整合框架》。在此影响下，包括最高审计机关国际组织（International Organization of Supreme Audit Institutions，INTOSAI）、欧盟委员会（European Commission，EC）、国际注册职业会计师协会（International Accountants for Certified Professional Association，IACPA）、内部审计师协会（The Institute of Internal Auditors，IIA）等国际组织，以及英国、加拿大、澳大利亚、日本等发达国家，都制定了针对企业和政府的内部控制规范。

立足实际和借鉴他山之石，我国财政部发布了针对企业的内部控制规范及配套指引。中国证券监督管理委员会（简称中国证监会）及上海证券交易所、深圳证券交易所已经将建立内部控制体系作为上市公司的必备要求，并要求其定期向外披露经审计的内部控制评价报告。中国人民银行、中国银行保险监督管理委员会（简称中国银保监会）[①]对商业银行、保险公司、理财公司也提出了明确的内部控制要求，国务院国有资产监督管理委员会（简称国务院国资委）对于国有企业建立内部控制体系也有明确要求。近年来，在内部控制实践基础上，借鉴国际经验，我国也逐渐形成了以行政和解协议或刑事合规不起诉等方式为代表的合规监管及涉案企业合规整改激励机制，进而将内部控制纳入了保障企业运行的基础性合规要求之中。

---

① 2023 年 3 月，中共中央、国务院印发了《党和国家机构改革方案》，规定在中国银行保险监督管理委员会基础上组建国家金融监督管理总局，不再保留中国银行保险监督管理委员会。

除企业以外，我国已建立了面向行政事业单位的内部控制规范，要求行政事业单位每年向主管单位报告内部控制实施情况以及提交评价报告。国家卫生健康委员会等也公布了专门适用于医院的内部控制规范。

总之，现在我国针对企业和行政事业单位的内部控制规范及运行机制基本成熟，在防止舞弊、促进合规、保护资产以及促进企业和行政事业单位可持续发展方面发挥了重要作用，这些经验完全值得民间非营利组织尤其是非营利性民办学校吸纳借鉴。

四、我国面向民间非营利组织尤其是非营利性民办学校的内部控制专项规范有待建立

非营利组织面临着一系列特殊的管理难题。比如，服务的目标多重且复杂，服务质量评价的主观性强、不易客观量化评价；组织内外部职责划分和沟通存在风险；基于使命感、道德价值和内心热情的非理性决策胜于理性决策；财务管理相对薄弱；基于市场和公众的监督不足等。[①]但是，社会对非营利组织的内部严格管理期待更高，对披露信息的真实性和全面性要求更强。总之，非营利组织的这些特征决定了其需要强化内部控制。有文献选择2010—2015年全国性基金会作为样本，对信息披露在非营利组织中产生何种经济后果进行了探讨。研究发现，信息披露质量能影响非营利组织的捐赠收入、管理效率和公益性。[②]同样有文献表明，慈善组织的会计信息作为一种沟通媒介，能够建立起价值链接和信任桥梁，增强财务会计信息的透明度会增强捐赠者的信任，从而获得更多捐款。[③]因此，建立内部控制对非营利组织的可持续发展是有益的。

目前，我国民政方面的制度建设着重于年检、规范化建设评估、外部审计等，临近重要节点或面对突出问题时还会以专项行动方式开展重点监管（比如对论坛的监管、对违反非营利性运营原则行为的监管、对社会公信力的监管等）。必须承认，这些工作有不少与内部控制存在交叉，而且

---

① 陈政智，杨雯羽. 以跨界类比建构非营利组织"内部控制"评估指标[J]. 当代社会工作学刊, 2015（7）: 108.

② 刘丽珑，林东海. 非营利组织信息披露质量提升能否改进组织绩效？——以双向固定效应模型的实证分析为例[J]. 东南学术, 2019（2）: 148-157.

③ 周咏梅，王晓琳，殷铭康. 非营利组织财务透明度研究[M]. 北京: 经济管理出版社, 2019: 180.

也充分发挥了规范管理的作用。但是其在风险导向、关注重点、规范强度和覆盖密度方面与专门的内部控制相比，还有一定差异。既有面向企业和行政事业单位的内部控制规范，从框架到设计、运行都有借鉴价值，但民间非营利组织的组织特性使其内部控制面临特别的约束条件，因此需要建立系统化的、专门的面向民间非营利组织的内部控制规范。《中华人民共和国民办教育促进法》修订以后，民办学校通过分类登记注册正逐步实现营利性和非营利性分类管理，非营利性民办学校成为值得重点关注的一个类别。政府和社会对非营利性民办学校的会计信息透明度、财务报告的可靠性和真实性有同样要求，而这些恰恰是内部控制最为重要的目标。因此，有必要探讨专门针对民间非营利组织尤其是非营利性民办学校的内部控制规范。

从理论上看，目前针对民间非营利组织内部控制的理论研究质量有待提高。截至 2024 年 8 月 7 日，在中国知网以篇名检索"非营利+内部控制""民办+内部控制"，找到的专门研究论文分别有百篇左右。这些研究为本书提供了许多值得借鉴的资料和案例，但是这些研究大多是硕士学位论文和一两页的短篇小文，研究的深度有待加强。而且这些论文延续内部控制主要集中在会计审计领域的传统，主题主要集中在防范财务风险或加强会计控制方面，或者集中在针对具体经济活动的内部控制方面，如针对预算业务、采购业务、资产管理、基本建设项目、政府专项资金监管而进行的案例研究，而从风险管理视角拓展到民间非营利组织尤其是非营利性民办学校整体业务角度构建内部控制规范方面的研究还不足，因此亟须开展更具系统性和整体性的研究。

第二节 研究思路与方法

一、研究思路

本书主要遵循理论探讨—现状调查—国际比较—制度构建的思路开展研究。具体而言，在全面介绍、深入阐述内部控制的基本理论的基础上，通过案例研究、制度比较等方法，对民办非企业单位和非营利性民办学校内部控制制度基础、非营利性民办学校内部控制规范建设与实施案例以及世界上有代表性的内部控制规范等进行重点研究，初步形成体现国际内部控制共识、符合我国非营利性民办学校发展实际的内部控制规范的构建思路，最终期望形成既具有理论价值，又对政策完善乃至对非营利性民办学校内部管理有实际借鉴意义的应用型研究成果。

从组织理论角度看，过去认识民办学校组织性质及内部管理问题时，大多笼统地从产权经济学、企业理论角度进行，比如主张民办学校的现代学校制度构建以现代企业制度为模板。应该说，实行分类管理后，需要根据营利性和非营利性民办学校的不同组织性质选择相应的理论视角。研究非营利性民办学校应采用非营利组织理论。在内部控制方面，目前面向企业的内部控制规范相对成熟，而面向非营利性民办学校、民间非营利组织的内部控制专项规范尚未出台。因此，本书主要将非营利性民办学校定位于非营利组织，从管理控制角度探讨其内部控制问题。

二、研究方法

文献研究法。文献是任何研究的基础，理论分析是不可或缺的研究方式。本书主要借助文献研究法，查阅整理了大量关于内部控制、民间非营利组织、非营利性民办学校、风险管理等方面的理论文献，查阅梳理了相关的法律法规和政策要求，并在此基础上进行了逻辑分析，这奠定了本书的理论基础和制度基础。

比较研究法。本书将重点进行制度比较分析。制度比较主要包括纵向的历史比较和横向的区域比较。从纵向看，尽管我国尚未出台针对非营利性民办学校、民间非营利组织的内部控制专项规范，但是相关制度建设却不是空白，通过对这些制度的历史梳理，可以比较不同时期的制度内容，了解制度建设的进展情况。本书在纵向比较时主要对我国近年来针对民办非企业单位、非营利性民办学校内部控制的相关制度进行了比较和归纳。从横向比较来看，世界范围内的一些政府间组织、行业专业协会提供了可供参考的内部控制指南或手册，不少发达国家和地区也发布了面向企业等组织的内部控制规范，有的还针对私立学校制定了内部控制专项规范。经过多年的发展，这些内部控制规范已较为成熟，它们可为非营利性民办校强化内部控制规范建设提供经验借鉴。

案例研究法。本书将开展实际案例调查研究。毫无疑问，每一种研究方法都有自己的长处和不足。案例研究比较适合回答"怎么样"和"为什么"类的问题，适用于目前正在发生的事件以及研究者不能控制或仅能极少控制的情形。[①]应该说，案例研究法适用于非营利性民办学校内部控制这一研究主题，因为研究者很难影响学校的内部控制规范建设。由于分类管理政策推进过程中面临一些困难，再加上疫情影响，本书在个案方面主要选择了两所民办高校案例和基于文献的四所民办学校案例。尽管样本较少，但我们发现，我国不同非营利性民办学校的内部控制规范建设的基础样态及建设进展的差异性并不大，集中考察小样本民办学校基本可以管中窥豹、以木见林。除此以外，本书还梳理了中国裁判文书网等数据库中涉及民办学校或其他类型组织的案例，这些案例也可以为非营利性民办学校内部控制缺陷发现、漏洞弥补及相关规范建设提供经验。

---

① 〔美〕罗伯特·K. 殷. 案例研究：设计与方法（原书第 5 版）[M]. 周海涛，史少杰译. 重庆：重庆大学出版社，2017：19.

第二章　非营利性民办学校内部控制分析框架

　　为了保证组织财务报告及相关信息真实、完整、透明，促使组织规范合法运营，防范运营发展过程中的重大风险并帮助组织实现其发展目标和战略，内部控制应运而生，并在一些重大舞弊案后得以充实、补充、扩展和强化。回顾内部控制的发展过程，其历史悠久，但制度的现代化历程较为短暂。当前，随着人们对组织运行中的风险防范的重视，内部控制已经在许多国家的政府机构、营利组织和非营利组织中广泛应用，并逐渐形成了较为稳定的控制要素和控制体系。

第一节　内部控制的概念、目标与类型

一、内部控制的概念分析

1. 内部控制的概念

　　虽然内部控制在古代就曾以内部牵制的形式出现，但现代化的内部控制思想源于控制论。控制论是20世纪四五十年代形成的理论，是关于生命、组织或机器的控制及通信的科学。应用到管理活动当中，控制主要是通过对组织运行状态进行监测，发现偏离目标举措时采取一定手段进行调整的过程。也就是说，对管理加以控制的目的是避免、发现或更正问题，或者防止问题带来更大损失。

　　实务界和学术界借鉴从管理角度进行控制分析的模式，主要还是从目标或功能角度对内部控制进行定义。例如，1992年COSO的经典定义为："内部控制是由主体的董事会、管理层和其他人员实施的、为实现以下各类目标提供合理保证的过程：经营的有效性和效率；财务报告的可靠性；符

合适用的法律法规。"①美国管理和预算办公室（Office of Management and Budget，OMB）的《通告 A-123：管理层的内部控制责任》的定义与之类似，即"内部控制是组织管理中的基本组成部分，它为以下目标的实现提供合理保证：运营的效益与效率、财务报告的可靠性、对适用法律法规的遵循"②。1995 年，加拿大特许会计师协会（Canadian Institute of Chartered Accountants，CICA）下属的控制准则委员会（Criteria of Control Board，CoCo）则采用"控制"而非"内部控制"一词，认为控制是"一个主体要素（包括实体资源、系统、过程、文化、结构和任务）的集合体，这些要素组合在一起能够支持人们实现主体的目标"③。2013 年，COSO 在修订后的《内部控制：整合框架》中，对内部控制要达到的目标进一步做了简化。该报告认为内部控制是"一个由主体的董事会、管理层和其他员工实施的，旨在为实现运营、报告和合规目标提供合理保证的过程"④。

从上述以美国、加拿大为主的发达国家关于内部控制的规章制度来看，内部控制概念具有以下特征：一是强调其适用对象的广泛性，包含政府、企业和非营利组织等主体或实体（entity）；二是强调从组织高层到基层员工的全员参与；三是强调其主要目标包括运营效益和效率、合规、报告的可靠性；四是认为内部控制只是实现上述目标的"合理保证"，而非完全保证；五是强调内部控制是一个持续发挥作用的过程，而非短期临时采取的专项治理举措。

借鉴国际内部控制经验，我国也逐渐建立了内部控制制度，这些制度也对内部控制进行了定义。2006 年发布的《上海证券交易所上市公司内部控制指引》（已废止）第二条认为：内部控制是指上市公司"为了保证公司战略目标的实现，而对公司战略制定和经营活动中存在的风险予以管理的相关制度安排。它是由公司董事会、管理层及全体员工共同参与的一项活动"。这个定义突出了内部控制的战略指向性和风险管理导向性，并且

---

① 〔美〕Treadway 委员会发起组织委员会（COSO）.内部控制：整合框架[M].方红星主译.大连：东北财经大学出版社，2008：114.

② OMB. OMB Circular A-123-Management's Responsibility for Internal Control[OB/OL].（2004-12-04）[2023-02-04]. https://obamawhitehouse.archives.gov/omb/circulars_a123_rev/.

③ 张宜霞，舒惠好.内部控制国际比较研究[M].北京：中国财政经济出版社，2006：224.

④ 〔美〕Treadway 委员会发起组织委员会（COSO）.内部控制：整合框架（2013）[M].财政部会计司组织翻译.北京：中国财政经济出版社，2014：16.

同样强调全员参与。2008年发布的《企业内部控制基本规范》认为，内部控制是"由企业董事会、监事会、经理层和全体员工实施的、旨在实现控制目标的过程。内部控制的目标是合理保证企业经营管理合法合规、资产安全、财务报告及相关信息真实完整，提高经营效率和效果，促进企业实现发展战略"。2012年发布的《行政事业单位内部控制规范（试行）》第三条规定，"内部控制，是指单位为实现控制目标，通过制定制度、实施措施和执行程序，对经济活动的风险进行防范和管控"。该规范第四条提出了行政事业单位内部控制的目标，主要包括"合理保证单位经济活动合法合规、资产安全和使用有效、财务信息真实完整，有效防范舞弊和预防腐败，提高公共服务的效率和效果"。以上专门针对企业和行政事业单位的内部控制规范，同样对内部控制的目标功能进行了概括，只是有的更强调参与主体，有的更强调实施手段。

我国商业银行建立内部控制体系较早，其关于内部控制的定义也值得关注。《商业银行内部控制指引》的历史版本（2002年版、2007年版）认为，"内部控制是商业银行为实现经营目标，通过制定和实施一系列制度、程序和方法，对风险进行事前防范、事中控制、事后监督和纠正的动态过程和机制"。这种强调内部控制要聚焦全过程的风险管控，其思想具有一定的前瞻性。2014年，中国银行业监督管理委员会（简称中国银监会）发布的《商业银行内部控制指引》认为："内部控制是商业银行董事会、监事会、高级管理层和全体员工参与的，通过制定和实施系统化的制度、流程和方法，实现控制目标的动态过程和机制。"这一修改后的定义同样强调全员参与，并且将原有的风险管控融入了整个控制目标之中。整体来看，我国政策中关于内部控制的概念与发达国家有些相似，但也结合我国企业及行政事业单位的现状及文化差异进行了适当调整和补充。

不同机构和文献关于内部控制的定义大同小异，其中包含的共识主要有以下几点。第一，内部控制是一个持续的过程，它嵌入组织管理和运营的每项具体业务之中，不是短期评价检查或临时的专项监督。第二，内部控制是由包括管理层和员工在内的全员参与的过程，控制主体涵盖了从上至下的所有组织部门而并非单是会计部门、审计部门。应该说，不同部门和岗位人员根据其职能差异承担着不同的内部控制任务。第三，内部控制的核心是应对管理和运营过程中的风险。风险分析、风险评估和风险应对是内部控制的必备环节和内容，需要组织明确自身某项业务开展过程中可能承受的风险容限和风险容量。当然，内部控制也不能绝对地消除组织所面临的风险，受判断决策失误、人与人之间串谋舞弊、管理层凌驾于制度之上等因素影响，内部控制可能会失效。第四，内部控制的目标主要是合乎规则、有效运营、报告真实，内部控制为实现这些目标提供一种合理保证（reasonable assurance），它不能对预防舞弊和腐败做出绝对保证（absolutely assurance），也不能确保高绩效或者确保组织一定成功。所以，内部控制不是解决所有问题的灵丹妙药。第五，实现内部控制需要建立一整套制度、方法或程序。内部控制不会自动产生，它不仅需要高层做出承诺并以上率下，而且要在业务流程分析的基础上，针对各种风险或漏洞密织组织的"免疫系统"。

我们从这些定义也可以看到内部控制各项举措最核心的思想，主要体现在三个方面。一是自主。内部控制重在"内部""内在"的自我建设，它不仅划分了组织控制的物理边界范围，而且体现了组织生命发展中与生俱来的内在需求。[①]组织在有关要求下，自我建立内部控制规范和机制，通过每年的内部控制检查和对外披露的评价报告，逐渐实现自主规范运营。二是控制。控制要求采取相应的措施，比如通过分级授权和分离制衡来避免权力过于集中，从而形成一整套嵌入业务流程的监督规范，有效防范舞弊和重大错漏的出现。三是目标。所有定义都明确了内部控制要实现的目标，这些目标正是内部控制规范的独特价值体现。

2. 相关概念及其关系辨析

1）内部控制与内部人控制

需要指出的是，内部控制不同于"内部人控制"（insider control）。内部人控制是日本学者青木昌彦于1994年提出的概念。[②]该概念根植于中东欧转轨国家国有企业的转型过程。在这些国家转轨过程中，委托代理关系和过程具有复杂性，委托人在行使所有者权力时可能会遇到一些障碍，从而出现所有权真空或企业的所有权监管缺位等问题。在这种情况下，作为

[①] 缪艳娟. 企业内部控制研究：制度视角[M]. 大连：东北财经大学出版社，2009：15-16.
[②] 〔日〕青木昌彦. 对内部人控制的控制：转轨经济中公司治理的若干问题[J]. 张春霖译. 改革，1994（6）：11-24.

代理人的企业管理者或职业经理人通过行使控制权，获得了更多机会作为"内部人"控制企业，进而出现个人目标偏离企业所有人目标的状况。

其实，拓展来看，随着现代社会超级组织的出现，业务和管理的复杂性增加，社会分工越来越细，无论是政府组织、企业组织还是民间非营利组织，都可能存在所有权与经营权分离的状况。也就是说，当委托代理关系和监督激励机制运行不畅时，代理人完全可能控制组织并损害委托人或所有人利益，进而出现"内部代理人控制"的现象。比如，在企业中，由于"内部代理人"拥有企业的详细信息，他们可能利用信息不对称侵吞企业利润、偷占企业财产，或者不及时、不完全透露信息和披露报告，从而获取利益，又或者出现短期逐利和不道德行为。这种情形在政府机构中也可能存在，比如"内部代理人"可能实施受人请托为他人谋利等腐败行为。所以，"内部人控制"通常被当作组织运营的问题而受到关注，"控制内部人控制"以确保组织的受托责任得以正当履行，成为现代组织设计的一个非常重要的目标。

有研究表明，在企业中，内部人控制与内部控制质量呈负相关关系。[①]高质量的内部控制能够有效减少内部人与外部人之间的信息不对称，有效降低内部人寻租的程度，有助于保护投资者利益。[②]内部控制是强化组织规范运作、规避重大风险、实现可持续发展的制度过程。应该说，内部控制的一个重要功能就是防范"内部人控制"，避免其带来不符合所有者利益或偏离组织战略目标等运营风险。比如，在财务管理岗位上采用"不相容职务分离控制"，旨在确保授权、批准、经办、检查等关键业务环节由不同部门或人员分别承担，以此预防单一部门或个人因权力过度集中而可能出现的舞弊行为，并阻断其掩盖不当行为的可能性，从而有效降低企业运营所面临的重大风险。总之，内部控制的目标就是对个人权力进行有效监督和制约，防止小团体合谋，从而避免个人或团体目标异化组织目标，避免组织、部门岗位出现"内部人控制"现象。

2）内部控制与内部管理、内部治理、风险管理

与内部控制相关的概念还有内部管理、内部治理和风险管理。

---

① 章琳一，张洪辉. 无控股股东、内部人控制与内部控制质量[J]. 审计研究，2020（1）：96-104.
② 陈作华. 内部控制质量与内部人寻租——基于内部人交易视角的经验证据[J]. 证券市场导报，2015（5）：25-32.

内部管理是面向组织内部的通俗说法，它是一个更为综合和普遍的概念。按照法约尔的解释，管理包括计划、组织、指挥、协调和控制等要素，"控制的目的在于指出工作中的错误和失误，以便人们能及时纠正和避免再次发生"①。从这个意义来说，控制只是管理中的一项职能。因此，内部控制相对于内部管理来说，是更加微观的概念。

治理是近年来广泛流行的概念。从政治学角度看，治理主要是政府组织和（或）民间组织在一个既定范围内运用公共权威管理社会政治事务、维护社会公共秩序、满足公众需要②的过程。在企业理论中，公司治理是通过一系列正式、非正式、内部或者外部的制度治理机制，协调公司所有利益相关者关系，保证公司作出科学决策的制度和行为安排的过程。③从这些理解看，治理更加注重主体多元，注重相互间的协商合作。关于内部控制和内部治理的关系，国内有混合论、割裂论、环境论和嵌合论等不同的观点。④总的来看，内部治理与内部控制既有相似之处，也存在差异。它们都强调全员参与，强调是一个过程，强调嵌入公共和私人部门业务之中。内部控制包含高层治理结构和组织机构，有时内部治理也涵盖控制活动，二者互相交叉。在外延上比较内部治理与内部控制，有的人认为内部治理可能与内部管理相似，其涵盖的范围更为宽泛，而内部控制的目标指向更加明确、更加具体，内部控制所关注的主要是合规和风险防范问题，并要求在组织中一体化贯彻执行，然后通过审计评价等方式加以监督，从而使特殊性更强。

关于风险管理与内部控制的关系，学术界形成了不同的看法。例如，有学者认为，应将内部控制嵌入风险管理的框架中⑤，如 COSO 在 2004 年发布的《企业风险管理：整合框架》中就明确提出该框架"涵盖内部控制"，认为"内部控制是企业风险管理不可分割的一部分"⑥。但根据内部控制体

---

① 〔法〕亨利·法约尔. 工业管理与一般管理[M]. 王莲乔，吕珩，胡苏云译. 成都：四川人民出版社，2017：7，138.
② 俞可平等. 中国的治理变迁：1978—2018[M]. 北京：社会科学文献出版社，2018：2.
③ 夏宁. 公司治理[M].北京：化学工业出版社，2021：6.
④ 李晓慧，何玉润. 内部控制与风险管理：理论、实务与案例[M]. 北京：中国人民大学出版社，2012：54.
⑤ 王周伟. 风险管理[M]. 北京：机械工业出版社，2012：90.
⑥ 〔美〕COSO. 企业风险管理：整合框架[M]. 2 版. 方红星，王宏译. 大连：东北财经大学出版社，2017：8.

系，我们也可以把风险管理纳入内部控制之中，因为内部控制的主要目标就是防范风险，而且内部控制要素包括"风险评估"。李维安等在综合分析内部控制、公司治理、风险管理异同的基础上，从战略管理角度构建了三者的逻辑关系，这一逻辑关系强调内部控制包括公司内部治理、管理控制和作业控制，分别对应风险管理中的治理风险、经营风险及财务风险、作业风险[1]，从而建立了前后相对应的关系整合框架。国际标准化组织（International Organization for Standardization，ISO）2018年发布的关于风险管理的国际标准认为，风险管理是指针对风险所开展的指挥和控制协调的活动，控制指组织为保持稳定、调整风险采取的各项措施。[2]因此，要完全厘清风险管理和内部控制的概念边界并不现实，二者之间其实存在着相互嵌套、影响或交叉的关系。

由于对相关概念的广义狭义界定范围不同，不同学者分析不同概念的关系时存在很大差异，想要对这些概念进行明确区分然后得到一个统一的关系框架并不现实。本书是聚焦于内部控制的研究，因此我们从内部控制本身的概念范畴及应用目标出发，认为内部控制是内部管理中的管理控制部分，是比内部管理更加窄化和细化的概念。内部治理在组织中主要涉及股东会、董事会（理事会）、监事会与高层管理人员之间的关系问题，以及组织结构问题，因此可以看成是内部控制之中的控制环境的一部分。风险管理既是内部控制的目标，也是内部控制的方法和内容要素之一，风险管理与内部控制之间存在交叉融合关系。

3）内部控制与合规管理

合规是法律法规的底线要求和众多企事业单位的基础承诺。但是，有的组织在合规方面的口头承诺多，书面的合规要求多。在面对违规的机会收益时，口头合规承诺或书面合规要求在抑制违规冲动时比较乏力，这就需要构建一套基于合规的管理体系，合规管理（compliance management）及监管应运而生。20世纪60年代在美国反垄断运动中兴起的合规管理，在1977年出台的《反海外腐败法》中得到了强化，并逐渐在全球广泛推广。从国际组织来看，经济合作与发展组织（Organization for Economic

---

[1] 李维安，戴文涛. 公司治理、内部控制、风险管理的关系框架——基于战略管理视角[J]. 审计与经济研究，2013，（4）：3-12.

[2] 王清刚. 内部控制与风险管理：理论、实践与案例[M]. 北京：高等教育出版社，2019：362.

Co-operation and Development，OECD）制定了《内部控制、道德和合规的良好实践指南》（2009年制定，2021年修订），2021年ISO基于"计划、执行、检查、改进"的管理循环发布了《合规管理体系——要求及使用指南》，世界银行（World Bank）发布了《诚信合规指南》。加拿大、日本、法国、新加坡、英国等国家都制定了反腐败、反贿赂、反洗钱等合规制度。借鉴巴塞尔银行监管委员会（Basel Committee on Banking Supervision，BCBS）的《合规与银行内部合规部门》政策，我国发布了针对商业银行的合规风险管理指引。2020年中国证监会针对证券企业、2021年国家市场监督管理总局针对境外经营企业、2022年国务院国资委针对中央企业等发布了合规管理指引。2020年中华人民共和国最高人民检察院开展涉案企业合规改革试点，2022年改革试点工作全面推开。

按照国务院国资委颁布的《中央企业合规管理办法》的解释，"合规管理，是指企业以有效防控合规风险为目的，以提升依法合规经营管理水平为导向，以企业经营管理行为和员工履职行为为对象，开展的包括建立合规制度、完善运行机制、培育合规文化、强化监督问责等有组织、有计划的管理活动"。这个定义既明确了合规管理的目的、导向、对象，更指明了合规管理的核心内容。从合规管理内容来看，其许多方面与内部控制的控制环境、控制活动、信息与监督等存在交叉。其实，合规本身是内部控制的一个主要目标，合规也需要通过内部控制举措来落实，需要开展合规性控制。因此，可以把合规管理看成是内部控制的一个专项、一个侧面、一个序列，是相较于内部控制更窄的一个子控制体系。

二、内部控制的目标分析

内部控制有什么作用？能够给组织带来什么益处？这涉及内部控制的目标或功能问题。无论是COSO的《内部控制：整合框架》，还是我国适用于企业或行政事业单位的内部控制规范，都提出了内部控制的目标。从内部控制与风险管理的整合角度看，内部控制总的目的是控制风险，即通过对单位总体层面和部门业务层面的各种内部活动的控制，增强组织风险抵抗能力，降低可能导致组织运营失败的各种内部潜在风险。但在具体表述上，不同国家的控制规范有所差异。合法合规目标、真实完整报告目标和持续经营目标等基础性目标是各种内部控制规范较为认同的。资产安全及有效使用目标是我国企业和行政事业单位内部控制规范均强调的目标。战略目标、防范舞弊与预防腐败目标也是从我国企业和行政事业单位内部控制规范中分别提取出的控制目标。战略目标对企业来说更加宏观，防范舞弊与预防腐败则是行政事业单位的运营底线。可见，组织性质不同，其内部控制的目标也有一定差异。

（1）合法合规目标。合法合规是组织运营的底线，内部舞弊或腐败行为是违规风险的主要来源。组织违法违规的运营行为，或者游走在法律法规红线边缘的发展行为，都是短期化、功利化的，不可避免会让组织和个人付出惨重的代价，轻则会被约谈整改、罚款警告，重则会被禁止从业、吊销执照，甚至管理层或责任人员会遭受牢狱之灾。合法合规目标要求组织运营不仅必须合乎国家法律法规，合乎政府的监管政策，而且还要合乎行业自律规范和职业道德准则，合乎组织自定的章程及管理制度。跨国性组织还要符合他国法律和公序良俗，符合国际组织相关规则。内部控制旨在通过建立相应的管理机构、制度、评价机制，以及营造文化氛围，帮助组织实现合法合规这一基础性目标。

（2）真实完整报告目标。早期内部控制的报告目标多指向财务报告，要求组织生成的对外对内的财务报告必须真实可靠。因为财务报告反映了组织的基本状况，是单位管理者实施管理、外部投资人进行投资、银行进行信贷、政府部门实施监管的重要数据基础。通过财务报告舞弊造假、掩盖实际交易的行为，将带来一系列的重大风险和不良后果。尤其是上市公司或公众性强的组织的财务报告，直接影响着大量中小投资者的投资取向或相关利益，财务报告造假不仅会带来资金的损失，而且很可能引发群体性事件等社会风险。目前，随着内部控制范围的拓展，其报告目标进一步拓展到了非财务报告范畴，企业社会责任报告、ESG 报告[①]、非营利组织的审计报告、高校的年度教学质量报告、毕业生就业质量报告等也被要求向有关监管部门提供，并在相应范围内公开。这些报告与组织的公信力紧密联系，同样可以通过加强内部控制来尽力确保其真实和完整。

（3）资产安全及有效使用目标。资产安全及有效使用是组织运营的基

---

① ESG 是指环境（environment）、社会（social）和治理（governance）三个名词的首字母缩写。

础。一些组织因资产管理不善而出现资产被挪移、侵占、变卖或者无形资产长期被盗用的情形，从而使资产流失、损毁或利用效率低下，并给单位带来损失。该目标要求通过内部控制建立固定资产或无形资产管理流程和资产清单，定期对资产进行盘点和报告，及时评估资产使用绩效，从而确保资产安全和有效使用。

（4）持续经营目标或战略目标。经营是保障组织持续发展的重要工作，也是组织存续过程中的常态。组织经营必须强调效率，强调实效，避免办事拖拉、推诿扯皮、打"太极拳"，避免各种花架子、表面功夫和形式主义。对企业来说，有效经营能够提升竞争力，实现资本的保值增值，帮助企业实现其战略目标。对行政事业单位和民间非营利组织来说，有效的运营和服务能够提高社会运转效率，避免公共资源浪费。在内部控制规范建设过程中，通过梳理和优化流程，强化关键节点的风险控制，可以更好地避免经营失控带来的系统性风险，有助于提升组织经营管理水平。当然，内部控制设计不当，牵制环节设置过多，也可能带来效率效益降低等问题。

内部控制最终要助力组织实现战略目标。一般来说，组织的经营目标指向的时间更短、业务更具体，一般包括年度经营目标、季度经营目标等。战略目标具有全局性、宏观性、长远性、可分解性和相对稳定性，它也是内部控制需要实现的最高目标。对于行政事业单位等公共组织来说，其战略目标主要是提供优质的公共产品和公共服务，提高公众满意度。对于企业来说，其战略目标是形成自己的核心竞争力，在市场占有率、销售额、营业收入或利润等方面得到提升，从而确保企业的可持续发展。战略目标要求组织领导决策层在风险容限和风险容量的范围内，在充分考虑内外部环境、自身优劣势的基础上，明确发展路径和战略举措，并落实相应的支持措施和考核机制，确保战略目标的有效实现。

三、内部控制的类型分析

我们可以从不同角度对内部控制进行分类，以对组织中实施的内部控制活动有更加充分的认识。

一是从控制活动发生时间来看，可以分为预防性（preventive）控制和核查性（detective）控制。预防性控制主要发生在业务开展之前，目的在于识别和预防业务开展中可能发生的风险。例如，在组织中建立不相容职务分离、授权分级审批、业务活动流程等规范，可以在业务活动发生之前或进行过程中，将可能发生的风险拦截。核查性控制主要发生在业务活动之后，目的在于检查业务活动实施过程中的舞弊、错误或欺诈，以及识别已经丢失的资产、违法交易或无效交易。核查性控制通常包括预决算对账、关键绩效指标核查、合法合规性审查、资金资产盘点等，一旦发现相应漏洞应及时弥补。一般来说，核查性控制主要由内部审计部门和其他内部控制评价部门实施。通常，每个组织都应当建立包含预防性控制和核查性控制在内的控制体系，实施两种控制活动。

二是以控制目标、可用工具以及其他因素为依据，可以将内部控制分为手动（manual）控制与自动（automated）控制两种类型。手动控制依赖于人工操作和人工核查。例如，在实施授权分级审批时，一个主管必须亲自审查某项交易或决策文件并签名批准。在应对重大风险事项时，管理层也需要召开专门会议加以讨论并作出决策。自动控制则依赖于计算机（电子）操作或网络传输。例如，主要业务人员通过信息系统中的身份验证，可以获得访问关键业务系统的权限。信息系统运行过程中，可以自动匹配交易，促进不同资金对账。系统还可以设计相应的红黄绿灯预警机制，对长期累积数据进行监测，并在相应的临界点发出警报。现在，随着大数据和人工智能技术在业务管理中的广泛使用，许多组织建立了办公自动化系统、物资流动循环系统、资金流转系统等，大量的业务活动都已在信息系统中开展，业务数据通过数字化手段储存、传输和应用，自动化控制已经成为常态。在这种状况下，组织在系统的入口管控、算法架构、数据安全等方面也面临更多的风险，对信息系统加强控制也变得更加迫切。

三是从控制实施的不同层级来看，可以分为业务流程级（business process-level）控制、业务单元级（business unit-level）控制、业务部门级（business department-level）控制和组织单位级（organization-level）控制，有的也把后几种更高层级的控制整合起来称作汇合级（summary-level）控制。业务流程控制是指将控制活动嵌入每一次具体的业务活动流程，比如在报销活动中建立了资金交易票据核查的业务流程，按照业务流程规范开展活动。层级更高的业务控制活动主要集中在不同层级部门对日常控制活动的集中评估或盘点方面，比如专项工作完成后对项目运作过程的小结、财务部门每月对相关资金往来进行的盘点、单位开展的财务年度决算、负责人离任后进行的离任审计等。汇合级控制与核查性控制的功能有些类似，其主要目的是核查预防性控制规范是否存在漏洞、业务过程是否存在舞弊等问题，然后在此基础上进行纠偏补漏。

四是从控制权的集中度来看，可以分为集中（centralized）控制与分散（decentralized）控制。某些控制活动集中在职能部门（如财务部门、人事部门、资产部门、招投标部门等），需要进行集中控制。而有些控制活动比较分散，可能涉及多个部门，这样就需要通过多个部门的协调，在关键环节建立控制点，确保不发生舞弊或其他重大风险。例如，在物资采购过程中，有时广泛涉及采购或招投标部门、物资使用部门、资金管理部门、物资管理部门，如何明确这一过程中的关键控制点，是分散控制需要考虑的关键问题。总之，控制权集中分散需要建立条块分割及衔接统一的内部控制制度，形成上下协调、彼此合作的内部控制体系。

五是从控制的对象来看，可以分为财务（financial）控制和非财务（non-financial）控制。财务控制是内部控制发展的源头，也是内部控制的重点和核心。财务控制主要对组织中的重大经济活动和资产安全等进行控制，如交易过程中的大额资金的支付、记录，组织的投资、融资，重要资产的保值、增值等。非财务控制是对内部控制对象的拓展，它涉及组织各项业务活动，是嵌入日常业务活动的控制。比如，对于人事部门来说，员工招聘、考核、晋升、离职过程中可能存在相应的工作舞弊或错漏，需要规范相应流程并在风险点采取控制措施。对于生产部门来说，需要建立从产品研发、生产到产品质量检查的控制流程。总之，无论是研发、制造、销售，还是采购、资产、仓储，抑或是公共关系、人力资源、信息系统等方面的非财务活动，都需要嵌入内部控制。

第二节 内部控制规范的演变历程

一、内部控制规范在国际上的演变历程

1. 美国内部控制规范的演变历程

一般认为，内部控制规范的演变经历了五个阶段，即内部牵制阶段、内部控制制度化阶段、内部控制结构化阶段、内部控制整合框架阶段和风

险管理框架阶段。[1]然而，从内部控制自审计会计领域扩展到广泛的管理领域这一角度看，我们也可以将内部控制规范演变划分为前结构化阶段、一般结构化阶段和风险结构化阶段。

1）前结构化阶段

内部控制最初源于对经济活动或会计记录的控制，即内部牵制（internal check）。内部牵制是人们为适应经济活动增多而在账目核记、资金流通等方面形成的相互分工、相互检查和相互制衡的管理模式，其目的是避免会计记录的错误和舞弊。内部牵制可分为体制牵制、实物牵制、机械牵制和簿记牵制。内部牵制可谓内部控制的萌芽，尽管其涵盖的范畴较窄，但是许多大大小小的组织都有内部牵制传统，比如在账簿会计、账簿复核、现金出纳等方面分设不同岗位并由不同的人分工完成，从而达到交叉检查、相互制衡、避免舞弊的目的。当然，从其功能角度看，内部牵制并非美国独有，在古代和近现代其他国家或地区中也广泛存在。例如，在我国古代社会，一名武将只有拿到皇帝手中的另一半"虎符"才可以调兵，这就是实物牵制。20世纪90年代，我国有的村委会将公章分为两部分或三部分并交给不同的人保管，只有掌握公章各分块的人全部同意并聚齐才可盖章，这也是典型的实物牵制。

内部牵制从整体上看较为朴素，并没有形成公认的、稳定的专业化制度。内部控制被制度化的阶段大约处于20世纪40—80年代。第二次世界大战以后，为适应企业所有权与经营权分离的管理方式，会计行业形成了比较系统的行业规范和岗位组织系统。1949年，美国会计师协会（American Institute of Accountants，AIA）[2]下属的审计程序委员会（Committee on Auditing Procedure，CAP）发布的特别报告《内部控制：系统协调的要素及其对管理部门和独立公共会计师的重要性》，第一次应用了"内部控制"这一词语，并将其从会计账簿的简单化内部牵制扩展到预算控制、成本控

---

[1] 方红星，池国华. 内部控制[M]. 4版. 大连：东北财经大学出版社，2019：2；杨有红. 企业内部控制系统：构建·运行·评价[M]. 北京：北京大学出版社，2013：1；潘琰. 内部控制[M]. 2版. 北京：高等教育出版社，2018：4-10.

[2] 1887年，美国首个全国性会计职业组织成立时，名称定为美国公共会计师协会（American Association of Public Accountants，AAPA）。1917年更名为美国会计师协会（American Institute of Accountants，AIA），它是当时美国比较重要的会计行业组织之一。1957年，该组织的名称再一次更换为美国注册会计师协会（American Institute of Certified Public Accountants，AICPA），一直沿用至今。参见 AICPA&CIMA. History[OB/OL]. (2021-10-12)[2025-02-27]. https://www.aicpa-cima.com/resources/article/history.

制、定期报告、统计分析和内部审计等方面，从而形成了一个相对专业的会计控制制度体系。1958 年，CAP 进一步把内部控制分为内部会计控制（internal accounting control）和内部管理控制（internal administrative control），也即划分出了内部控制的财务方面和一般管理方面两大领域，从而形成了内部控制的"制度二分法"或进入了"二元控制阶段"。

后来，鉴于虚假财务报告或舞弊行为不断出现，美国注册会计师协会（American Institute of Certified Public Accountants，AICPA）等主要专业组织联合组成了国家虚假财务报告委员会（National Commission on Fraudulent Financial Reporting，NCFFR），由于其负责人是特雷德韦，因此这个委员会又被简称为"特雷德韦委员会"。在该委员会的倡导下，美国会计协会（American Accounting Association，AAA）、AICPA、国际财务执行官组织（Financial Executives International，FEI）、IIA 和全国会计师协会（National Association of Accountants，NAA）[①]等美国会计、审计相关的专业组织作为发起单位，于 1985 年组建了 COSO[②]。1987 年，特雷德韦委员会提交的报告就财务报告舞弊的表现、原因进行了分析，建议主要专业组织通力合作，重新整合内部控制的概念并建立新的标准，内部控制规范即将进入新的阶段。

2）一般结构化阶段

由于审计驱动，20 世纪 80 年代后，内部控制规范进入结构化阶段。进入这一阶段的标志是 AICPA 下属的审计准则委员会（Auditing Standards Board，ASB）于 1988 年发布《审计准则公告第 55 号》，该公告明确提出了"内部控制结构"（internal control stucture）的概念，使内部控制的政策与程序从过去关注财务报表的可靠性转向关注管理层对财务报告的明确保证。内部控制结构化包含的要素增多，新内部控制的具体要素由控制环境（control environment）、会计制度（accounting system）、控制程序（control procedures）三部分组成，从而超越了过去的"制度二分法"或"二元控制

[①] 该机构经历了多次更名。1919 年建立时名为全国成本会计师协会（National Association of Cost Accountants，NACA），1957 年更名为全国会计师协会（National Association of Accountants，NAA），1991 年再次更名为管理会计师协会（Institute of Management Accountants，IMA）。参见 IMA. Institute of Management Accountants: 100 Years of Hirstory[EB/OL].（1997-04-22）[2024-08-07]. https://www.imanet.org/about-ima/our-history.

[②] COSO 于 1985 年成立，旨在成为全球内部控制、风险管理、治理和欺诈防范方面的思想引领者。COSO. HOME[EB/OL].（2022-04-22）[2024-08-07]. https://www.coso.org/.

阶段",进入了"三元结构化阶段"。1992年,COSO发布了内部控制理论与实务领域广泛引用的报告《内部控制:整合框架》。该报告几乎一举奠定了COSO在内部控制领域的全球领导者地位。该报告提出,内部控制包含控制环境、风险评估、控制活动、信息与沟通、监控五大要素,从而使内部控制进入"五元结构化阶段",大大拓展了内部控制框架的范畴。

3) 风险结构化阶段

随着美国安然、世通和安达信等公司的会计丑闻暴露,美国于2002年颁布了《2002年上市公司会计改革和投资者保护法案》(又称《萨班斯-奥克斯利法案》),该法案进一步强化了内部控制在上市公司中的作用。2004年,为了突出风险防控目标,COSO发布了涵盖内部控制的《企业风险管理:整合框架》[①],将原有的内部控制框架中的第二要素"风险评估"扩展为目标设定、事件识别、风险评估、风险应对四个过程,形成了企业风险管理的八个构成要素,即内部环境、目标设定、事项识别、风险评估、风险应对、控制活动、信息与沟通、监控,从而把内部控制规范建设推向了风险管理的新阶段。2013年,COSO发布修订后的《内部控制:整合框架》及其配套工具、方法和案例。2015年COSO发布《网络时代的内部控制》,将内部控制推向了互联网时代。2017年,COSO发布《企业风险管理:与战略和绩效相整合》,该报告将原有的企业风险管理八要素提炼为五要素:公司治理与企业文化、战略与目标设定、风险管理执行、检查和修正、信息沟通和报告。其目标定位更明确、操作路径更清晰、适用范围更广泛。[②]同时,借鉴2013年《内部控制:整合框架》,该报告总结出20条原则以便操作中具体应用。COSO后续发布的一系列研究报告和相应指南,如2018年的《企业风险管理:环境、社会和风险治理领域应用风险管理》、2019年的《数字时代虚拟风险管理》、2020年的《合规风险管理:应用COSO风险管理框架》《区块链和内部控制:COSO的观点》、2024年的《实现机器人流程自动化的有效内部控制》等,都强调从风险管理角度去理解和强化企业的内部控制。

在逐渐完善企业内部控制规范的过程中,美国也加紧了政府行政部门内部控制专项制度的建设。1982年,美国国会颁布《联邦管理机构财务诚

---

① 〔美〕COSO. 企业风险管理:整合框架[M]. 2版. 方红星,王宏译. 大连:东北财经大学出版社,2017:27.

② 陈汉文,池国华. CEO内部控制:基业长青的奠基石[M]. 2版. 北京:北京大学出版社,2022:9.

信法案》，要求联邦管理机构建立内部控制体系，实现合规、资产安全、财务信息可靠等目标。1983 年，美国总审计局（General Accounting Office，GAO）出台了《联邦政府内部控制准则》。1999 年，借鉴 COSO《内部控制：整合框架》，GAO 发布了基于风险导向和业绩导向的新的《联邦政府内部控制准则》。2004 年在 COSO《企业风险管理：整合框架》基础上，OMB 也参考相关法案的条款发布了《通告 A-123：管理层的内部控制责任》，从而将政府行政部门的内部控制规范提升到一个新水平。[①]2014 年，GAO 也更新了《联邦政府内部控制准则》，该准则适用于政府机构和非营利组织。

2. 其他国家或国际组织内部控制规范的演变

在美国的影响下，其他国家和地区也陆续启动了内部控制规范建设。如 CICA 下属的 CoCo 于 1995 年发布了《控制指南》；英国在 1992 年《卡德伯瑞报告》的基础上，经过一系列修订，于 2024 年发布了《英国公司治理准则》，进一步完善了审计、风险和内部控制的条款；日本于 2007 年发布了《财务报告内部控制的管理层评价与审计准则》以及《财务报告控制的管理层评价与审计准则实施指引》等内部控制规范。总之，内部控制规范逐渐在一些发达国家建立。

近年来，内部控制作为组织治理的重要手段，也得到了相关国际组织的广泛关注。如银行监管的国际权威机构——BCBS 制定了《银行组织内部控制体系框架》；INTOSAI 发布了针对公共部门的内部控制建议；国际会计师联合会（International Federation of Accountants，IFAC）也广泛参与并推动内部控制体系的建设和发展，比如组织开展基于风险视角的内部控制研究。[②]世界银行、OECD 也从治理角度关注内部控制制度建设。国际上成立了专门面向内部控制的专业性团体，致力于内部控制专业知识的交流、资格认证等工作。

从以上世界范围的内部控制规范演化过程来看，人们越来越意识到内部控制对组织的重要性，逐渐将内部控制从组织的"自选动作"发展为"规定动作"，统一要求组织构建并实施。从覆盖范围来看，内部控制已经突破了会计审计领域，扩展到风险管理领域，控制目标越来越多元化，功能

---

① 〔美〕爱德华·卡尼等. 联邦政府内部控制[M]. 王光远等译. 北京：中国时代经济出版社，2009.
② IFAC. Internal Control from a Risk-Based Perspective[EB/OL]. (2007-07-31)[2024-07-10]. https://www.ifac.org/knowledge-gateway/professional-accountants-business-paib/publications/internal-control-risk-based-perspective.

越来越全面,要素越来越多样化,体系越来越完整。正如有学者从价值创造链角度指出的,内部控制的延伸性发展表明,其不仅仅是鉴证组织会计报告的制度性评价条件,而且是公司价值创造、目标实现和体现控制全过程的一个开放性的系统。[1]甚至可以说,内部控制与广义上的公司治理、风险管理的本质相同[2],其覆盖的业务范围越来越大。如果从组织免疫系统的角色和功能角度看,内部控制的外在表现是一系列系统化的制度规范,但其内在本质的功能是运用专门方法抗御"非我"与"损我",保护促进"自我"与"益我"[3],因而其活动涵盖了管理的诸多领域,范围相当宽泛。

二、我国内部控制规范的建设进展

1. 面向企业的内部控制规范建设

1)改革开放至党的十八大前的内部控制规范建设

从前面提及的古代虎符相合才可调兵,以及现代乡村村级裂开的公章并合才可加盖等事实可以看出,我国内部控制的思想可谓源远流长,民间朴素的内部牵制思想及其实践更是广泛存在。现代化、专业化的内部控制规范建设的起步时间相对较晚。财务方面的内部牵制起步于1985年出台的《中华人民共和国会计法》,该法从内部牵制角度对会计稽核做出了明确规定。1996年,中国注册会计师协会发布了针对错误与舞弊、内部控制与审计风险等的系列审计准则,其中明确提出了"内部控制"的概念。[4]此后,鉴于亚洲金融危机对各国金融体系的冲击,我国在修订《中华人民共和国会计法》过程中,明确写入了单位内部会计监督制度,并制定了《内部会计控制规范——基本规范(试行)》(已废止)以及面向货币资金、对外投资、工程项目、销售与收款、采购与付款、担保等资金活动领域的会计控制子规范,从而在会计领域形成了系统的财务管理内部控制体系。当然,这些内部控制政策着重于会计控制、财务控制,还没有将内部控制拓展到一般业务管理领域。

与此同时,有关部门对上市公司、证券公司、商业银行和保险公司、中央企业等建立内部控制规范提出了要求。1997年中国人民银行发布了《加

---

[1] 李心合. 内部控制:从财务报告导向到价值创造导向[J]. 会计研究, 2007 (4): 54-60, 95-96.
[2] 谢志华. 内部控制、公司治理、风险管理:关系与整合[J]. 会计研究, 2007 (10): 37-45, 95.
[3] 杨雄胜. 内部控制范畴定义探索[J]. 会计研究, 2011 (8): 46-52, 96.
[4] 方红星,池国华. 内部控制[M]. 4版. 大连:东北财经大学出版社, 2019: 15.

强金融机构内部控制的指导原则》（已废止）、《中国人民银行关于进一步完善和加强金融机构内部控制建设的若干意见》（已废止），提出金融机构内部控制包括内部组织结构的控制、资金交易风险的控制、衍生工具交易的控制、信贷资金风险的控制、保险基金的风险控制、会计系统的控制、授权授信的控制、计算机业务系统的控制等，超越了会计控制的范畴，将内部控制拓展到金融机构的多个专项业务领域。随后，大量针对金融机构的内部控制规范陆续发布。如中国保险监督管理委员会1999年制定的《保险公司内部控制制度建设指导原则》（已废止），2001年中国证监会制定的《证券公司内部控制指引》（已废止），2002年中国人民银行发布的《商业银行内部控制指引》，2004年中国银监会发布的《商业银行内部控制评价试行办法》（已废止），2006年发布的《深圳证券交易所上市公司内部控制指引》、《上海证券交易所上市公司内部控制指引》（已废止），2007年中国银监会修改发布的《商业银行内部控制指引》（2014年中国银监会修订发布了新版）等，都对优化金融机构内部控制产生了积极作用。

美国《2002年上市公司会计改革和投资者保护法案》出台后，我国明显加快了企业内部控制规范统一建设的步伐。2008年财政部等五部门联合发布了《企业内部控制基本规范》，2010年又发布了《企业内部控制应用指引》《企业内部控制评价指引》《企业内部控制审计指引》，从而系统搭建了我国企业内部控制规范的体系。尤其是《企业内部控制应用指引》涵盖组织架构、发展战略、人力资源、社会责任、企业文化、资金活动、采购业务、资产管理、销售业务、研究与开发、工程项目、担保业务、业务外包、财务报告、全面预算、合同管理、内部信息传递和信息系统等18个方面，突破了以往内部控制聚焦会计审计业务、主要在金融类企业中建设的局限，从而成为我国内部控制规范建设的里程碑。在财政部、中国证监会等的要求下，这些内部控制规范优先在上市公司中实施。

2）党的十八大以来的内部控制规范建设

党的十八大以后，国家继续加强不同类型、不同行业领域企业的内部控制规范体系建设，出台了一系列政策，在完善内部控制规范方面迈出了新的步伐。

针对中央企业的内部控制规范建设要求不断提高。2012年国务院国资委发布的《关于加快构建中央企业内部控制体系有关事项的通知》（已废止），就中央企业加快构建内部控制体系提出了专门要求。2019年国务院国资委发布的《关于加强中央企业内部控制体系建设与监督工作的实施意见》，针对中央企业提出了建立健全内控体系、强化内控体系执行、加强信息化管控、加大企业监督评价力度和加强出资人监督等具体要求。2022年8月，国务院国资委颁布部门规章《中央企业合规管理办法》，旨在促进中央企业合规管理、防控风险，推动深化改革和高质量发展。在组织保障上，该规章明确了董事会、经理层等在合规管理上的职责，要求中央企业设立合规委员会、首席合规官、合规管理部门和配置专职合规管理人员。该规章在制度建设、运行机制、信息化建设、文化建设和监督问责方面也提出了要求。这是我国在吸收国际内部控制经验的基础上，基于内部控制合法合规目标出台的针对中央企业的专项合规办法，是进一步深化细化内部控制专项目标的新尝试，更是对以往内部控制框架体系的深化和超越。2023年和2024年国务院国资委还印发专门通知，就中央企业内部控制体系建设与监督工作有关事项做出专项部署，促进中央企业内部控制体系进一步优化。

针对上市公司，2020年发布的《国务院关于进一步提高上市公司质量的意见》，在专项要求的第一条中就提出"规范公司治理和内部控制"，要求"严格执行上市公司内控制度，加快推行内控规范体系，提升内控有效性"。2021年发布的《国务院办公厅关于进一步规范财务审计秩序促进注册会计师行业健康发展的意见》，要求"进一步明确会计核算、内部控制、信息化建设等要求"。财政部、中国证监会2022年发布的《关于进一步提升上市公司财务报告内部控制有效性的通知》，聚焦资金资产活动、收入、成本费用、投资活动、关联交易等方面的相关舞弊和错报的风险，以及重要风险业务和重大风险事件、财务报告编制等重点领域的风险，提出了有针对性的内部控制强化举措。财政部、中国证监会2023年发布的《关于强化上市公司及拟上市企业内部控制建设 推进内部控制评价和审计的通知》要求，相关企业必须"每年在披露公司年度报告的同时，披露经董事会批准的公司内部控制评价报告以及会计师事务所出具的财务报告内部控制审计报告"。2023年发布的《国务院办公厅关于上市公司独立董事制度改革的意见》也要求，"上市公司董事会应当设立审计委员会，成员全部由非执行董事组成，其中独立董事占多数。审计委员会承担审核公司财务信息及其披露、监督及评估内外部审计工作和公司内部控制等职责"。这些政策进一步提升了上市公司内部控制质量，为降低上市公司舞弊错报风险、促进其可持续发展提供了新的制度保障。

针对具体行业企业或单位的内部控制建设力度也在加强。例如，针对石油化工企业，2014年财政部发布了《石油石化行业内部控制操作指南》，为石油化工类企业内部控制体系的建立、实施、评价与改进提供参考。针对保险资金运用，2015年中国保监会印发了《保险资金运用内部控制指引》，主要从委托、受托关系管理及控制、投资决策控制、交易行为控制、信息系统控制等方面进行了规定。针对小企业，2017年财政部发布《小企业内部控制规范（试行）》，进一步引导和规范小企业加强内部控制体系建设，提升风险防范能力。针对理财公司，2022年中国银保监会发布了《理财公司内部控制管理办法》，该文件结合理财公司的具体业务，细化了理财公司的内部控制，进一步推动内部控制在特殊金融类企业的落地、落实、落细。在2022年12月1日起施行的《中华人民共和国反电信网络诈骗法》中，第六条、第三十九条至第四十一条对银行业金融机构、电信业务经营者、非银行支付机构、互联网服务提供者等落实反电信网络诈骗内部控制规范提出了要求，违反规定的将受到相应处罚。这表明，建立健全反诈内部控制规范成为电信、金融、互联网等企业的法定义务，这将对我国企业建立内部控制规范的要求提升到了新的层次。

会计审计领域在这一时期也加强了内部控制规范建设。如中国内部审计协会2013年发布了《第2201号内部审计具体准则——内部控制审计》，要求内部控制审计应当以风险评估为基础，关注串通舞弊、滥用职权、环境变化和成本效益等内部控制的局限性。2022年中国注册会计师协会修订了《中国注册会计师审计准则第1152号——向治理层和管理层通报内部控制缺陷》。2024年通过的新修正的《中华人民共和国会计法》第二十五条强调"各单位应当建立、健全本单位内部会计监督制度，并将其纳入本单位内部控制制度"。

总体来看，在21世纪以前的20年时间里，我国逐渐建立并完善了面向财务管理和会计审计的内部控制规范，内部控制规范建设主要集中于一般企业的财务控制领域以及财务业务密集的金融机构。但是，在21世纪以后的20多年时间里，我国逐渐建立并完善了面向一般行业企业的统一内部控制规范和面向特定行业企业的专项内部控制规范。根据财政部、中国证监会委托有关专家组的调研，在披露2019年年度报告的所有沪深A股上市公司中，单独披露内部控制评价报告的比例为 95.99%。①可以说，上市公司内部控制规范建设及其信息披露基本实现了全覆盖。当然，经中国证监会检查发现，有的上市公司内部控制制度还存在不完善或未得到有效执行的问题。从上市公司披露的内部控制报告看，披露质量还有待提高。内部控制自我评价工作存在不规范、不严谨的情况，自我评价报告的有效性不高。外部会计师事务所对内部控制及其审计的重视程度还明显不足，内部控制规范运作水平、内部控制审计执业质量与投资者的期望、监管机构的需求还有差距。比如，有的公司年度内部控制报告还比较简单，其内容与上一年度重复率较高，有的甚至达 100%。而且，有的上市公司即便受到相关行政处罚但仍报告不存在内部控制缺陷。②同样，有研究表明，我国上市公司内部控制缺陷披露存在行业和地区同质化现象，某些公司通常模仿同群其他公司的平均披露水平，而非模仿领先者。③这些都说明，社会公众关心的上市公司，其内部控制规范的质量、内部控制评价及结果的质量都有待进一步提高。

2. 面向行政事业单位的内部控制规范建设

在推进企业内部控制规范建设的过程中，财政部也加快了行政事业单位内部控制规范建设的步伐。2012 年，财政部印发《行政事业单位内部控制规范（试行）》，并于 2014 年正式施行。该文件指出，行政事业单位内部控制的目标是，"合理保证单位经济活动合法合规、资产安全和使用有效、财务信息真实完整，有效防范舞弊和预防腐败，提高公共服务的效率和效果"④。2014 年，党的十八届四中全会公布的《中共中央关于全面推进依法治国若干重大问题的决定》提出："加强对政府内部权力的制约，是强化对行政权力制约的重点。对财政资金分配使用、国有资产监管、政府投资、政府采购、公共资源转让、公共工程建设等权力集中的部门和岗位实行分事行权、分岗设权、分级授权，定期轮岗，强化内部流程控制，防止权力滥用。"这里的"三分一轮"可谓内部控制的重要方法。2015 年财

---

① 上市公司执行企业内控规范专家工作组. 上市公司 2019 年执行企业内控规范体系情况蓝皮书[EB/OL]. [2021-02-05]（2022-12-07）. https://m.mof.gov.cn/czxw/202102/P020210218361826143496.pdf.
② 中国证监会. 2019 年度内部控制审计、商誉减值审计与评估专题检查情况的通报[EB/OL]. [2019-12-27]（2022-12-07）. http://www.csrc.gov.cn/csrc/c105942/c1500118/content.shtml.
③ 宋建波. 上市公司内部控制信息披露分析[M]. 北京：中国人民大学出版社，2022：89.
④ 财政部会计司. 行政事业单位内部控制规范讲座[M]. 北京：经济科学出版社，2013：273.

政部又发布了《关于全面推进行政事业单位内部控制建设的指导意见》，对内部控制在行政事业单位中全面铺开提出了新的工作要求。2017年，财政部发布《行政事业单位内部控制报告管理制度（试行）》，对内部控制报告编报工作的组织、报告的编制与报送、报告的使用及监督检查等进行了规定。从2023年财政部对行政事业单位内部控制报告编报的具体要求来看，其报告内容应包括单位内部控制工作的基本情况、单位存在的内部控制问题及其整改情况、单位内部控制报告审核情况、单位内部控制工作的经验做法和取得的成效以及有关意见建议。此外，还要填写涵盖单位基本情况、单位层面内部控制情况、业务层面内部控制情况和内部控制信息化情况的附表①，总体要求较为详尽。

不同部门根据所在行业单位特点，也发布了相应的内部控制规范，如国家卫生健康委、国家中医药管理局（简称国家中医药局）2020年发布的《公立医院内部控制管理办法》。该办法在坚持原有六大业务领域控制基础上，提出了针对医院的独特控制活动，如医疗业务、科研业务、教学业务、互联网诊疗业务、医联体业务以及信息化建设业务等方面的控制活动，从而体现了医院内部控制规范的特色。财政部、国家卫生健康委、国家医保局、国家中医药局2023年印发的《关于进一步加强公立医院内部控制建设的指导意见》，进一步提出了要着力完善公立医院重点业务及高风险领域的内部控制措施，如加强预算管理、健全收支管理、加强采购管理、强化资产管理、加强基本建设项目管理、完善合同管理、加强依法执业自查管理、完善医保基金使用、严格执行教育项目经费的预算控制和闭环管理、完善互联网诊疗管理、优化医联体管理、加强生物安全管理等。应该说，医疗领域专业性强，其内部运行机制成熟，与医疗专业人员相比，患者或患者家属、媒体等关心医疗工作的相关人员不具有信息优势，信息不对称问题十分突出。如果医院内部控制体系不健全、执行不严，舞弊就很有可能发生。近年来，国家加强了医疗领域尤其是医院的反腐败工作，查办了一些公立医院在器械药品采购、医保基金使用方面的腐败案件。在此背景下，建立健全医院系统的内部控制体系并严格实施已刻不容缓。

整体上说，内部控制已经在我国行政事业单位中实现了全覆盖，其制度的构建及其运行已经基本成熟。而且我国行政事业单位内部控制的建设

---

① 财政部.关于开展2023年度行政事业单位内部控制报告编报工作的通知[EB/OL].（2024-02-18）[2024-08-07]. http://kjs.mof.gov.cn/gongzuotongzhi/202402/t20240218_3928670.htm.

重点放在了内部控制机构（制度）设立与运行、权力运行制衡机制建设、主要经济业务活动开展和内部控制信息化等方面，并且注重与现有的巡视工作、审计工作、纪检监察和反腐倡廉工作相衔接，体现了鲜明的中国特色。可以说，内部控制在防范化解行政事业单位运营风险、弥补可能导致舞弊的"机会"漏洞、建设"不敢腐、不能腐、不想腐"体制机制方面发挥了重要作用。但是，目前面向行政事业单位的内部控制规范，在文化建设等方面覆盖不足，在非经济业务活动的管理控制方面有所欠缺，在专门的内部控制审计方面也有待加强。

3. 面向公共教育系统的内部控制规范建设

在教育领域，教育部在审计工作的安排中一直强调要对会计工作加强内部控制。2012年财政部印发《行政事业单位内部控制规范（试行）》等文件后，教育部就及时部署实施。教育部2016年印发《教育部直属高校经济活动内部控制指南（试行）》，包括实施指南、应用指南和评价指南。实施指南规定了内部控制的组织架构和建设任务。应用指南有15项，涵盖了控制环境、预决算管理、资产管理、债务管理、收入管理、支出管理等，基本涵盖公立高校可能发生的主要经济活动。评价指南包括内部控制评价内容、评价方法、内部控制监督等方面。在内部审计以及重大项目的财务管理方面，教育部也持续强调内部控制的重要性，并强调在领导经济责任审计、政府采购、工程管理审计、国有资产管理等工作中将内部控制纳入审计范围[①]，并在一些重大项目的评审或财务管理办法中将内部控制制度是否健全作为评价条件[②]。2016年，教育部、人力资源社会保障部、工商总局三部门联合发布的《营利性民办学校监督管理实施细则》第二十七条指出："营利性民办学校应当建立健全财务内部控制制度，按实际发生数列支，不得虚列虚报，不得以计划数或者预算数代替实际支出数。"

在实际运行方面，有的高校如厦门大学在核准的章程中也写入了内部控制规范建设的要求。有的高校如北京师范大学建立了专门的内部控制建

---

① 《教育部关于加强直属高等学校内部审计工作的意见》（2015）、《教育部关于加强直属高校建设工程管理审计的意见》（2016）、《教育部关于进一步做好政府采购工作的通知》（2014）、《教育部关于直属高校落实财务管理领导责任严肃财经纪律的若干意见》（2015）。

② 《教育部办公厅关于印发〈职业教育专业教学资源库建设资金管理办法〉的通知》（2016）、《教育部办公厅关于开展"全国中小学生研学实践教育基（营）地"推荐工作的通知》（2018）、《教育部办公厅关于印发〈中国语言资源保护工程专项资金管理办法（试行）〉的通知》（2016）。

设领导小组和内部控制管理办公室,直接牵头负责学校内部控制制度的建设、运行、评价监督。公办高校基本建立了财务内部控制制度,财务内部控制制度主要涵盖了财务授权审批控制、收入支出管理控制、预决算管理控制、会计机构岗位设置控制、会计控制、其他经济业务管理控制、财务信息管理控制、会计档案控制、评价与监督等内容。2020 年,教育部修订通过《教育系统内部审计工作规定》,该规定适用对象是"依法属于审计机关审计监督对象的各级教育行政部门、学校和其他教育事业单位、企业等"[1]。该规定在强化内部审计"预警"功能方面,强调"以内部控制、风险管理为导向"开展审计监督[2],从而在多个条款中把内部控制、风险管理纳入了审计范围,赋予了内部审计机构相关权限。该规定仅从审计角度把内部控制作为工作对象,没有提供针对教育系统尤其是民办学校的内部控制建设指引。

总的来说,尽管教育领域在内部控制方面较少发布专项规范,但是财政部等相关部门发布的规范可以直接或间接应用。比如《行政事业单位内部控制规范(试行)》适用于公办学校,《企业内部控制基本规范》适用于营利性民办学校。不过,从一些公开的针对民办学校开展的年检、审计的结果来看,学校系统在建立内部控制体系方面还存在不足,尤其是财务方面的内部控制规范的系统性、完备性有待提升。非营利性民办学校具有独特性,在整体构建专门内部控制规范时更需加大力度。

第三节 内部控制的要素

内部控制究竟包含哪些对象或哪些要素呢?1992 年,COSO《内部控制:整合框架》构建了权威的五要素框架,即控制环境(control environment)、风险评估(risk assessment)、控制活动(control activities)、信息与沟通(information and communication)、监控(monitoring)。COSO 2013 年版

---

[1] 教育部. 教育系统内部审计工作规定[EB/OL]. (2020-03-20)[2024-08-07]. http://www.moe.gov.cn/jyb_xxgk/xxgk/zhengce/guizhang/202112/t20211206_585019.html.

[2] 教育部. 健全机制 拓展职能 提升质量 充分发挥教育系统内部审计作用——教育部有关部门负责人就《教育系统内部审计工作规定》答记者问[EB/OL]. (2020-04-02)[2024-08-07]. http://www.moe.gov.cn/jyb_xwfb/s271/202004/t20200402_437677.html.

《内部控制:整合框架》仍包含这五个方面,只是从层级上划分为组织、分部门、业务单元和职能部门四个层面。我国企业内部控制规范借鉴了COSO的《内部控制:整合框架》。行政事业单位内部控制规范虽然没有明确提出内部控制的要素,主要从单位层面和业务层面强调了主要控制风险点,但是这些内部控制规范也有COSO 2013年版《内部控制:整合框架》的痕迹。因此,本书主要基于COSO 2013年版《内部控制:整合框架》以及我国企业、行政事业单位的控制规范,展开要素分析。[①]

一、控制环境

控制环境有时也称为组织的内部环境。控制环境是其他所有控制要素的基础与前提,对其他控制要素的作用发挥起着很强的制约作用。控制环境包含的要素较多,主要涵盖了组织的发展战略、组织文化、诚信与道德价值观、社会责任、治理结构、人力资源政策等内容。我国企业内部控制规范体系通过发展战略、组织架构、人力资源、社会责任和企业文化五项指引来实现内部环境的控制。从风险角度看,控制环境着力防范高层管理者的不诚信不正直的道德价值观、管理理念风格与组织文化、组织机构设置和权责分配等方面可能带来的风险。

1. 发展战略、文化与价值观及社会责任

1)发展战略

战略是组织对未来中长期发展目标、任务和路径的宏观规划,战略影响组织的发展方向。发展战略主要包括确立愿景和使命、设置战略目标、制定战略、执行战略、评估及调整战略等环节,这些环节可能存在没有战略、战略制定不符合实际、战略无法实施或难以实施、战略实施缺乏评价反馈等风险,需要设置相应的控制点对风险加以控制。

2)文化与价值观

文化一般包括精神文化、物质文化、制度文化和行为文化。组织文化主要涉及组织所坚持的价值观念,以及因价值观念所形成的行为准则和行为方式。组织文化可能会深刻影响员工的行为,一个单位如果形成了不良

[①] COSO《企业风险管理:整合框架》提到了八个要素,主要是把"风险评估"要素进行了扩充。COSO认为,《企业风险管理:整合框架》的发布并不意味着原有的《内部控制:整合框架》就被替代。本部分仅仅从内部控制角度进行分析,因此仍旧采用五要素框架。

文化，集体性舞弊、塌方式腐败就可能出现。诚信、正直的道德价值观是组织精神文化的重要组成部分，尤其是领导层以身作则坚持的道德价值观，在组织中起着奠定基调、示范引领的作用，在很大程度上支撑着整个组织的合法合规经营。面向2022年上市公司内部控制的研究发现，受处罚的上市公司与未受处罚的上市公司控制环境分数均值相差25.44分，表明公司董事、监事和高级管理人员的价值观和行为直接影响着公司文化和行为准则。[1]企业文化也影响着内部控制的执行特性和执行成效。[2]文化与价值观的风险点在于没有自己的文化遵循、形成了违反法律法规和社会道德规范的文化、形成了低质量的文化追求等。

3) 社会责任

社会责任也是文化追求的重要组成部分，社会责任同样对组织合规合法运营起着支撑作用。广义的社会责任主要涵盖了经济责任、社会责任和环境责任。有学者根据强制性要求程度，把社会责任分为基于法律层次的强制性社会责任和基于道德层次的非强制性社会责任，并具体列出了企业社会责任的主要内容。强制性社会责任主要包括安全生产、保障产品质量、环境保护、促进就业、员工权益保护、反贪污贿赂等，非强制性社会责任包括支持和参与社区文化建设，从事助教助残、救灾等慈善公益事业。[3]社会责任尤其是强制性社会责任履行不当同样会带来行政处罚、刑事违规等重大风险，严重时可能导致组织倒闭。

案例2.1：张家港市L公司及负责人张某等人环境污染案[4]

张家港市L公司系当地省级高科技民营企业，张某系该公司总经理。2018年下半年，该公司在未取得有关部门环评的情况下，私自建设酸洗池并且施设暗管，将被重金属污染的废水排放至生活污水管道，造成严重污染。2020年6月，张某等管理层主动向公安机关投案并如实供述犯罪事实，自愿认罪认罚。8月，该案被公安机关移送检察机关后，L公司向检察机关表达了合规建设的意愿。检察机关了解到，如果该公司及其主要负责人受到刑事处罚，将对国内相关技术发展造成重大影响。经过评估，检察机关

---

[1] 陈汉文等. 中国上市公司内部控制指数(2023)：制定、分析与评价[N]. 上海证券报, 2023-12-31.
[2] 俞雪花. 基于企业文化视角的内部控制[M]. 北京：人民出版社, 2011：74-75.
[3] 王海兵. 企业社会责任内部控制研究[M]. 成都：西南财经大学出版社, 2020：7.
[4] 根据相应材料做了删改和整理。最高人民检察院涉案企业合规研究指导组. 涉案企业合规办案手册[M]. 北京：中国检察出版社, 2022：91-93.

向该公司送达了《企业刑事合规告知书》，该公司在第一时间提交了书面合规承诺以及行业地位、科研力量、纳税贡献、承担社会责任等证明材料。

随后，L公司聘请了专业律师团队指导其进行合规建设，并逐月向检察机关书面汇报合规建设的进展。2020年12月，该公司合规建设成果通过了以生态环境部门专业人员为组长的整体评估。随后，检察机关召开由相关行政主管部门、工商联和人民监督员等参与的听证会，会中当场依法依规公开宣告不起诉决定，并向行政部门提出行政处罚的检察意见。2021年3月，生态环境部门依照《中华人民共和国水污染防治法》等对其做出了行政处罚。

这个案例是最高人民检察院公布的企业刑事合规不起诉的指导案例。环境保护是企业必须承担的社会责任，然而，L公司高层存在不正确的价值观，通过向生活污水管道隐秘排放工业废水，造成严重污染，导致公司面临风险。公司高层认罪认罚并修复了受损害的法益。在检察机关的指导下，在生态环境部门和律师等第三方的帮助下，该公司采取了建立合规管理体系、进行技术整改等系列举措，以防止继续造成环境污染，从而成为合规不起诉改革进程中的经典案例。

2. 组织架构与人力资源

1) 组织架构

组织架构主要包括高层治理结构和中层、基层组织机构。高层治理结构，对企业来说，包括股东会、董事会、监事会以及经理层；对行政事业单位来说，包括党组织、行政班子、职工代表大会及其他专门委员会。合理划分不同机构的职责，厘清相互间的运行关系，制定不同权力机构的议事程序和规则，避免权力斗争和重大决策失败，这是高层治理结构内部控制最为关键的部分。高层治理结构内部控制的实施主要依赖于单位章程及相应议事规则。中层、基层组织机构设计通常涵盖了工作分析、组织权力划分、管理幅度设计、工作关系分析和指挥链设计等内容。组织机构设计不当，可能导致单位机构臃肿或过于单薄，或者出现相互推诿扯皮或独裁专断的风险。目前，我国有的社会组织陷入内部矛盾治理僵局，有的形成派别，有的长期占有法人的印章和资料，有的将内部矛盾外化，使得组织运转受到影响。①这些现象更是迫切要求加强组织机构内部控制。设计组织机构时，需要明确相应的结构图、流程图、职位说明书、工作关系、工作权限等，使组织运行既规范又高效。

2）人力资源

人力资源包括支持组织发展的所有人员，对企业而言，囊括了董事、监事及全体员工；对行政事业单位而言，包括了领导、编内员工，以及各种类型的外聘人员、外包业务服务人员。组织人力资源开发与管理涵盖了人力资源的规划、人员招聘、使用、考核、培训、晋升、处分、解聘退出管理，以及薪酬管理、劳动关系处理等内容。组织中的人力资源管理领域，可能存在人力资源政策缺乏，管理政策不够公平或缺乏竞争力，人力资源不足或过剩、结构不合理，人力资源进入及退出机制不健全，人力开发培训体系不完善，员工职业生涯阶梯设计不完善，以及岗位设置、工作分析和激励约束机制不科学等系列风险，这些风险可能导致组织面临招聘难、用人乱、留人难等困境，因此也是内部控制的主要对象。

二、风险评估

人类生活在风险社会之中②，每个组织都可能面临来自内外部的各种风险，风险主要来自未来的不确定性。控制环境能够帮助组织形成良性的基本条件，但是并没有提供风险管理的工具，也难以有效规避组织遇到的内外部风险。内部控制与其他规范制度的最大差异就在于，它越来越强调风险管理，为组织提供了一揽子识别、分析和抵御风险的技术方法。COSO 对风险的定义主要从负面因素角度展开，COSO 1992 年版《内部控制：整合框架》就把风险看成是影响企业目标实现的负面因素。2004 年版《企业风险管理：整合框架》虽然仍把风险看成带来负面影响的可能性，但区分了风险和机会的差异，认为风险是"一个事项将会发生并对目标的实现产生负面影响的可能性"，机会是"一个事项将会发生并对实现目标和创造价值产生正面影响的可能性"③。COSO 2013 年版《内部控制：整合框架》仍

---

① 于萌. 关于社会组织内部治理现状、问题与对策研究的思考[J]. 中国社会组织, 2023（4）：42-44.
② 〔德〕乌尔里希·贝克. 风险社会[M]. 何博闻译. 南京：译林出版社, 2004.
③ 〔美〕COSO. 企业风险管理：整合框架[M]. 2版. 方红星, 王宏译. 大连：东北财经大学出版社, 2017：56-57.

然坚持这样的观点。[①]总之，组织在运行过程中时时刻刻会面临来自内外部的风险，零风险是不可能的，但是风险和机会是并存的。这就要求组织在面临风险时必须考虑自己的风险容限和风险容量，也需要采取一定的措施识别和分析那些与目标实现相关联的风险。

在内部控制五大要素中，风险评估更倾向于从方法和技术角度提供工具支持，主要应对的是组织缺乏风险防范意识、风险识别机制和风险管控程序而导致的无法遵循法律法规、财务报告作假以及战略目标落空等问题。结合COSO发布的《企业风险管理：整合框架》，我们把风险评估细分为目标设定、风险识别、风险分析和风险应对四个环节。一是目标设定。目标是风险评估的基本标准。在前文中，我们已经充分阐述了内部控制的目标，这是整个内部控制的宏观基准。主要包括合法合规目标、真实完整报告目标、资产安全及有效使用目标、持续经营目标、战略目标，以及针对每个具体的控制业务领域或控制点提出的相应的风险控制目标。在具体业务方面，也要设定具体的业务目标以及风险容限和风险容量。二是风险识别。风险识别主要是通过相应的风险识别方法，对造成风险的风险源（风险因素）、重大风险事件、风险可能导致的后果进行提前判断和识别，尤其要对组织关键岗位、重要事项和大额度资金往来可能存在的风险进行预判。三是风险分析。风险分析主要是通过敏感性测试、压力测试等方法，对业务风险进行整体评估，设计组织的风险容限和风险容量。四是风险应对。风险应对主要包括风险规避、风险减小、风险共担、风险分散、风险承受等过程。当然，风险无处不在，组织在运行过程中要完全规避风险是不可能的，但是重大的风险很可能导致组织倒闭，所以组织必须明确自己的风险容限和风险容量，建立健全风险应对的相应机制。

三、控制活动

控制活动是根据已经识别评估出的风险结果，采取相应措施加以控制的各种政策和程序。控制活动是落实内部控制规范最为直接的要素，也是控制措施最为丰富的要素，是着力避免或降低风险、确保组织目标实现而

---

① 〔美〕Treadway 委员会发起组织委员会（COSO）. 内部控制：整合框架（2013）[M]. 财政部会计司组织翻译. 北京：中国财政经济出版社，2014：63-64.

进行的必要管理行动。根据不同的标准，控制活动可以分为不同的类型。例如，根据不同目标可以分为战略目标控制活动、经营控制活动、财务控制活动和合规性控制活动；根据不同控制层级可以分为组织（单位）层面控制活动和业务层面控制活动；等等。我国《企业内部控制基本规范》第二十八条将控制措施分为"不相容职务分离控制、授权审批控制、会计系统控制、财产保护控制、预算控制、运营分析控制和绩效考评控制"等，这些措施也可被视为涉及企业内部控制的基本控制活动。此外，《企业内部控制应用指引》还在具体业务的控制措施上提出了要求，这些业务活动涵盖了资金活动、采购业务、资产管理、销售业务、研究与开发、工程项目、担保业务、财务报告、全面预算、业务外包、合同管理等方面。《行政事业单位内部控制规范（试行）》第十二条提出了类似的基本控制方法，还从单位层面和业务层面提出了具体的控制措施，这些控制措施及方法也是控制活动。比如业务层面的内部控制就包括预算业务控制、收支业务控制、政府采购业务控制、资产管理、建设项目控制、合同控制以及评价与监督等关键经济活动的控制。单位内部控制的控制方法主要包括不相容岗位相互分离、内部授权审批控制、归口管理、预算控制、财产保护控制、会计控制、单据控制、信息内部公开。借鉴企业和行政事业单位对控制活动的划分，我们将控制活动分为基本控制活动、具体业务控制活动和其他业务控制活动三大类加以阐述。

1. 基本控制活动

基本控制活动主要涉及组织中常见的经济活动控制、经营活动控制和权责分工控制，具体包括会计系统控制、财产保护控制、全面预算控制、不相容职务分离控制、授权审批控制以及运营分析控制、绩效考评控制等，也可扩大到信息系统控制、文件记录控制等组织认为比较重要的职能活动领域。

1）会计系统控制

会计系统控制既是内部控制的起源，也是内部控制核心中的核心，其在内部控制中的地位是十分重要的。因为从自利的经济人假设出发可以推论，舞弊和欺诈行为的根本目的基本都指向了"钱财"。会计系统是组织记录、分析、分类、汇总和报告组织资金往来和经济活动的一系列方法和程序。会计系统控制的基础性要求是严格遵守国家统一制定的会计准则，确认并记录所有真实的交易，明确会计凭证、会计账簿和财务报告的处理程序，保证会计资料真实完整。控制内容包括会计政策和准则的应用、机构人员控制、文件和凭证控制、档案保管控制、业务流程控制等方面。如在机构人员控制方面，应确保依法设置会计岗位和部门，会计人员应具有相应的从业资格和经验，会计系统岗位应严格执行不相容职务分离控制、授权审批控制等。会计系统控制的方法主要包括原始凭证稽核、记账凭证审核、会计账簿稽核、财务报告稽核等，以实现会计系统控制目标。在这方面，全国人大常委会制定了相关法律，财政部等各部委以及各省（自治区、直辖市）财政管理部门也制定了较为详尽的会计制度，以规范会计系统控制。但是，也有一些单位的会计系统在运转过程中存在不同程度的漏洞。

案例2.2：祁某某利用职务之便贪污和挪用单位公款案[①]

在2009年1月至2015年5月，祁某某利用自己担任青海省某市某区交通局财务主任、会计职务之便，通过虚开发票，编造虚假会计凭证，利用多支出、少入账等手段，套取某区交通局资金200余万元。如在2009年某大桥项目的实施过程中，施工方以现金方式交给祁某某10万元项目经理变更保证金，但祁某某未将其归入交通局账户，在工程竣工后占为己有。2010年祁某某指使出纳，擅自将15万元从交通局账户转入祁某某个人银行卡中，用于个人开销。事后，祁某某通过将此款不记入会计账目、编造虚假凭证、故意做平银行存款账目等手段，非法占有了这笔资金。2012年10月，祁某某还私自从交通局账户分两笔向供货商账户转钢材材料款共30万元，但这两笔钱也未计入会计账目而被祁某某私自侵吞。

祁某某在6年多的时间里贪污和挪用公款却未被发现，显示了其所在单位交通局内部控制机制不完善，执行不力。一是在控制环境方面，该局没有形成诚信正直的文化，高层没有以身作则的文化基调。判决书显示，

---

① 根据中国裁判文书网案例做了删改和整理。中国裁判文书网. 祁某某贪污罪二审刑事判决书（2019）青刑终45号[EB/OL].（2020-07-30）[2024-08-07］. https://wenshu.court.gov.cn/. 此类案例网址会动态更新，可登录中国裁判文书网并通过搜索案号查询详细信息，全书余同。

该局包括局长在内的主要领导因套取项目资金而受到刑事处罚。二是不相容职务分离没有实质实施，收款、入账、出具收据等均由祁某某个人承担。三是会计系统尤其是资金业务缺乏内部控制，单位资金常常转入祁某某及其保存的个人账户。四是工程项目结算业务缺乏内部控制。五是作为公务人员，祁某某却能成立公司，借壳向交通局出售工程材料形成不合理关联交易，公务人员不遵守行为准则且缺乏有效的日常监督。这些内部控制规范的缺乏尤其是会计控制规范执行不力，正是问题产生的重要原因。

2）财产保护控制和全面预算控制

财产保护控制和全面预算控制同样涉及资金、资产，但它们与会计系统控制有很大不同。会计系统注重记录、稽核和保全凭证、账簿与报告；财产保护更注重财产本身的保值增值，全面预算更注重支出的计划性和有效性，因而更多突破了会计系统，从而与其他业务的管理相关联。财产保护控制要求组织建立财产日常管理制度和定期清查制度，对现金、存货、固定资产、无形资产等进行保管控制。涉及资金活动的另一个基本控制措施是全面预算控制。预算是组织对未来资金使用的计划和安排，预算控制主要通过预算编制以及预算执行的业绩评价来实现。

3）不相容职务分离控制

不相容职务分离控制与组织架构设计相关。所谓不相容职务，是指那些如果由一个部门或者一名员工单独履行，那么这个部门或这名员工则有条件弄虚作假，可能通过单独或合谋方式掩盖自己的舞弊行为的职务。这些职务一般包括授权批准、业务经办、审核监督、财产保管和会计记录等。比如，在民办非企业单位的采购业务中，一般的不相容职务可能涉及采购申请、申请审批、物品采购招投标、采购合同的拟定与签订、货品验收、会计记录、付款审批与执行等岗位。如果一个部门既授权批准，又负责联系厂商进行采购，还自行派员进行物品验收，那么这样的采购过程很可能会出现部门采购人员拿回扣、采购成本过高、采购商品质量较低或采购商品数量不足等问题。而且，还可能出现一个部门的员工相互庇护的情况，这使得舞弊行为被隐瞒而难以发现。执行不相容职务分离控制，虽然不能完全避免差错或岗位人员合谋舞弊，但能大大减少有意犯错甚至联合共同舞弊的可能，也能大大降低无意差错发生的几率。

4）授权审批控制

授权审批控制属于纵向的"不相容职务分离控制"。授权是组织为了完成既定目标从而赋予特定单位、部门、岗位或人员在其职责范围内合理支配组织资源的相应权力。授权管理包括明确授权范围、授权方式、授权变更、授权撤销和授权终止等工作。审批是组织内各级管理人员在授权范围内行使相应审查批准职权和承担责任的情形。审批管理一般分权分级进行，对于不同类型的业务，通常会按照业务的重要性程度、影响范围等标准进行不同层级的审批管理。比如，在一些组织中，通常会根据支出金额的大小设计相应的授权审批程序。小额支出可授权企业业务部门经理审批，较大额支出还需要财务部门经理审批，更大额支出还需要企业主要负责人审批或董事会审批。授权审批的风险点在于没有分级授权审批、授权审批分级划分不当或执行不力等，从而导致资金滥用或流失。组织内的"三重一大"等，通常要依照相应的授权审批权限和程序进行集体决策或联签、会签审批。

5）运营分析控制和绩效考评控制

运营分析控制是对组织日常生产研发、采购销售、财务状况等进行定期分析研判，发现存在的问题及其原因，并及时加以管控的控制举措。运营分析控制对及时调整错误举措、防止损失扩大等具有重要的作用。运营分析通常以月度、季度、年度或不定期方式进行。运营分析的风险点主要在于不分析、分析依据不明确、数据不准确、分析结果报喜不报忧等。

绩效考评控制是借助相应的考评指标体系，对员工工作行为进行客观公正评价的控制。绩效考评是组织确定员工薪酬以及做出职务晋升、评优评先、降级降职、调岗辞退等人事决策的重要依据，对员工工作监督和激励约束起着至关重要的作用。上文提及，当工作质量难以评估时，发生舞弊的机会就会增加，因此要探索适用于行业组织的考核评价方法。组织绩效考评方法主要有经济增加值法、平衡计分卡法和关键绩效指标法。绩效考评风险点主要在于考评方案不能反映组织核心竞争力，考评指标体系不明确，考评方法不科学、程序不公开、结果不公平，考评结果不能有效应用等。

2. 具体业务控制活动

具体业务涉及企事业单位的方方面面，而且具体业务控制活动与基本控制活动有时存在一定的交叉。具体业务可以根据一定的标准进行归类。本书结合我国针对企业和行政事业单位的控制活动，根据业务性质将内部控制的业务对象划分为资金资产业务、购研产销业务以及外包与合同业务等。

1）资金资产业务控制

资金是组织运转的纽带，狭义的资金指的是货币资金。货币资金是企业生产经营过程中处于货币形态的那部分资金，包括库存现金、银行存款和其他货币资金。资金活动主要包括组织资金筹措、投资和资金日常运营等。资金活动的内部控制关键点在于：涉及资金往来的岗位职责分工、权限范围和授权审批程序应明确规范，部门设置和人员配备应科学合理；现金、银行存款的管理应合法合规，银行账户的开立、审批、使用、核对、清理，以及现金盘点和银行对账单的核对应按规定执行；货币资金的会计记录应真实、准确、完整和及时，票据的购买、保管、使用、销毁应有完整的记录，银行预留印鉴和有关印章的管理应严格有效。当然，不同的资金活动还存在不同的关键风险点，应该理清流程，具体加以控制。例如，筹资活动中要加强对筹资方案的议定、筹集资金用途以及后续筹资偿付的控制，确保筹集资金能够有效利用并且能够及时偿付；资金营运过程中要加强对审批、复核、收支、记账对账、保管等各关键活动的控制。资金活动的重要信息载体是财务报告，财务报告反映了组织某一特定时点的财务状况和某一会计期间的运营成效、现金流动情况，总体反映了单位健康运转程度。对财务报告编制、披露和分析各主要阶段的控制，有助于实现财务报告及相关信息真实完整的控制目标。

资产一般包括固定资产和无形资产。固定资产主要包括组织持有的房产、仪器设备等。固定资产内部控制的目的是防止资产被偷抢、被非法占用或挪用，以及提高资产的使用效能。无形资产即体现组织商业价值的商标及专利等知识产权、土地使用权、特许经营权等。无形资产内部控制的目的是在提高资产使用效率的同时，防止其在转让时被低估，或者被泄露、被侵权冒用、流失。资产内部控制的核心是要对资产管理的基本流程及主要活动加以控制，比如明确资产取得、验收、登记造册、投保及运行维护、折旧价值评估和淘汰处置等流程，以及从资产投保、资产抵押质押、资产盘点清查等主要活动入手，整体考虑内部控制措施。资产内部控制还包括存货控制，即对原材料、半成品、在产品、产成品、周转材料，以及代销、代管、代修、代加工的产品或者受托保存的产品的控制。存货管理包括货物的验收入库、仓储保管、盘点及处置作业、领用或对外销售等环节。对存货管理环节的内部控制，有助于确保存货资产安全和有效利用。

2）购研产销业务控制

一是采购。采购是组织向外购买物资或服务及支付款项的相关活动。采购业务存在一系列风险点，比如容易滋生购用物资不匹配，采购人员暗箱操作、弄虚作假、以权谋私、收受回扣等问题。采购过程包括请购计划编制与申请、供应商选择、商品询价议价、确定采购合同或订立采购协议、接货验收及货物入库、付款、货物或服务后续评估等环节，每个环节都存在若干风险点，组织需要针对各个风险点采取内部控制措施。二是研发。研发是组织产品或服务创新的重要环节，研究一般处在原理的探索性阶段，开发则处于概念验证、产品设计和试验阶段。研发环节包括选题论证、确定技术路线、推进研发进程、保障研发质量等。研发过程存在研发路径和材料选择不当的风险，也存在管理不当导致研发失败的风险。三是生产。在制造型企业中，生产经营环节是将原材料转化为产成品的主要环节，包括生产计划制定、产品成本核算、储存产成品、发出产成品、存货管理等等。生产环节的风险点主要在于计划不当、计划没有得到相应的授权审批或随意变更、成本计算有误、产品定价不恰当等，组织需要在生产计划确定、指令发布、成本核算及产品定价等环节采取控制措施。四是销售。与采购相反，销售是组织出售商品（或提供劳务）及收取款项的活动，销售活动是单位收入的主要来源。销售包括商品推销与款项收回两个业务方面，如果主要业务内部控制不力，很可能导致产品滞销或回款困难，进而引发财务危机。销售业务的风险主要包括计划管理风险、客户开发与信用管理风险、定价风险、合同风险、发货风险和收款风险，需要根据具体环节设置相应的管控措施。总体来看，采购、研发、生产、销售构成了组织的核心业务循环，组织应该制定针对性强的内部控制措施，确保全流程畅通安全，并保障产品质量。

3）外包与合同业务控制

业务外包是组织日常运营中的常见模式，它是组织利用专业化分工优势，将某些业务委托给组织以外的专业服务机构或其他经济组织完成的经营行为。外包出去的业务常常包括研发业务、市场调查业务、质量评估业务、客户服务业务、信息技术服务业务以及低附加值业务（如安保、保洁）等。业务外包通常包括提出外包申请、选择承包方、签订外包合同、组织实施外包及过程管理、服务验收与质量评价、支付款项等环节，每个环节都涉及相应的风险点，需要设置相应的控制点加以控制。

合同业务是组织对外开展业务过程中最为常见的活动之一。在采购、研发、生产、外包、销售等环节，组织都可能与供货商、代理商、承包商签订合同，因此对外订立和履行合同是不可或缺的工作。组织对内也要与员工签订劳动合同。《中华人民共和国民法典》中，单独列出了合同编，从不同类型合同的履约情形和责任角度进行了详细规定，组织在建立内部控制规范的过程中尤其要注意可能面临的履约风险。法人之间、自然人与法人之间因经济往来产生的民事纠纷中，最多的就是合同纠纷。有研究表明，加强企业的内部控制，可以有效降低企业所面临的诉讼风险，减少诉讼的次数和争讼的标的金额。[①]合同的订立和合同履行中存在的风险点主要有：尽职调查不力导致对对方能力了解不足的风险、合同签订过程中的条款分析不力导致单位利益损失的风险、自身能力估计不足导致违约的风险等。《企业内部控制应用指引第 16 号——合同管理》就是专门加强合同管理的内部控制规范，它要求组织在合同的订立、履行等环节加强控制。

3. 其他业务控制活动

1）舞弊和腐败的高发业务领域

比如工程建设项目、担保业务等领域，涉及的资金数额大、时间长、环节多，且多种利益关系错综复杂，我国《企业内部控制应用指引》针对这两个领域设置了相应的指引规范。工程建设项目涉及道路、桥梁、房屋的建造及装修等活动，投入的资金量大、实施工期长，比较容易出现资金费用虚高、招投标过程中暗箱操作、与供货方和施工方串通降低建设质量

---

① 毛新述，孟杰. 内部控制与诉讼风险[J]. 管理世界. 2013（11）：155-165.

或收受回扣等业务风险。工程建设项目的内部控制，应围绕工程项目的立项、设计、招标、建设和竣工验收等环节进行。

担保是对偿还债务的一种保证，担保有多种形式，如贷款担保、贸易担保、商业信用担保等，但主要是债务担保。债务担保即组织作为担保人按照公平、自愿、互利原则与债权人约定，当债务人无法履约时，担保人依法及依合同约定承担相应法律责任的经济行为。担保活动是高风险的经济活动，稍不注意就会陷入债务担保纠纷。组织应当在担保申请及调查评估、担保合同签署、担保日常监测、担保绩效评价与问责等环节强化内部控制。

2）不同行业组织的特定高风险业务领域

不同行业组织要在通用内部控制规范基础之上，针对行业的特定高风险业务领域，建立相应的特殊内部控制规范。比如对于保险公司来说，除需要构建包括控制环境、程序、评价在内的一般内部控制体系外，还需要对其运营过程中的特定高风险业务加以专门控制。如 2010 年中国保监会发布的《保险公司内部控制基本准则》，在运营控制部分就专门列出了承保控制、理赔控制、保全控制、收付费控制、再保险控制、业务单控制、反洗钱控制等特定业务领域的控制规范，在基础管理控制中也专门列出了精算法律控制等特殊业务控制规范。2022 年中国银保监会发布的《理财公司内部控制管理办法》，在理财公司内部控制活动中提及了专门针对该类公司特定业务的制度建立要求，如应当建立理财账户管理制度、理财产品销售管理制度、投资决策授权管理制度等，从而加强理财公司特定业务领域的内部控制。对于医院这类组织来说，医生的处方行为、外科手术等医疗操作不仅关涉患者健康，而且影响医疗质量，因此也需要建立特定的内部控制规范。对于食品药品生产企业来说，需要在食品药品安全性方面建立内部控制体系，确保不会出现重大安全风险。总之，不同行业的组织要根据行业特定的高风险专门业务领域，建立合理的内部控制体系。

四、信息与沟通

为了使员工能够履行职责，组织必须识别、捕捉、传递外部和内部的信息。信息与沟通要素必须明确组织如何收集、处理和传递信息，以确保信息真实、沟通及时顺畅。进入信息社会，借助信息系统合理分析、整理、汇总和传递信息愈发重要，而建设管理信息系统往往需要对组织业务流程进行再造。信息与沟通的风险点主要在于管理层难以获得适当和必需信息、信息交流不顺畅、信息披露不真实或不及时、利用信息进行舞弊等。我国企业内部控制规范包括内部信息传递、信息系统指引，行政事业单位内部控制规范也涵盖了信息化部分。因此，信息与沟通要素主要包括内部信息传递、信息系统建设与应用、内外部信息沟通三个方面。

1）内部信息传递

信息是组织正常运转的基本要素，建立上通下达的信息传递机制，是组织识别风险、纠正错误、做出决策和战略规划的基础性工程，包括企业在内的每个组织，都需要在内部建立从基层、中层到高层的畅通的信息传递机制。组织信息传递的主要载体是内部报告。根据《企业内部控制应用指引第17号——内部信息传递》要求，内部信息传递是指企业内部各管理层级之间通过内部报告的形式传递生产经营管理信息的过程。内部信息传递包括建立内部报告指标体系、搜集整理内外部信息、编制及审核内部报告、内部报告在上下级中传递、内部报告的使用和保管、内部报告质量评估等环节。这些环节的风险点主要在于内部报告系统缺失、功能不健全、内容不完整，内部信息传递不及时，内部信息传递中泄露商业秘密等。这些风险点会带来相应的不良后果，因此需要在内部报告的形成、使用环节设置专门的控制举措。

2）信息系统建设与应用

信息系统建设与应用是一个复杂的过程，而且还涉及大量的经费投入。随着信息网络技术的发展，目前绝大多数组织都采用现代信息技术来生成信息、依托互联网络来传递信息，如通过信息系统自动采集基本生产经营信息、即时生成会计信息，通过信息系统传递内部报告等，这些信息集中了组织可公开或需保密的内容，问题一旦出现，其波及面会很广。比如，学校建立了迎新系统、OA系统、缴费系统、学生管理系统、教学管理系统、科研管理系统等，医院建立了挂号缴费系统、排队就诊系统、门诊就诊系统、检查报告打印系统、取药系统等。这些系统都承载了组织重要的资料，因而特别需要加强控制。信息系统建设与应用主要包括信息系统规划、信息系统开发、信息系统运行与维护等环节，整个过程都有相关的风险点，需要针对关键控制点设置专门的控制举措，以确保信息系统能够成功建设和良性运行。目前，我国《企业内部控制应用指引》中有专门针对信息系统的内部控制指引。国际上权威的信息系统控制指南是信息系统审计与控制协会（Information Systems Audit and Control Association，ISACA）发布的《信息与相关技术控制目标指南》，该指南被认为是对COSO《内部控制：整合框架》在信息系统上的有力补充。

3）内外部信息沟通

沟通是在原有信息传递渠道基础上的相互交流、共享与讨论的过程。沟通可以当面进行，也可以通过网络进行。沟通可以采用口头形式和书面形式。沟通通常包括组织内部成员之间的沟通和组织对外的沟通。组织内部无论是自下而上的沟通，还是自上而下的传达，抑或是在高层管理者之间、中层之间或基层之间的平级沟通，都需要建立畅通的沟通机制。沟通的内容可能涵盖组织的战略、运营、财务等业务，尤其是针对"有关主体的风险容量和风险容限"的顺畅沟通十分重要。[①]组织外部沟通主要包括与政府、市场客户、大众媒体、供货商、同行等对象之间的沟通。组织外部沟通方式包括发布声明、召开新闻发布会、媒体宣传等，外部沟通不当也容易让组织遭遇舆情风暴，或者丧失公信力，因此存在不同的风险点，需要采取相应的措施进行风险控制。

五、监控与评价

内部控制究竟运转得如何？组织需要对内部控制体系的建立和运行进行监控，对其运行质量进行评价，评价后要形成专门的评价报告并将评价结果按规定加以披露。该要素主要立足于对内部控制实施过程和实施效果的监控，涵盖了持续监控、成效评价和缺陷报告等内容。我国发布了企业内部控制配套指引《企业内部控制评价指引》《企业内部控制审计指引》，《行政事业单位内部控制规范（试行）》也要求对内部控制体系建立与运行进行内部监督和自我评价，从而形成内部控制实施情况的闭环反馈机制。

内部控制监控方面，出于各种原因，比如新员工的加入、领导层的变

---

① 〔美〕COSO. 企业风险管理：整合框架[M]. 2版. 方红星，王宏译. 大连：东北财经大学出版社，2017：91.

更，或者是业务运行的环境发生变化等，组织风险管理的场景都可能发生变化，从而使得内部控制体系发生变化，因此需要持续监控组织风险的演化情况。COSO认为，组织对风险的识别非常重要，尤其是持续自我监控过程中的识别。[①]内部监控涉及设置监控机构、设计和执行监控方案、评估和报告监控结果等过程，监控需要防范的风险包括自我监控运行不力、监控不实，无法反映和改进对内部控制本身的认识，无法发现重大控制缺陷，需要针对具体风险问题加以控制。

内部控制评价方面，组织可能存在评价落实不力、评价信息搜集不全等风险，需要在相应控制点采取控制措施加以防范，尤其要关注信息的来源、报告内部控制的缺陷。通过明晰评价主体、评价客体、评价方式、评价工具、评价标准、评价频率和评价结果等，防范评价风险。①评价主体。内部控制一般应在最高决策机构或执行机构的领导下，由内外部审计部门或独立设置的内部控制部门开展。②评价客体。评价客体应该包括两个部分：一是依据内部控制要素对组织运营过程进行评价，比如评价控制环境中的诚信与道德价值观、组织机构设置与运转情况等；二是评价内部控制制度本身在组织中的应用情况，即元评价，比如评价哪些方面取得了成效、哪些方面需要改进。③评价方式。一般采用专项评价和常规评价两种方式，专项评价是对某项业务流程、某项业务完成情况或某些重大违规漏洞的内部控制进行评价，常规评价一般是年度评价。④评价工具。组织一般采用覆盖内部控制要素的评价指标体系或调查问卷，通过等级或计分的方式了解内部控制的实施情况。⑤评价标准。针对企业，我国目前已经建立了相对完善的内部控制标准，比如《企业内部控制基本规范》《中央企业全面风险管理指引》等；针对行政事业单位，我国也发布了《行政事业单位内部控制规范（试行）》及《行政事业单位内部控制报告管理制度（试行）》等。⑥评价频率。多长时段进行评价？哪些领域需要在业务实施过程中进行经常性评价？哪些业务领域需要定期评价？哪些业务领域需要专项评价？这些问题需要理清，以保证评价既能促进业务发展，又不会给业务实施带来过多负担。⑦评价结果。评价结果通常会应用于单位内部，以发现

---

① 〔美〕COSO. 企业风险管理：整合框架[M]. 2版. 方红星，王宏译. 大连：东北财经大学出版社，2017：94.

和查找重要的风险点，同时要提交相应的管理部门，有的甚至要向社会公布。

六、内部控制五要素的关系

内部控制五要素之间的关系以COSO的经典阐释为基础[①]，可以用图2.1来描述。该图是1992年COSO《内部控制：整合框架》构建的五要素金字塔体系。从图2.1可以看出，控制环境营造了员工开展业务和履行控制责任的氛围，是整个内部控制的基石，也对其他内部控制要素产生系统性影响；监控则位于顶部，它像一个瞭望塔，时时刻刻注视着整个内部控制的运行，并且自上而下地对组织内部控制情况进行检查和评价；信息与沟通则处在中间，发挥着各要素之间信息交流的桥梁作用；风险评估和控制活动处于整个金字塔的最中间，但风险评估是控制活动的基础，因此，它紧挨控制环境，处于第二层。五个要素共同构成了组织内部控制的金字塔式的有机体系。同时，我们从五大要素中也可以看到，组织内部控制要素虽然源于早期的会计系统控制，但是已经有了很大的拓展。仅从人员覆盖面上看，就已经涉及组织的高层、中层和基层业务员工，与每个人的业务息息相关。

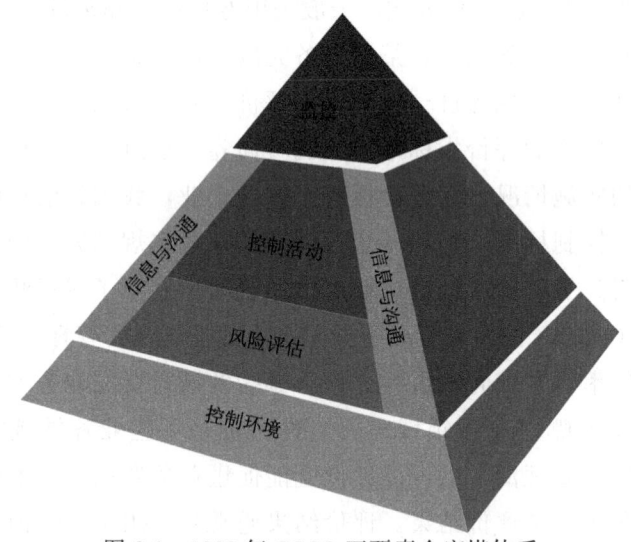

图 2.1　1992年COSO五要素金字塔体系

---

① 〔美〕Treadway 委员会发起组织委员会（COSO）.内部控制：整合框架[M]. 方红星主译. 大连：东北财经大学出版社，2008：26.

图 2.2 则主要显示了不同控制要素、控制目标和控制层级之间的契合关系，COSO 将其整合成立方体模型，并且将 1992 年的模型与 2013 年的模型进行了比较。从 2013 年的模型来看，其控制要素包括控制环境、风险评估、控制活动、信息与沟通、监控活动五项，控制目标包括运营、报告和合规三项，控制层级由低到高依次为职能部门层、业务单元层、分部门层和组织层。与 1992 年的模型相比，2013 年的模型调整了五项控制要素的上下关系。

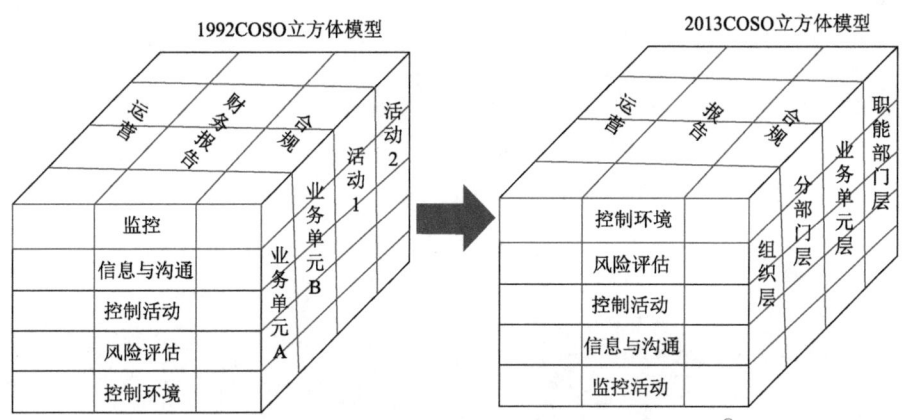

图 2.2 COSO 内部控制目标、要素和层级框架演变[①]

正如我们在上文中提及的，COSO《内部控制：整合框架》在全球产生了很大影响，以至于成为世界上许多国家和地区内部控制制度建设的模板。但是，《内部控制：整合框架》也并非十全十美。有学者指出，《内部控制：整合框架》整体上缺乏系统的划分标准和逻辑层次，而且只是从横向划分了内部控制要开展的工作，没有揭示纵向的工作过程，横向划分视角与纵向实务工作存在分野。[②]在控制目标与手段的逻辑关系方面，要实现有效性目标却没有强调抓住机遇而只强调风险评估，存在逻辑断层和逻辑错位[③]，当然这点在《企业风险管理：整合框架》中得到了弥补。此外，从根本上看，COSO《内部控制：整合框架》仍旧以钱或物为中心，没有从根本

---

① COSO. Achieving effective Internal Control over Sustainability Reporting （ICSR）：Building trust and confidence through the COSO Internal Control—Integrated Framework[EB/OL]. （2023-05-20）[2024-08-09]. https://www.coso.org/_files/ugd/3059fc_a3a66be7a48c47e1a285cef0b1f64c92.pdf.
② 张宜霞，舒惠好. 内部控制国际比较研究[M]. 北京：中国财政经济出版社，2006：27-29.
③ 刘霄仑. 基于 COSO 与 Basel 体系并行实施背景下的中国商业银行内部控制研究[D]. 南开大学博士学位论文，2012：77-78.

上跳出会计和审计的范围，管理中的一些重要领域也没有被纳入；内部控制环境的内容在逻辑性质上也缺乏一致性等。这些批评至为中肯，这表明内部控制制度建设必须结合国家特定的社会背景、制度文化、管理实际，尤其是具体对象展开。

第三章 民间非营利组织的特征及内部控制制度基础分析

随着改革开放以来的组织分化与改组，我国涌现了一批定位于民间非营利组织的民办学校。这类民办学校在法人登记中注册为民办非企业单位法人。改革开放以来，我国各级民政行政部门在加强民办非企业单位的规范管理上出台了许多制度，它们都可以成为民间非营利组织内部控制的制度基础。本章的主要目的，一是描绘民间非营利组织的特征，二是从内部控制体系出发分析相关制度基础的分布情况并加以解析。

第一节 民间非营利组织的特征

一、组织分化与民间非营利组织的产生

20世纪80年代以来，随着组织的分化与改组，西方一批社会学家逐渐构建起关于社会划分的"市民社会-经济-国家"三元结构理论。具体对应到社会里的各类组织，经济领域的主要代表是企业类营利组织，国家领域对应的是政府行政组织，而市民社会领域也称公民社会、社会经济、第三部门，则对应的是民间形成的社会组织。我国在改革开放之前，主要实行计划经济体制，当时的社会被一些学者描述为"总体性社会""单一性社会"。也就是说，那时的组织还没有明显分化，经济领域的企业大多属于国营企业，社会服务也主要由政府提供，个人或社会力量办的企业和非企业几乎不存在。改革开放以后，随着政企分开、政社分开，我国的组织也出现了明显的分化。首先，一些营利组织从政府直接管理运营的框架中分离出来，并逐渐发展成为国家控股的国有企业、中外合资企业、外商独资

企业和民营企业，在我国改革开放后的经济大发展过程中发挥了重要的作用。其次，一些国有社会服务机构也从政府序列里独立出来，成为事业单位。2011年起，在分类改革背景下，我国从事公益服务的事业单位根据职责任务、服务对象和资源配置方式等，进一步划分为公益一类和公益二类，政府对两类单位实施差异化经费资助和管理。最后，一大批民间社会服务机构，如民办养老院和福利院、民办学校等教育机构、民办医院等医疗机构、民办科研机构和体育机构，以及各类学会协会等社会团体、非营利性基金会也广泛成立，我国民间组织如雨后春笋般发展壮大。

在组织分化的社会背景下，企业组织和政府组织因其鲜明的特征，比较容易界定。但是民间组织的界定成为一个较为复杂的问题。且不说西方理论中有不同名称，就是在我国官方文件中，具体如何表述这些组织还没有得到有效统一。1999年中共中央办公厅、国务院办公厅发布《关于进一步加强民间组织管理工作的通知》，该文件主要从举办者和管理者角度将这些组织称为"民间组织"。民政行政部门从其归口管理的角度出发，使用"社会组织""社会服务机构"的概念。财政部、税务总局等财税部门则更关心这些组织的"民间性""非营利性"，在会计准则、免税条件规定中将其称为"民间非营利组织"。还有的部门基于特定税收待遇将其称为"免税组织"。《中华人民共和国慈善法》颁布后，"慈善组织"这一概念也在许多文件中被提及，这一名称更加强调组织行为的宗旨。当然，根据2016年民政部发布的《慈善组织认定办法》（已废止，2024年发布了新版本），一个社会组织要通过审核认定才会被当作慈善组织。国务院公布的《志愿服务条例》提出了"志愿服务组织"这一概念，指出"志愿服务组织，是指依法成立，以开展志愿服务为宗旨的非营利性组织"。2020年《中华人民共和国民法典》从法人角度又提出了"非营利法人""捐助法人"等概念，意在强调法人成立和运营宗旨及形成逻辑。尽管目前对这类组织没有统一明确的称名，但是其组织形态还是比较明确的，主要是社会团体、基金会和社会服务机构，而且其主要特征也相对统一。本书意在分析非营利性民办学校的内部控制规范问题，主要凸显这类学校的民间性、非营利性，所以主要采用财税部门的提法，除在引用文献时沿用其已有名称之外，将这类组织统一称为"民间非营利组织"。

二、民间非营利组织特征的国际理解

从国际角度看，由萨拉蒙等人主持的约翰·霍普金斯大学非营利部门比较研究项目，是有史以来规模最大、最系统的研究非营利部门范围、结构、资金和影响的国际项目，目的是丰富关于非营利部门的知识和理论理解，更好地促进公私部门的合作。该项目在1991年只有13个国家参与，后来扩展到46个国家。[①]尽管该项目因萨拉蒙教授的离世而于2021年停止，但在全球的影响力巨大。

该项目从"结构-运作"（structural-operational）角度进一步修正了非营利组织的定义和特征，认为一个非营利组织必须具备五个基本特征：①组织性（organized），即非营利组织必须是机构化的实体组织存在。实体组织存在的主要要求是：具有某种程度的内部组织结构，有持续的目标、稳定的架构和常规活动，有明确的组织范围和法定的章程。一般来说，实体组织拥有正式注册的合法身份，是按照法律程序建立的法律实体。这就排除了未注册的家族性、草根性组织（grass-root organization），以及纯系特设或临时性的集会。②民间性（private），或者称为私营性。非营利组织应该在组织机构上与政府分离，它们不是政府或者政府附属部门的组成部分，其本身也没有政府的行政权力。当然，私营并不是说非营利组织与政府完全没有关系，也不是不接受政府的规制、监督或资助（下面第三个特征恰恰说明了它们所受到的法律约束）。③非利润分配性（non-profit-distributing）。这是非营利组织最为典型的特征，即非营利组织不得为其拥有者或管理者谋求利润，也即"不得分配盈余约束"。④自治性（self-governing），即非营利组织要能控制自己的活动。它们在正常注册机构的许可下，有自己独立的管理能力和结构，可以制定自己的章程，具有自己的决策机关和负责人。政府和企业组织派出代表参加理事会，如果不是平等行使决策权而是利用政府和母公司身份加以控制和命令，则不符合自治性。⑤志愿性（voluntary），即在非营利组织的活动和管理中均有显著的志愿参与成分。在五个特征中，第二、三个特征是核心特征，是非营利组织区别于政府组

---

① Center for Civil Society Studies, John Hopkins University. Comparative Nonprofit Sector Project(1991-2017)[EB/OL].（2021-05-22）[2024-08-07]. http://ccss.jhu.edu/research-projects/comparative-nonprofit-sector-project/.

织和企业组织的关键。目前,"结构-运作"定义已经成为"国际非营利组织分类标准"[①],并在联合国相应的国际经济统计中加以应用,因此被普遍接受。

在国际上,一些国家和地区的法律对民间非营利组织也有相关规定和要求。这里我们仅以不得分配盈余为例。如《匈牙利公益组织法》(1997)第四条对公益组织章程提出了四点要求:一是对公益组织从事的公益活动的种类进行说明,并且该活动应在该法规定的范围内进行;二是规定公益组织从事商业活动不得妨碍公益目的,而是为了实现公益目的;三是规定公益组织不得分配利润,而应将利润用于章程所确定的活动;四是规定公益组织不得直接参与政治活动,应独立于任何政党,并且不为政党提供金钱资助。[②]《南非非营利性组织法》(1997)第十二条第Ⅱ款第(三)项也要求章程中应当规定"该组织的收入和财产不得分配给其成员或者负责人员,除非是作为对他们所提供的服务的合理补偿"。第(十五)项要求"规定该组织终止或者解散时,全部债务清偿完毕后的剩余财产应当移转于和该组织目的相似的其他非营利组织"[③]。《日本特定非营利活动促进法》(1998)第二条第Ⅱ款规定,"特定非营利活动法人,是指以从事特定非营利活动为主要目的,……,并且依据本法设立为法人的组织"。而且还要求必须符合"不以营利为目的""领取报酬的负责人员不超过负责人员总数的三分之一"及其他条件。第三十二条规定"Ⅰ.除合并和破产外,特定非营利活动法人解散后的剩余财产于将清算完成通知政府主管机关后归属于章程中指定的人。Ⅱ.章程中没有规定剩余财产归属的,清算人可以在得到政府主管机关的批准后,把剩余财产转移给中央政府或者一个地方公共团体。Ⅲ.没有依照前两款的规定处分的财产,应当归属于国库。"[④]《俄罗斯非营利组织法》(2002)第二条第Ⅰ款规定:"非营利组织是不以追求利润为自己活动的基本目的,并不在参加人之间分配利润的一种组

---

① Anheier H K & List R A. *A Dictionary of Civil Society, Philanthropy and the Non-Profit Sector*[M]. London: Routledge, 2005: 180; Salamon, L M & Anheier, H K. The International Classification of Non-profit Organizations: ICNPO-REVISION1[S]. The Johns Hopkins University Institute for Policy Studies, 1996.
② 金锦萍,葛云松. 外国非营利组织法译汇[M]. 北京:北京大学出版社,2006:181.
③ 金锦萍,葛云松. 外国非营利组织法译汇[M]. 北京:北京大学出版社,2006:282.
④ 金锦萍,葛云松. 外国非营利组织法译汇[M]. 北京:北京大学出版社,2006:308,318.

织。"①这些法律对非营利组织收入和财产分配、领取报酬人员比例以及剩余财产归属的规定，都充分体现了"不得分配盈余"的特征。

三、我国民间非营利组织的特征

著名学者王名指出，社会组织应当具有非营利性、非政府性和社会性等特征，同时，社会组织具有多种广义和狭义的认定范围。②其中争论的焦点在于，同样从事公共服务、不具有政府行政职能但又受到政府财政经费支持的人民团体、事业单位，以及一些未登记注册的草根组织，是否能被认定为社会组织。王名所称的社会组织，正是本书所描述的民间非营利组织。目前，从实际情况来看，我国人民团体或政府任命负责人的事业单位等不被认定为民间非营利组织，尚未依法登记注册的草根组织也不是民间非营利组织。民间非营利组织的"民间"，主要是将其与政府及政府财政经费支持的人民团体、事业单位区别开来；"非营利"主要是将其与企业等营利法人区别开来；"组织"则主要强调其获得了相关部门的审查批准，在登记注册机关取得了相关的营业许可证书，成为合法组织。

从具体组织形态来看，根据财政部的划分，我国民间非营利组织包括社会团体、基金会、社会服务机构、宗教活动场所、国际性社会团体、外国商会和境外非政府组织在中国境内依法登记设立的代表机构等组织。据民政部统计，截至2024年第4季度，我国社会组织中共有社会团体38.1万个，基金会9814个，民办非企业单位48.1万个。在这三大类组织中，民办非企业单位占比超过一半。③鉴于社会组织分类的复杂性，未来民间非营利组织在登记时，有可能以"社会服务机构"或"社会组织"的形式统一登记，以更准确地反映其组织宗旨和社会功能。

我国关于民间非营利组织的法律规制日益成熟。目前，对民间非营利组织的系统描述和规范要求，主要体现在《中华人民共和国民法典》《中华人民共和国企业所得税法》《中华人民共和国企业所得税法实施条例》

---

① 金锦萍等译. 外国非营利组织法译汇（二）[M]. 北京：社会科学文献出版社，2010：194.
② 王名. 社会组织论纲[M]. 北京：社会科学文献出版社，2013：19.
③ 民政部. 2024年4季度民政统计数据[EB/OL].（2025-02-08）[2025-02-28]. https://www.mca.gov.cn/mzsj/tjsj/2024/2024dssjdtjsj.htm.

《民间非营利组织会计制度》和有关民间非营利组织的系列税收优惠规定中。例如，2020 年颁布的《中华人民共和国民法典》明确区分了营利法人和非营利法人，规定非营利法人是"为公益目的或者其他非营利目的成立，不向出资人、设立人或者会员分配所取得利润的法人""非营利法人包括事业单位、社会团体、基金会、社会服务机构等"。这是我国第一次从民商部门上位法的角度明确提出非营利法人概念并对其特征加以界定。事业单位可以看作公共类非营利法人，而社会团体、基金会、社会服务机构是民间非营利法人。2018 年修正的《中华人民共和国企业所得税法》第二十六条提出了"符合条件的非营利组织的收入"可以纳入免税收入范畴，2024 年修订的《中华人民共和国企业所得税法实施条例》第八十四条具体细化了七项条件，基本勾勒出了民间非营利组织在免税待遇上的条件雏形。财政部 2024 年修订的《民间非营利组织会计制度》第二条规定，民间非营利组织应当同时具备三个特征："为公益目的或者其他非营利目的成立；资源提供者向该组织投入资源不取得经济回报；资源提供者对该组织的财产不保留或享有任何财产权利。"①

根据财政部、税务总局 2018 年发布的《关于非营利组织免税资格认定管理有关问题的通知》，包括社会服务机构等在内的民间非营利组织要获得免税资格必须同时满足八项条件：依法设立或登记；从事公益性或者非营利性活动；取得的收入除用于与该组织有关的、合理的支出外，全部用于登记核定或者章程规定的公益性或者非营利性事业；除合理的工资薪金支出外，财产及其孳息不用于分配；该组织注销后的剩余财产用于公益性或者非营利性目的，或者由登记管理机关转赠给与该组织性质、宗旨相同的组织；投入人对投入该组织的财产不保留或者享有任何财产权利；工作人员工资福利开支控制在规定的比例内，不变相分配该组织的财产，其平均工资薪金水平不得超过税务登记所在地的地市级及其以上地区的同行业同类组织平均工资水平的两倍；对取得的应纳税收入及其有关成本、费用、损失与免税收入及其有关的成本、费用、损失分别核算。

总的来看，国内外相关理论和法律法规对民间非营利组织的特征和要

---

① 财政部. 关于印发《民间非营利组织会计制度》的通知[EB/OL]．（2024-12-20）[2025-02-12]. https://www.gov.cn/zhengce/zhengceku/202501/content_6996053.htm.

求的描述是清晰的。其核心主要有四项。一是合法身份。即要取得相应部门的行政许可或者法人证书，在政府规定的机构登记或备案。二是公益宗旨。即在运营中应坚持公益性或非营利性宗旨，从事与宗旨相关的活动。有的国家虽然允许民间非营利组织从事商业活动，但是也规定商业活动不得影响公益活动的开展，并且商业活动收入应当用于公益活动。三是产权限制。举办者不享有所投入财产的所有权，不得分配或变相分配运营结余，不得分配组织解散清算后的剩余财产。这相当于举办者将财产捐赠给了民间非营利组织。这个特点将民间非营利组织与营利组织鲜明地区分开来。四是民间管理。这一特征将民间非营利组织与政府或政府委派人员直接管理的机构区别开来。民间非营利组织的经费主要来源于自我运营，并由组织自主管理。

第二节 民间非营利组织内部控制的制度基础
——以民办非企业单位为例

针对民间非营利组织，我国目前并没有像行政事业单位、企业那样建立专门的内部控制规范，也没有要求其建立全面的内部控制机制。[①]但是，相关或类似的制度建设并非空白，民办非营利组织的运营并非毫无章法。这些"章法"以内部控制以外的概念或表述方式，零散地分布在其他若干法律法规或规范性文件之中，从而成为民间非营利组织内部控制建设的制度基础。由于涉及民间非营利组织的制度较多，本节主要以非营利性民办学校所登记的主要法人形态——民办非企业单位法人[②]为例，分析民间非营利组织内部控制的制度基础。

---

① 甚至像慈善组织这样的捐款人和受益人十分分散的机构，也存在没有在财务上建立内部控制机制或内部控制机制薄弱的状况，机构运行过程中的舞弊风险巨大。参见谢晓霞. 慈善组织财务管理主要存在的问题[N]. 中国社会报，2022-06-13.

② 从民办非企业单位的行业分布来看，教育行业中数量最多。据统计，2022年我国教育行业民办非企业单位约为26.3万个，占总体的51.41%。参见徐明，魏朝阳，陈斯洁等. 2022年中国民办非企业单位发展报告[M]//黄晓勇. 中国社会组织报告（2023）. 北京：社会科学文献出版社，2023：77-104.

一、我国民办非企业单位内部控制制度基础的发展进程

改革开放以来，我国民间非营利组织取得了较快的发展。有学者根据社会组织管理体制的特点，将社会组织发展进程划分为"分散多头管理""双重管理""混合管理"三个时期。[①]这里，我们的目的是通过梳理民办非企业单位内部控制制度基础的发展过程，来总结民间非营利组织内部控制制度基础的发展情况，其发展进程的划分与社会组织有相似之处，但也存在差异。大致看来，这些制度基础的形成过程可以分为三个时期。

1. 零散建构时期（改革开放初至1997年）

随着改革开放后我国单位组织的分化，一大批民间组织如行业协会、民间商会和学会、基金会、私立医院、培训机构、民间科研机构和体育组织等涌现出来。这些组织虽然独立于政府机构，但是，初期往往由政府部门发起成立、批准成立或者直接参与管理，有的甚至与党政机关、人民团体、事业单位混在一起难以区分，而且登记注册情况也比较复杂。例如，当时有的机构在工商部门登记为企业，但从事的却是微利甚至无利的公益事业。有的机构登记为"民办事业单位"，但其资产来源于民间并且由民间管理，登记为事业单位较为牵强。在这种背景下，我国于20世纪80年代陆续颁布了部分法规，如1988年国务院颁布的《基金会管理办法》（已废止）等，尝试对具体的不同类型的民间组织进行差异化规范。

到了20世纪90年代，随着社会主义市场经济体制的提出和社会转型的深入，越来越多的民间非营利组织从行政机关中分离出来，并且凸显出与企业追求利润、股东要求分红有明显差异的组织特征。在这种背景下，从90年代中期开始，我国出台了部分针对基金会、社会力量办学等方面的民间非营利组织登记、运营、监督管理等制度，初步形成了针对民间非营利组织的零散的制度框架。到1996年，规范管理的制度建设得到加强。鉴于当时民间非营利组织缺乏统一管理，而且不时有国外敌对势力利用民间非营利组织开展反华活动，中共中央办公厅、国务院办公厅从维护政治和社会稳定的高度出发，发布了《关于加强社会团体和民办非企业单位管理工

---

① 郁建兴，王名. 社会组织管理[M]. 北京：科学出版社，2019,：41.

作的通知》，该文件正式提出了"民办非企业单位"这一概念，并且对民办非企业单位的管理体制、法制建设、舆论宣传和登记管理机关建设等问题做了原则规定，尤其明确了社会团体和民办非企业单位的业务主管单位和登记管理机关双重负责的管理体制。但是，该文件只是一个宏观上的要求，并没有形成相应独立的、规范化的、成熟的、具体的管理制度。因此，总体上说，在1997年以前，我国关于包括民办非企业单位在内的民间非营利组织的制度基础不仅数量不足，而且还相当零散、宏观，系统的构建仍有待开启。

2. 系统建设时期（1998—2015年）

在党中央的指导下，经过长期的调研和征求意见，1998年10月25日国务院颁布了《民办非企业单位登记管理暂行条例》。该条例第一次比较系统地规定了民办非企业单位的登记管理入门条件、审批登记过程和违法责任。该条例第二条对民办非企业单位进行了明确界定，认为"民办非企业单位，是指企业事业单位、社会团体和其他社会力量以及公民个人利用非国有资产举办的，从事非营利性社会服务活动的社会组织"。这一界定从举办主体、资产来源和组织宗旨三个角度，将民办非企业单位与行政机关、事业单位和企业进行了区分。1999年，民政部在其发布实施的《民办非企业单位登记暂行办法》第六条第八款中规定："民办非企业单位必须在其章程草案或合伙协议中载明该单位的盈利不得分配，解体时财产不得私分。"从而基本明确了民办非企业单位坚持非营利性的产权安排要求。

1999年，财政部在《关于对明确民办非企业单位财务管理制度等问题的函》中进一步要求，"民办非企业单位属非营利组织。今后，民办非企业单位应根据国家有关规定，统一纳入非营利组织财务、会计体系，执行非营利组织财务、会计规则"。这个规定从财务制度方面强化了民办非企业单位的非营利属性。此后，民政部对民办非企业单位的印章、名称、银行开户等做了更加细致的规定。1999年，针对气功组织泛滥、非法民间组织增多、西方敌对势力利用民间组织开展政治斗争等问题，中共中央办公厅、国务院办公厅再次发布了加强民间组织管理的权威文件——《关于进一步加强民间组织管理工作的通知》，从增强工作认识、加大管理力度、完善法律法规体系、强化自律机制、规范涉外活动、打击违法犯罪等方面强调了要加强对民间组织的管理。

从最初的政策法规看，国家所设想的民办非企业单位具有如下特征。第一是民间性。民办非企业单位的设立主体是除国家机关以外的各种社会组织和公民个人。各主体可以单独设立，也可以联合设立。第二是自主性。民办非企业单位的资金主要是自筹的，不是由国家各级财政拨付，人员是自行聘用的，不需要各级机构编制部门核定行政或事业编制。第三是非企业性。民办非企业单位不能从事营利性经营活动，而是以从事一定的社会公益事业、提供社会服务为主要目的的。同时不能分配盈利、不能私分解体后财产。第四是组织性。民办非企业单位不是其他社会组织的内设或下属机构，而是独立的面向社会开展业务活动、提供社会服务的实体性的社会组织。[①]总之，从早期的组织制度设计来看，民办非企业单位具有民间非营利组织的关键特征，是典型的民间非营利组织。

随着民办非企业单位登记管理等基础性制度的建立，民政部和其他部门加强合作，在登记、财税、档案、审计、劳动合同等方面制定了相应的配套政策。如民政部与当时的教育部、文化部、国家体育总局、科学技术部、卫生部、劳动和社会保障部等联合发布了针对教育、文化、体育、科技、职业培训等具体行业的民办非企业单位登记（或登记审查）与管理办法。[②]2004年财政部发布的《民间非营利组织会计制度》，进一步明确了民间非营利组织的基本条件和具体的会计规则。该制度第二条规定，"民间非营利组织包括依照国家法律、行政法规登记的社会团体、基金会、民办非企业单位和寺院、宫观、清真寺、教堂等"[③]。可见在当时，民办非企业

[①] 景朝阳. 民办非企业单位导论[M]. 北京：中国社会出版社，2011；金锦萍，刘培峰. 转型社会中的民办非企业单位[M]. 北京：社会科学文献出版社，2012.

[②] 如民政部、卫生部发布的《关于城镇非营利性医疗机构进行民办非企业单位登记有关问题的通知》，国家体育总局、民政部发布的《体育类民办非企业单位登记审查与管理暂行办法》，民政部、劳动和社会保障部印发的《职业培训类民办非企业单位登记办法（试行）》，文化部、民政部印发的《文化类民办非企业单位登记审查管理暂行办法》，科学技术部、民政部印发的《科技类民办非企业单位登记审查与管理暂行办法》，民政部、教育部发布的《教育类民办非企业单位登记办法（试行）》等。

[③] 原制度请参见：中华人民共和国财政部制定. 民间非营利组织会计制度[M]. 经济科学出版社，2004：3。值得注意的是，财政部在2024年对该制度进一步做了修改完善。该条第二款修改为："前款所称的民间非营利组织包括依照国家法律、行政法规登记的社会团体、基金会、社会服务机构、宗教活动场所、国际性社会团体、外国商会和境外非政府组织在中国境内依法登记设立的代表机构等组织。"财政部. 关于印发《民间非营利组织会计制度》的通知[EB/OL].（2024-12-20）[2025-02-12]. https://www.gov.cn/zhengce/zhengceku/202501/content_6996053.htm.

单位在会计准则上就被正式当成了民间非营利组织，适用《民间非营利组织会计制度》。2005 年民政部发布部门规章《民办非企业单位年度检查办法》，对民办非企业单位年检程序、年检内容、需要提交的材料、年检结论及其使用进行了规定，从而形成了规范的年检制度。2007 年颁布的《中华人民共和国企业所得税法》及其实施条例等相关财税法律法规，进一步明确了民办非企业单位等民间非营利组织享受企业所得税的免税优惠条件。

2010 年，民政部和国家档案局印发《社会组织登记档案管理办法》，民政部公布《社会组织评估管理办法》，在促进社会组织的健康发展方面有了更加专业的管理手段。随着 2007 年《中华人民共和国劳动合同法》的颁布，2011 年民政部发布了《关于加强社会组织专职工作人员劳动合同管理的通知》。2011 年，在社会组织标准化管理和等级评估的基础上，《民政部关于印发各类社会组织评估指标的通知》发布，分类制定或修订了针对行业协会商会、基金会、学术类社团、民办非企业单位的评估指标。2014 年，民政部和财政部发布了《关于加强社会组织反腐倡廉工作的意见》，2015 年《民政部 财政部关于规范全国性社会组织年度财务审计工作的通知》发布，加大了包括民办非企业单位在内的社会组织的内部财务管理力度。在此期间，专家学者还提出了制定我国《非营利组织法》的立法构想。[①]总体来看，自 1998 年起，我国开启了包括民办非企业单位在内的民间非营利组织管理制度的系统建设进程，这些制度向社会传达了积极发展民间非营利组织的导向[②]，理顺了关于民间非营利组织的一些存在混淆和冲突的规定，管理制度的"四梁八柱"得以树立起来。

3. 优化完善时期（2016 年至今）

2016 年，中共中央办公厅、国务院办公厅发布了《关于改革社会组织管理制度促进社会组织健康有序发展的意见》。该文件在加强对社会组织资金的监管内容中，第一次提出"要推动社会组织建立健全内控管理机制，严格执行国家有关财务会计制度和票据管理使用制度，推行社会组织财务

[①] 陈金罗，金锦萍，刘培峰等. 中国非营利组织法专家建议稿[M]. 北京：社会科学文献出版社，2013.

[②] 李琳，解学芳. 文化非营利组织发展的政策演进：2008—2015 年[J]. 重庆社会科学，2017（4）：89-98.

信息公开和注册会计师审计制度"。从 2016 年起，民政部试图对民办非企业单位管理制度进行大幅度修改。2016 年民政部提出了用"社会服务机构"代替"民办非企业单位"的设想，发布了拟替换原登记管理条例的《社会服务机构登记管理条例》（《民办非企业单位登记管理暂行条例》修订草案征求意见稿）。2018 年《民政部关于进一步加强和改进社会服务机构登记管理工作的实施意见》发布，体现了以新名称加强对民办非企业单位管理的趋势。2016 年《中华人民共和国慈善法》颁布以后[①]，民政部又发布了《慈善组织信息公开办法》《慈善组织认定办法》，对慈善组织及其活动进行了更严格的规范。《社会组织抽查暂行办法》《社会组织信用信息管理办法》《民政部办公厅关于全国性社会组织办理法定代表人离任审计、注销清算审计有关问题的通知》则进一步强化了对社会组织的合法经营、诚信建设和审计工作的管理。2018 年，民政部公开《社会组织登记管理条例（草案征求意见稿）》，意图用涵盖社会团体、基金会、社会服务机构的包容性更强的"社会组织"这一概念，统领分散的民间非营利组织，并且计划在一个文件中解决不同社会组织的登记管理问题。2024 年 1 月民政部公布了《社会组织名称管理办法》，2025 年 2 月公布了新修订的《取缔非法社会组织办法》，但《社会组织登记管理条例》尚未公布。不过可以预见，未来包括民办非企业单位在内的民间非营利组织可能会统称为"社会组织"，其一体化的登记管理有望迎来新的局面。

  2020 年颁布的《中华人民共和国民法典》，将非营利法人与营利法人做了明确区分。该法第八十七条指出："为公益目的或者其他非营利目的成立，不向出资人、设立人或者会员分配所取得利润的法人，为非营利法人。"该条第二款指出："非营利法人包括事业单位、社会团体、基金会、社会服务机构等。"第九十二条指出："具备法人条件，为公益目的以捐助财产设立的基金会、社会服务机构等，经依法登记成立，取得捐助法人资格。"第九十五条指出："为公益目的成立的非营利法人终止时，不得向出资人、设立人或者会员分配剩余财产。剩余财产应当按照法人章程的规定或者权力机构的决议用于公益目的；无法按照法人章程的规定或者权

[①] 《中华人民共和国慈善法》于 2023 年进行了修正，新修正的法律在健全慈善监管新机制等方面提出了许多新措施。具体说明可参见何毅亭. 关于《中华人民共和国慈善法 (修订草案)》的说明[EB/OL].（2023-12-29）[2024-08-09]. http://www.npc.gov.cn/npc/c2/c30834/202312/t20231229_434003.html.

力机构的决议处理的，由主管机关主持转给宗旨相同或者相近的法人，并向社会公告。"《中华人民共和国民法典》从我国民商部门上位法的角度，对民间非营利组织的法人类属及其特征进行总体规定，强化了民间非营利组织的产权特征。

2020年，财政部印发《〈民间非营利组织会计制度〉若干问题的解释》，对境外非政府组织代表机构的总部拨款收入等问题进行了补充，对接受非现金资产捐赠等问题进行了细化，对关联方关系及其交易等问题进行了完善。[①]2021年，民政部印发的《"十四五"社会组织发展规划》强调要"健全社会组织监管体系"，推进精细化、多元化、专业化监管；通过加强内部治理、品牌建设、数字赋能，来加强社会组织自身建设。2023年中共中央、国务院印发《党和国家机构改革方案》，提出了组建"中央社会工作部"的要求，该部门作为党中央职能部门，将承担推进社会组织党建工作、指导城乡社区治理体系和治理能力建设、规划全国志愿服务工作等职责，从而有效提升了社会组织管理的层级和高度。2024年财政部又公布了新修订的《民间非营利组织会计制度》。2024年，民政部等五部门联合发布了《关于加强社会组织规范化建设推动社会组织高质量发展的意见》，提出了依法严格登记审查、加强社会组织自身建设、强化管理和监督、积极引导发展等举措。同年，民政部发布了《社会组织基础术语》《社会服务机构自身建设指南》等行业标准，从而实现了国家层面社会组织行业标准零的突破。[②]此外，这一时期，国家对慈善组织信息公开、境外非政府组织境内活动管理、非营利组织免税资格认定、社会组织行为的规范管理等问题做了更充分的规定，使包括民办非企业单位在内的民间非营利组织的管理制度更加完善。

总之，经过改革开放以来的制度建设，我国已经形成了以党中央文件为宏观指导，以相关法律、行政法规为核心支柱，以部门规章和相关规范性文件为具体支撑，上下衔接的保障民办非企业单位良性运营的制度体系（表3.1），有效促进了民办非企业单位的健康持续发展。

[①] 民间非营利组织会计实务研究组. 新编《民间非营利组织会计制度》解读与操作指南[M]. 北京：中国财政经济出版社，2020：9-16.

[②] 2024年社会组织十件大事[J]. 中国社会组织，2025（1）：12

表 3.1 我国民办非企业单位内部控制制度基础

类别	政策法规举例
党中央文件	《关于加强社会团体和民办非企业单位管理工作的通知》《关于进一步加强民间组织管理工作的通知》《关于改革社会组织管理制度促进社会组织健康有序发展的意见》《关于加强社会组织党的建设工作的意见（试行）》
全国人大及其常委会制定的法律	《中华人民共和国民法典》《中华人民共和国慈善法》《中华人民共和国会计法》《中华人民共和国公益事业捐赠法》《中华人民共和国企业所得税法》
国务院行政法规	《民办非企业单位登记管理暂行条例》《志愿服务条例》
国务院部门规章	民政部：《民办非企业单位登记暂行办法》《民办非企业单位年度检查办法》《民办非企业单位印章管理规定》《慈善组织信息公开办法》《慈善组织认定办法》《社会组织信用信息管理办法》《社会组织评估管理办法》《社会组织登记管理机关行政处罚程序规定》《文化部社会组织管理暂行办法》 其他部委：财政部《民间非营利组织会计制度》
部委规范性文件	《民政部关于对中外合作办学机构登记有关问题的通知》《民政部、中国人民银行关于民办非企业单位开立银行账户有关问题的通知》等

二、民办非企业单位内部控制制度基础的重点分布

前面我们梳理了民办非企业单位内部控制制度基础的发展历程，总体来看，这些制度基础重点分布在以下方面。

1. 基础性会计制度和民间非营利组织会计制度

《中华人民共和国会计法》、《会计基础工作规范》、《会计档案管理办法》、系列《内部会计控制规范》、《民间非营利组织会计制度》等，共同构成了民办非企业单位会计系统内部控制的制度基础。

《中华人民共和国会计法》于 1985 年制定，并于 1993 年、1999 年、2017 年、2024 年进行了四次修订，该法律确立了我国的基本会计制度。在不同章节中涉及会计系统内部控制、财务会计报告内部控制等问题。比如，在第三章"会计监督"中，第二十五条第一款提出"记账人员与经济业务事项和会计事项的审批人员、经办人员、财物保管人员的职责权限应当明确，并相互分离、相互制约"，第二款提出"重大对外投资、资产处置、资金调度和其他重要经济业务事项的决策和执行的相互监督、相互制约程序应当明确"。这些条款充分体现了不相容职务分离、授权分级审批、组织机构建设等内部控制基本措施。其他的会计规范为组织会计核算过程提供了

更为专业的会计系统内部控制准则。如 2022 年修改公布的《会计基础工作规范》包括总则、会计机构和会计人员、会计核算、会计监督、内部会计管理制度和附则等部分。其中，内部会计管理制度就要求，各单位应当建立内部会计管理体系、会计人员岗位责任制度、账务处理程序制度、内部牵制制度、稽核制度、原始记录管理制度、定额管理制度、计量验收制度、财产清查制度、财务收支审批制度、成本核算制度、财务会计分析制度等，这为各单位会计系统的内部控制提供了制度遵循。2015 年财政部和国家档案局公布的《会计档案管理办法》共 31 条，对会计资料的归档范围，会计档案的保管期限、销毁程序、档案交接等问题进行了规定，为会计系统内部控制中的档案保管控制提供了制度遵循。

系列《内部会计控制规范》于 2001 年起陆续发布，这是企业和行政事业单位内部控制规范的缘起。系列《内部会计控制规范》包括基本规范、货币资金、采购与付款、销售与收款、工程项目、担保、对外投资等关键业务的会计规范。基本规范包括总则、内部会计控制的目标和原则、内部会计控制的内容、内部会计控制的方法、内部会计控制的检查和附则，内部会计控制的方法包括不相容职务相互分离控制、授权批准控制、会计系统控制、预算控制、财产保全控制、风险控制、内部报告控制和电子信息技术控制。

2004 年，财政部发布了《民间非营利组织会计制度》，该制度在 2005 年正式实施，2024 年进行了修订。《民间非营利组织会计制度》与《企业会计制度》《政府会计准则制度》等，共同构成了我国较为完善的面向不同性质组织的会计制度体系。《民间非营利组织会计制度》从总则、资产、负债、净资产、收入、费用、财务会计报告、附则等八个方面进行了规定。[①]会计科目和会计报表还提供了相关格式规范和编制说明。该制度对民间非营利组织的一般会计原则进行了规范，还对涉及民间非营利组织的特殊交易或事项进行了规范，比如关于捐赠或政府补助的会计处理，关于受托代理交易的会计处理等。2020 年公布的《〈民间非营利组织会计制度〉若干问题的解释》对十二个问题进行了进一步解释，比如关于关联方关系及其交

[①] 财政部. 关于印发《民间非营利组织会计制度》的通知[EB/OL].（2024-12-20）[2025-02-12]. https://www.gov.cn/zhengce/zhengceku/202501/content_6996053.htm.

易的披露问题，要求在会计报表附注中披露该关联方关系的性质、交易类型及交易要素，并对何为关联方交易和关联方、交易要素包含的内容等问题进行了列举规定①，使《民间非营利组织会计制度》更加完善。总的来说，目前国家关于包括民办非企业单位在内的民间非营利组织的会计系统内部控制规范已较为成熟。

案例 3.1：山东某学院苏某职务侵占案例②

山东某学院成立于 1998 年，系经教育部门批准成立的高等学校，同时在民政部门登记为民办非企业单位法人。2009 年 4 月至 2012 年初，苏某在该学院担任财务处出纳员，其间她利用职务上的便利，通过多种方式占有单位钱款。一是当有人现金交款时，收款收据不入账，直接挪用占有资金；二是学院向员工借款到期办理续存业务时，苏某只将员工交回的已到期需转存的凭据做现金取款凭证入账，而员工续存款单据未编制收款凭证入账，从而侵占现金；三是重复入账，抽取已制作好的付款凭证后所附的原始单据，重复支取现金并制作付款凭证入账，侵占公款。

后经查明，苏某先后非法占有学院公款 736.7195 万元。学院综合科科长兼主管会计李某某，在财务管理过程中未能按照规定审核会计凭证、保管收款收据，导致未能审核出重复入账情况及丢失单据一本。直到 2012 年 3 月李某某才发现现金出了问题并报告学院。学院通知苏某交接工作并要求其解释说明时，苏某开始否认自己有任何问题，后来才陆续退赔相关财物。在法院判决定刑时，仍有 400 余万侵占款未退赔。

该案显示，民办非企业单位财务管理一旦出现内部控制漏洞，已有的制度将难以有效执行。该案显示的内部控制问题主要有：一是学院综合科只有 2 人，李某某任会计，苏某任出纳，两人在彼此工作繁忙时，会相互帮忙。这样，不相容职务分离控制在学院财务部门没有得到有效落实。二是财务档案内部控制不力。一些凭证入账规范未严格落实，苏某将凭证长期带回家并且丢失，被发现后苏某还在找借口，说是"让同学帮忙核查"。三是财务信息系统控制不力。财务信息系统本应由财务处管理，但苏某却

---

① 民间非营利组织会计实务研究组. 新编《民间非营利组织会计制度》解读与操作指南[M]. 北京：中国财政经济出版社，2020：14-16.

② 根据中国裁判文书网案例做了删改和整理。中国裁判文书网. 苏某职务侵占罪一审刑事判决书（2014）高刑初字第 112 号[EB/OL].（2016-01-04）[2024-08-09]. https://wenshu.court.gov.cn/.

拥有进入并修改数据的权限。

2. 民办非企业单位章程建设和年检制度

章程是民办非企业单位良性运行的基本保障。制定好章程，按章程规定进行管理和开展活动，是强化民办非企业单位内部管理的重要方式。《民办非企业单位登记管理暂行条例》《民办非企业单位年度检查办法》等都强调了章程建设及依章程开展活动的重要性。在此背景下，许多地方制定了民办非企业单位章程示范文本。以广东省民政厅2021年印发的《广东省民办非企业单位（法人）章程示范文本》为例，一份完整的章程基本规定了单位名称与性质、单位的举办者、开办资金和业务范围、组织管理制度（尤其是决策机关理事会的组成、来源、结构、职权范围和运行议事规则，执行机关行政负责人的职权范围，监督机关监事会的组成、来源、职权范围和运行议事规则，法定代表人的任职资格等）、资产管理、使用原则及劳动用工制度、年度报告及信息公开、党建工作、章程的修改、单位终止及终止后资产处理等内容。①从内部控制要素视角来看，章程示范文本中的内容要求，广泛涵盖了内部控制要素中的治理结构、诚信与道德价值观、人力资源、资金资产活动、财务报告等方面的控制。

年检是我国民办非企业单位业务主管单位和登记管理机关履行双重管理职责的重要内容，同时也是促进民办非企业单位完善内部管理的重要方式。《民办非企业单位登记管理暂行条例》赋予了登记管理机关进行年度检查的权力。该条例第二十三条规定："民办非企业单位应当于每年3月31日前向业务主管单位报送上一年度的工作报告，经业务主管单位初审同意后，于5月31日前报送登记管理机关，接受年度检查。工作报告内容包括：本民办非企业单位遵守法律法规和国家政策的情况、依照本条例履行登记手续的情况、按照章程开展活动的情况、人员和机构变动的情况以及财务管理的情况。"2005年，民政部制定了《民办非企业单位年度检查办法》，规定了年检的程序、材料要求、年检的主要内容、年检不合格情形以及工作要求。年检的主要内容包括"遵守法律法规和国家政策情况；登

---

① 广东省民政厅. 广东省民政厅关于印发《广东省民办非企业单位（法人）章程示范文本》的通知[EB/OL].（2021-04-21）[2024-08-11]. http://smzt.gd.gov.cn/zwgk/tzgg/content/post_3265443.html.

记事项变动及履行登记手续情况；按照章程开展活动情况；财务状况、资金来源和使用情况；机构变动和人员聘用情况；其他需要检查的情况"。确定为"年检基本合格""年检不合格"的有十三种情形，内容广泛涉及无固定住所或必要的活动场所、内部管理和财务运营混乱、违规筹资或侵占资产、抗拒或拒绝监管等行为等。除此以外，根据民政部《关于开展民政部登记的民办非企业单位2023年度检查工作的函》的要求，发现"应建未建党组织的""未按要求将党的建设和社会主义核心价值观写入章程的""不具备法律规定民办非企业单位法人基本条件的，包括没有与其业务活动相适应的从业人员、年末净资产为负数等情形""未遵守非营利活动准则的"等情形，年检结论也将确定为基本合格或者不合格。[①]认定为不合格的民办非企业单位，将被责令整改并在整改期间停止业务活动。整改结束后，民办非企业单位应当报送整改报告并由登记管理机关进行综合评定和出具意见。如果某民办非企业单位连续两年不参加年检或连续两年年检不合格，将被予以撤销登记并公告。

3. 民办非企业单位评估制度

2007年，《民政部关于推进民间组织评估工作的指导意见》发布，启动对包括民办非企业单位、基金会和社会团体在内的民间组织的评估试点工作。2010年民政部公布《社会组织评估管理办法》，对社会组织评估进行了规范。2011年《民政部关于印发各类社会组织评估指标的通知》发布，从而全面展开了社会组织等级评估工作。社会组织评估主要坚持分级评估、分类评估、客观公正、循序渐进、动态公开和便利可行的原则。[②]评估工作由各级民政部门组织，相应的评估委员会和复核委员会根据标准具体操作，评估结果与接受政府职能转移、获得政府购买服务、优先获得政府奖励及简化年检程序等政策待遇挂钩。为了更好地开展评估工作，民政部于2015年提出要探索建立社会组织第三方评估机制。2017年民政部又组织实施了常态化社会组织抽查工作，其中定期抽查内容主要包括社会组织的年度报告、信息公开、内部治理、财务状况、业务活动等情况；不定期抽查可以

---

① 民政部. 民政部关于开展民政部登记的民办非企业单位2023年度检查工作的函[EB/OL].（2024-02-04）[2024-08-07]. https://chinanpo.mca.gov.cn/xwxq?id=25412&newsType=2351.
② 景朝阳. 民办非企业单位导论[M]. 北京：中国社会出版社，2011：150.

第三章　民间非营利组织的特征及内部控制制度基础分析

在以上内容中选择若干项开展检查，也可以结合实际情况，合理确定其他检查内容。从 2024 年发布的《民政部办公厅关于开展 2024 年社会团体民办非企业单位抽查审计的通知》来看，抽查审计的重点覆盖全面，而且许多内容与内部控制目标或要素相同或相近。比如"年度工作报告"部分强调的"检查 2023 年度工作报告书的真实性、完整性和准确性"，就与内部控制的"真实完整报告目标"差异不大。2021 年民政部印发《全国性社会组织评估管理规定》，针对全国性社会组织的评估提出了系统的管理办法。第六条提出评估结果分为 5A 级、4A 级、3A 级、2A 级、1A 级五个等级，评估等级有效期为 5 年。可以说，民政部针对包括民办非企业单位在内的民间非营利组织开展的评估工作，是强化这类组织内部规范化管理的综合性举措。

《民办非企业单位规范化建设评估指标》是与民办非企业单位内部控制规范最为接近的、覆盖内部控制业务较多的评估工具。随着该评估指标在全国的实践应用，一些指标得到了进一步完善。比如有的地方对指标进行了扩充，制定了计分依据，补充了备查材料或检查方法，从而对民办非企业单位规范化建设做了全面评估。本节选取《重庆市民政局　关于印发全市性社会组织评估指标（2023 年版）的通知》中的"11.民非通用型评估指标"①（表 3.2）为例，简要介绍民办非企业单位评估指标的主要内容。

表 3.2　重庆市民非通用型评估指标（节选，部分三四级指标未填入）

一级	二级	三级	四级	标准分值
一、党建工作（120）	（一）党的组织和工作覆盖（20）			
	（二）党组织规范化建设（80）			
	（三）意识形态管理（20）			
"党建工作"实行一票否决：				

---

① 重庆市民政局. 重庆市民政局关于印发全市性社会组织评估指标（2023 年版）的通知[EB/OL].（2023-06-25）[2024-08-11]. https://mzj.cq.gov.cn/zwgk_218/zfxxgkml/tzgg/202306/t20230625_12090085.html.

续表

一级	二级	三级	四级	标准分值
二、基础条件（125）	（四）法人资格（50）			
	（五）章程（20）			
	（六）登记备案（15）			
	（七）涉军事项（10）			
	（八）遵纪守法（30）			
	基础条件一票否决事项：			
三、内部治理（365）	（九）员工（代表）大会（5）	22. 员工（代表）大会按章程规定召开（5）	（42）召开情况	5
	（十）权力机构：理事会（30）	23. 理事会设立（5）	（43）理事会按章程规定设立	5
		24. 理事产生、罢免及构成（5）	（44）理事产生、罢免及构成符合规定	5
		25. 召开会议及记录（10）	（45）召开情况	10
		26. 履行决策权力（5）	（46）履行决策权力情况	5
		27. 按期换届（5）	（47）如期换届	5
	（十一）监督机构（15）	28. 监事（会）设立（5）	（48）产生程序	5
		29. 监事（会）工作制度及履职（10）	（49）职能履行	10
	（十二）执行机构（10）	30. 执行机构（10）	（50）成立了执行机构，执行机构的设置符合机构中长期规划和年度计划，职责和功能明确，运行有序	10
	（十三）工作运行（60）	31. 法人基本治理制度（10）	（51）法人治理基本制度健全。员工大会会议制度、理事会（常务理事会）、监事会监事制度、选举与决策制度、执行机构工作制度、信息公开披露制度、外事工作制度、内部纠纷协调解决机制等健全	10
		32. 中长期规划（10）	（52）制定详细、完整、规范的中长期发展规划并实施	10
		33. 工作计划和总结（10）	（53）制定年度工作计划	10

续表

一级	二级	三级	四级	标准分值
三、内部治理（365）	（十三）工作运行（60）	34. 业务（项目）运作 30	（54）业务范围符合要求。开展业务活动事项与本机构章程规定的业务范围相一致	5
			（55）制定有业务项目管理制度和督导制度，制度体现流程化管理	5
			（56）业务（项目）论证、计划及内部审核流程	5
			（57）业务（项目）管理、监督及反馈情况：有专人按规定负责管理、监督、反馈实施情况	5
			（58）业务（项目）有总结、结题或评估	10
	（十四）人力资源管理（70）	35. 专业技术人才队伍建设（40）	（59）专职人专业技术队伍人员数量	10
			（60）学历	10
			（61）专业水平	10
			（62）参与培训	10
		36. 岗位管理（10）	（63）制定本机构专职工作人员岗位职责、任用、考核、奖惩、培训等管理制度并有效执行	10
		37. 薪酬管理（15）	（64）依照《社会组织劳动合同书示范文本》与本机构建立劳动关系的专职工作人员签订并履行"劳动合同"，各项薪酬、基本社会保险等待遇在合同中列明	5
			（65）建立薪酬管理制度，对本机构专职工作人员缴纳社保、公积金、社会组织年金即企业年金，含参加企业年金集合计划	10
		38. 志愿者队伍建设（5）	（66）在规定的网站建立有与本机构开展业务活动相适应的志愿者队伍，建有志愿者队伍建设办法或制度，志愿者配置合理、招募及管理规范	5
	（十五）财务资产管理（125）	39. 财务工作人员（10）	（67）按规定配备专职或兼职会计人员	5
			（68）按规定配备专职或兼职出纳人员	5
		40. 财务管理（80）	（69）会计核算执行《民间非营利组织会计制度》	5
			（70）财务管理制度健全规范并有效执行含货币资金、应收款项、存货、固定资产	10
			（71）财务基础管理。财务人员分工明确、及时获取银行对账单、编制银行余额调节表，会计凭证装订整洁、及时，保管得当	5
			（72）财务核算。实现会计电算化，清晰、准确核算本单位所发生的业务收支事项，会计凭证附件准确、完整	10

续表

一级	二级	三级	四级	标准分值
三、内部治理（365）	（十五）财务资产管理（125）	40. 财务管理（80）	（73）规范使用各种票据（支票、发票、收据）	15
			（74）经费来源符合政策法规和章程规定	10
			（75）经费支出审批程序符合本机构财务管理规定和流程	10
			（76）资金使用符合章程及财务管理制度的规定，未列支本单位以外的费用，未在工作人员中进行红利分配等	15
			有下列情形之一的，本三级指标"财务管理"整项记0分： 1. 未执行《民间非营利组织会计制度》 2. 未制定本机构财务管理规章制度 3. 财务资产管理混乱，经查实有违规行为 其中，未执行《民间非营利组织会计制度》的不能被评为3A及以上等级	
		41. 资产管理（10）	（77）固定资产管理制度健全并有效执行	5
		42. 财务审计与监督（25）	（78）无形资产管理制度健全并有效执行	5
	（十六）档案管理（10）	43. 档案管理（10）	（81）档案管理制度健全并有效执行，有专人负责管理、有专柜保存档案	15
			（82）档案整理规范、资料完整、存放有序	10
	（十七）证章管理（20）	44. 证书管理（10）	（83）各种证书在有效期内（获奖证书除外）	5
			（84）执行证书管理使用规定，证书保存完好	5
		45. 印章管理（10）	（85）印章管理制度	5
			（86）印章保管、使用及交接手续完备，无私存、遗失等现象发生	5
	（十八）宣传（10）	46. 宣传（10）	（87）积极开展媒体宣传。机构开展业务活动在报纸、期刊、电台、电视台、互联网等媒体进行宣传报道	5
			（88）建立本机构门户网站、公众号、微博等自媒体宣传阵地，并适时更新	5
	（十九）风险防控（10）	47. 社会稳定风险防控机制（5）	（89）建立健全社会稳定风险防控预案情况	5

续表

一级	二级	三级	四级	标准分值
三、内部治理（365）	（十九）风险防控（10）	48. 社会稳定风险防控工作（5）	（90）社会稳定风险防控工作落实情况	5
	内部治理一票否决事项：			
	1. 内部治理得分率未达到90%不能被评为5A，未达到80%不能被评为4A，未达到70%不能被评为3A			
	2. 治理结构严重不健全的，不能被评为3A以上社会组织			
	3. 凡与员工发生劳资纠纷且责任方为本单位的，不能被评为4A以上组织			
	4. 直接服务类机构专职人员未达到20人及以上的，咨询研究类专职人员未达到7人及以上的，不能被评为5A级社会组织			
四、工作绩效（310）	（二十）服务能力（30）			
	（二十一）服务绩效（245）			
	（二十二）信息公开（35）			
	工作绩效部分一票否决情况：			
五、评价表彰（80）	（二十三）内部评价（20）			
	（二十四）外部评价（50）			
	（二十五）获奖表彰（10）			
	评价表彰部分一票否决情况：			

说明：以上指标查阅资料时限为2021年至今，在该时限范围内未发生指标要求事项的追溯到最近一次（如2021年至今未换届，则提供最近一次换届的材料）。

表3.2涵盖了5个一级指标、25个二级指标，各二级指标下还分别含有三级指标和四级指标，整个评估涵盖了民办非企业单位党建工作、基础条件、内部治理、工作绩效、评价表彰等，覆盖内容比较全面。标准总分值为1000分，各个指标被赋予了不同权重，尤其是在每个一级指标之后还有一票否决事项，规定单项未达到相应标准的不能评估为相应等级。表3.2只是详细列出了"内部治理"部分的三级指标、四级指标和标准值的内容。应该说，针对民办非企业单位的评估指标广泛涉及了内部控制的多个要素。比如党建工作、内部治理涉及了控制环境中的组织架构（如党的组织和工作覆盖、员工或员工代表大会、权力机构、监督机构、执行机构）、发展

战略（如中长期规划）、人力资源管理，以及财务资产管理，风险防控涉及了控制要素中的风险评估（不过关注的重点是民办非企业单位可能引发的社会稳定风险），内部治理中的宣传、工作绩效中的信息公开还涉及信息与沟通，工作绩效和评价表彰涉及监控与评价，等等。因此，总体来看，民办非企业单位评估指标所覆盖的内容，与内部控制所涵盖的要素有较多的交叉。当然，由于二者设计的理念差异，互为标准的话各自都存在一些薄弱环节，可以取长补短加以完善。

4. 民办非企业单位治理结构制度

近年来，民政部尤其加强了民办非企业单位等民间非营利组织的治理体系和治理能力建设。比如2014年发布的《关于加强社会组织反腐倡廉工作的意见》对社会组织的法人治理结构及其运行机制做了更多强调。要求"落实民主选举、差额选举制度，扩大直选范围。规范社会组织民主议事、民主决策的范围、程序和方法。涉及社会组织人、财、物等重大事项的决策，要经过民主程序，不得由个人专断。进行改选换届的会员（代表）大会、理事会须有符合法定人数的会员（代表）、理事出席方能召开，不得以通讯方式召开。会员（代表）大会、理事会民主决议事项，不得以鼓掌方式进行表决。鼓励选举企业家担任行业协会商会理事长（会长）。探索实行行业协会商会理事长（会长）轮值制。社会组织要设立监事会或者监事，建立健全内部监督约束机制"。《社会组织登记管理条例（草案征求意见稿）》第四节第三十条也要求社会服务机构的章程应当载明"组织机构的组成、职责、产生程序、议事规则""法定代表人、负责人、理事和监事的职责、任职条件、任期及其产生、罢免的程序"。

案例3.2：河北省某职业培训学校私自转让法人登记证书、印章被行政处罚[①]

河北省某职业培训学校系2014年登记成立的民办非企业单位。但该学校成立后的内部治理机制不健全，法定代表人牛某平日自称学校所有者，个人掌控法人登记证书、印章的使用。2020年5月，未经学校理事会决议同意，牛某以学校名义与张某签订了《学校（法人）转让合同书》，注明

---

① 根据民政部公布的典型案例做了删改和整理。民政部. 社会组织领域风险防范化解典型案例[EB/OL]. （2023-01-30）[2024-06-30]. https://www.mca.gov.cn/n152/n164/c36675/content.html.

"牛某将经营的河北省某职业培训学校所有权变更为张某"，包括"学校名称、法定代表人、权力机构、学校证照及章程等相关文件、材料、证件等"全部变更、移交到张某名下。在未依法办理变更登记的情况下，牛某依据双方合同，将法人登记证书、印章等交给张某控制使用，并收取张某费用。2022年4月，河北省民政厅依据《民办非企业单位登记管理暂行条例》的规定，对该职业培训学校作出停止活动三个月的行政处罚，没收违法所得，并封存其法人登记证书、印章和账务凭证。

该案例是民办非企业单位在治理结构上存在突出问题的典型案例。案例学校的法定代表人不理解民办非企业单位的法人性质，把民办非企业单位法人等同于企业法人，认为民办非企业单位法人出资方拥有"股权"或"所有权"，个人私自处置代表学校法人资质的证章。该学校还缺乏相应的法人治理结构，理事会形同虚设，并没有发挥作用，监事会或相应的监督管理机构缺乏，导致该学校重大决策由出资人独断。此外，该学校还缺乏合规运营意识。无论是何种类型的法人，法人证章都不能出借、出租给他人使用，只有依程序变更后的新法人才可以新证章名义开展活动。否则，原有法人很可能面临承担严重法律责任的巨大风险。

5. 民办非企业单位信用信息管理制度

民办非企业单位信用信息管理是从外部促进民办非企业单位规范化运行的重要举措，其涉及内部控制中的外部信息沟通。2005年民政部发布《关于开展民办非企业单位自律与诚信建设活动的通知》，要求"规范民办非企业单位章程""建立公开、透明的信息披露制度""全面推行服务承诺制""建立健全民办非企业单位财务制度"等。2018年民政部公布《社会组织信用信息管理办法》，要求社会组织将基础信息、年报信息、行政检查信息、行政处罚信息、社会组织评估登记及有效期限、获得的政府有关部门的表彰奖励、承接政府购买服务或者委托事项、公开募捐资格、公益性捐赠税前扣除资格等信息，以及政府、政府其他有关部门和司法机关在履行职责过程中形成的与社会组织信用状况有关的信息，全部依法依规纳入社会组织信用信息进行管理。民政行政部门将依据相关信用信息对社会组织进行分类管理，信用信息不良的会被列入活动异常名录、严重违法失信名单，信用信息良好的优先承接政府授权和委托事项、优先获得政府购买社会组织服务项目、优先获得资金资助和政策扶持等。2018年公布的《慈善组织信息公开办法》则规定，慈善组织应真实、完整、及时公开信息，该办法对公开的信息内容、公开事项以及时限等都进行了规定。但是，整体上看，我国民间非营利组织尤其是民办非企业单位的信用信息公开还十分不足，目前捐款人、付费者、受益人所关心的财务或审计信息的公开比较有限，一些更为专业或更详细的工作流程、工作结果等信息公开更是不足。

6. 民办非企业单位专项业务活动制度

面对一个时期包括民办非企业单位在内的民间非营利组织的突出问题，国家相关部门也会提出相关要求进行专项监管和整治。这些临时性的政策措施有的也被固化，可以成为常态化、专题性的内部控制制度基础。如1999年中共中央办公厅、国务院办公厅发布的《关于进一步加强民间组织管理工作的通知》就提及"西方敌对势力利用民间组织同我进行'合法'斗争""非法民间组织增多，活动猖獗""气功组织泛滥"等问题，要求民政部等加强监管。2004年中共中央办公厅、国务院办公厅发布《关于加强民办社科研究机构管理工作的意见》，要求民办社科研究机构对面向社会举办论坛、开办互联网站、年检工作等情况进行自查，同时要求相关部门做好监管工作。2021年民政部发布的《关于进一步加强社会组织管理严格规范社会组织行为的通知》，主要针对当时的突出问题，提出严禁与非法社会组织勾连、严禁借建党百年乱评比乱表彰、严禁涉企违规收费、严禁违规举办"一讲两坛三会"等要求。同年，民政部等22部门联合印发的《关于铲除非法社会组织滋生土壤净化社会组织生态空间的通知》，要求"企事业单位和社会组织不得与非法社会组织有关联、党员干部不得参与非法社会组织活动、新闻媒体不得宣传报道非法社会组织活动、各种公共服务设施和场所不得为非法社会组织提供便利、各互联网企业不得为非法社会组织线上活动提供便利、各金融机构不得为非法社会组织活动提供便利、进一步提高非法社会组织的违法成本"。2022年《民政部关于开展社会服务机构非营利监管专项行动的通知》发布，目的在于落实社会服务机构非营利属性，治理部分社会服务机构抽逃开办资金、违规关联交易、违反《中华人民共和国会计法》《民间非营利组织会计制度》等问题，拟重点开展对"违反开办资金为捐助财产要求，违规向出资人等返还开办资金"等违规行为的监管。这些专项行动对于强化包括民办非企业单位在内的民间非营利组织的非营利性起到了重要作用。

其他文件也零星涉及相应的内部控制活动。如2010民政部修改后发布的《民办非企业单位印章管理规定》对民办非企业单位印章的式样、制发程序和管理缴销等进行了规定。2010年民政部与国家档案局还印发了《社会组织登记档案管理办法》，规范包括民办非企业单位在内的社会组织的登记档案管理。2011年《民政部关于加强社会组织专职工作人员劳动合同管理的通知》、2016年《民政部关于加强和改进社会组织薪酬管理的指导意见》也涉及内部控制中人力资源的规范化管理等内容。

三、民办非企业单位内部控制制度基础的特征分析

1. 覆盖内部控制各要素的制度基础发展完善程度不平衡

从改革开放初到现在的政策法规来看，我国以民办非企业单位、民间非营利组织、社会组织、社会服务机构等为对象，发布了丰富的促进包括民办非企业单位在内的民间非营利组织规范发展的制度。除会计审计领域外，尽管一些制度基础较少冠以"内部控制"名义，但它们也能够在不同程度上达到内部控制规范所指向的相关目标，如合法合规、真实完整报告、资产安全及有效使用等，应该说为促进包括民办非企业单位在内的民间非营利组织的健康发展起到了保驾护航作用。当然，如果将这些制度基础与内部控制的要求相比，由于理念、脉络或体系上的差异，前者在某些方面覆盖不到位或覆盖较少，呈现出发展完善程度不平衡的特征。

从表3.3可以看到，这些制度基础重点集中在会计系统控制和资金资产活动控制等方面，这主要源于财政部门制定了较为完善的会计制度。在控制环境方面，组织架构中的党建引领、员工（代表）大会、权力机构、监督机构、执行机构等方面的规定相对完善，工作运行中制定的一些规划、计划涉及发展战略内容但不够丰富，人力资源管理方面的指标涵盖了诚信与道德价值观，社会责任也在诚信自律建设中强化。这得益于登记注册、

章程示范文本、规范化建设评估和自身能力建设等方面的要求。

监控与评价方面的制度基础也较充足,这主要得益于年检和针对包括民办非企业单位在内的各层级民间非营利组织的评估工作的常规化开展。但控制环境要素中的发展战略中的战略执行、组织文化等方面提及不多。控制活动中的一些关键业务活动,如授权审批控制、采购业务内部控制、合同业务内部控制、担保业务内部控制等方面的制度基础不足。风险评估、信息与沟通等方面的制度供给也不足。此外,对包括民办非企业单位在内的民间非营利组织所处行业的核心业务活动的内部控制,如要求文化类民办非企业单位保护未成年人、教育类民办非企业单位规范招生、科研类民办非企业单位坚持学术自律、体育类民办非企业单位安全办赛等,则有赖于相应民办非企业单位行业主管部门提供制度基础。

表 3.3 民办非企业单位内部控制制度基础情况

控制要素	子要素		制度基础充足	制度基础不足
控制环境	发展战略			√
	组织文化			√
	诚信与道德价值观		√	
	社会责任		√	
	人力资源		√	
	组织架构		√	
风险评估	目标设定			√
	风险识别			√
	风险分析			√
	风险应对			√
控制活动	基本控制活动	不相容职务分离控制	√	
		授权审批控制		√
		会计系统控制	√	
		运营分析控制		√
		绩效考评控制		√
		财产保护控制		√
		全面预算控制	√	

续表

控制要素		子要素	制度基础充足	制度基础不足
控制活动	具体业务控制活动	资金活动内部控制	√	
		资产管理内部控制	√	
		财务报告内部控制	√	
		合同业务内部控制		√
		采购业务内部控制		√
		销售业务内部控制		√
		担保业务内部控制		√
		业务外包内部控制		√
		投资业务内部控制		√
		筹资业务内部控制		√
		研发业务内部控制		√
		工程项目内部控制		√
信息与沟通				√
监控与评价			√	

2. 缺乏明确以内部控制为主题的综合性规范

现有的面向包括民办非企业单位在内的民间非营利组织的内部控制制度，主要集中在会计审计领域。如2016年中共中央办公厅、国务院办公厅印发的《关于改革社会组织管理制度促进社会组织健康有序发展的意见》中关于推动社会组织建立健全内控管理机制的要求，主要是在"加强对社会组织资金的监管"条款下强调的。其他明确提出加强民间非营利组织的内部控制的规范内容，也主要集中在相应的会计制度之中。比如《民间非营利组织会计制度》第十三条规定："民间非营利组织应当根据国家有关法律、行政法规等，结合本单位的业务活动特点，建立健全本单位内部会计监督制度，并将其纳入本单位内部控制制度，提高会计信息质量和管理水平。"这些规定都是必要的，而且在规范包括民办非企业单位在内的民间非营利组织资金资产管理方面发挥了很大作用。但是，正如企业领域和行政事业单位领域那样，仅有狭义的面向会计系统的内部控制是不够的，应当形成包含会计内部控制在内的、更加广义且明确以内部控制为主题、面向包括民办非企业单位在内的民间非营利组织的专项规范，即类似《企业内部控制基本规范》《行政事业单位内部控制规范（试行）》那样的综合性规范，从而使包括民办非企业单位在内的民间非营利组织整体的健康运行更加有章可循。

3. 从组织内部整体风险角度构建的制度基础不足

任何组织都面临着不确定性，不确定性可能会降低或提升价值，因此既代表风险，也代表机会。当然，组织内的风险不能完全根除，而且即便建立了良好的内部控制体系，由于实施不力、判断失误、串通舞弊等情形的存在，组织活动风险导致组织倒闭的情形仍时有发生。但是，基于风险管理的内部控制框架旨在通过协调风险容限和风险容量、完善风险应对决策、识别和管理多重风险等举措，有效帮助组织实现价值的最大化。[1]当前，包括民办非企业单位在内的民间非营利组织的内部控制制度基础，更注重防控社会层面的风险，以及不当运营带来的舆情风险、社会稳定风险，这些都是必要的，能有效促进包括民办非企业单位在内的民间非营利组织强化内部控制。《社会组织基础术语》中提及了风险防范，《社会服务机构自身建设指南》中也提及了"防范化解风险"，但覆盖的内容还不够全面，还需要继续从组织内部风险管理角度出发进行考虑，比如针对包括民办非企业单位在内的民间非营利组织关键业务流程，提出相应的风险点、控制目标、控制点和控制方法，让其内部形成良性发展的自律循环，避免出现陷入运营困境、破产倒闭的风险，进而促进其健康可持续发展。

此外，目前的年检、信用信息管理、规范化评估或登记评估、专项业务活动监管等制度基础，主要是从外部监督角度出发制定的。对包括民办非企业单位在内的民间非营利组织的业务进行外部监督，以确认其是否规范、合法，是非常必要的，事实上，这种监督在促进包括民办非企业单位在内的民间非营利组织健康发展方面发挥了重要作用。但是，外部监督不能代替包括民办非企业单位在内的民间非营利组织对其自身的监督和对其业务流程的风险控制。而且外部监督协同不当的话，也比较容易出现重复

---

[1] 〔美〕COSO. 企业风险管理：整合框架[M]. 2 版. 方红星，王宏译. 大连：东北财经大学出版社，2017：7-8.

配置问题，从而给包括民办非企业单位在内的民间非营利组织带来一定的负担。这里仅以评估检查为例，目前仅综合性的评估检查就有年检（结果采用"合格、基本合格、不合格"进行区分）、社会组织信用信息管理（结果采用"正常、活动异常名录、严重违法失信名单"进行标识）、规范化建设评估或等级评估（结果采用"5A—1A"标识）等，另外，还有其他临时性、专项性的评估检查，如对相应层级社会组织的抽查、对法定代表人的离任审计等。我国对包括民办非企业单位在内的民间非营利组织实行双重管理制度，业务主管单位还会有其他针对专项业务的评估。如针对民办本科高校，教育行政部门就开展了合格评估或审核评估、专业认证、教学质量督查、教师资格证检查等工作。因此，通过构建内部控制规范将相应评估检查加以整合，从而形成较为全面的、系统化的规范体系，减轻包括民办非企业单位在内的民间非营利组织的迎评负担，也是值得尝试的路径。

第四章 民办学校组织特征及非营利性民办学校内部控制制度基础分析

第一节 我国民办学校组织性质演变与性质界分

一、我国古代私学和近代私立学校的非营利性质

我国自古以来就有鼓励民间兴学的传统，致仕官员、有识之士的办学热忱使民间乡野弦歌不辍、教泽流长。尽管我国古代私学的层次和类型多样，名称在各个朝代也不尽相同，但其组织形态基本具有一致性。它们几乎都可以被视为以捐资助学的模式建立的朴素的非营利性学校或教育机构。从第三章民间非营利组织的标准来看，它们相当于一种典型的非营利组织。没有形成正式学校（教育机构）的也在开展非营利性教育活动，如古代诸子百家的私人讲学活动几乎都是非营利性的。尤其是墨家，在实行有教无类的原则方面更为彻底，而且一般不收取学费和任何礼品，只是需要学生接受一段时间的服役考验。[1]汉代以来，承担蒙学教育的私学，如书馆、私塾等，多为民间捐资或集资兴建维持，有的还为学生提供免费教育。在魏晋南北朝时期，儒家私学中有的要求学生交费入学，但这类私学数量较少，有的则接收帝王的"资给"或"馈赠"。[2]到了宋代，"学田"（也被称为"读书田""义塾田"）是最常见、最为稳固的学校经济来源形式。学田是一些地主捐输出来以供养学、祭祀或养济群族的田产。[3]除此以外，有的朝代的统治者为了加强对私学的影响，也不同程度地为私学提供经费

---

[1] 梅汝莉. 中国教育管理史[M]. 北京：海潮出版社，1995：123-125.
[2] 孙长缨. 中国历史上私学若干特点探析[J]. 河南大学学报（社会科学版），1997（3）：115-119.
[3] 王炳照. 中国私学·私立学校·民办教育研究[M]. 济南：山东教育出版社，2002：77-86.

支持。总之，我国古代私学经费的来源主要是国家支持和他人捐赠，开支也用于办学活动，几乎没有发现办学营利之说。

在我国近代外侵内乱、社会急剧变迁的特殊时期，长期延续下来的旧式私塾在广大农村地区继续存在，从清末开始，出现了另外两类私立学校。

一是外国教会在中国举办的教会学校。近代教会学校的兴起与清朝末年清政府和西方列强签署的不平等条约有关，它们存在于北洋政府和国民党统治的整个民国时期，如燕京大学、东吴大学、圣约翰大学等。教会学校的经费来源一般包括传教士所属国家差会（即差遣出外传教的团体，是外国教会特派宣传与完成某种使命的一种临时性的分会组织）提供的资金、国内外捐款、学费（早期的一些教会学校不收学费，反倒是通过免费提供吃住以吸引学生就读）、创收（如基金利息）、各教会利用不平等条约强占的中国人民的财产（包括房地产租息，教会附属机构如医院、赛场、农场的收入等），以及后来的一部分庚款。主要支出包括教师薪俸、办公费和设备费，几乎不见所谓谋取利润之说。另外，为收回教会学校的教育权，1925年11月16日，北洋政府教育部发布《外人捐资设立学校请求认可办法》，认可的也是外人捐资设立的教会学校。[①]1933年南京国民政府修正颁布的《私立学校规程》规定，"凡私人或私法团设立之学校为私立学校，外国人设立及教会设立之学校，均属之"。教会在中国所办的私立学校和西方传统的教会学校在组织形态上相似，二者都相当于捐资举办的非营利组织。

二是中国民间个人或团体举办的新式私立学校（新式学堂）。这类私立学校源于西学东渐的背景，一批救亡图存的士绅、富商和知识分子在认识到传统教育的局限后逐渐兴起了举办新式学堂的热潮，他们举办的学校有南开大学、厦门大学、复旦公学等。总的来看，大部分或者说在政府立案的正规的私立学校是按照捐资模式举办设立的，相当于非营利组织。例如，从其经费来源来看，捐款、政府的补助和学费成为主要部分，有的私立学校捐款收入比例甚至高达70%。学校支出也主要集中在教师薪金、办公和设备费用等方面，而很少提到向创办人分配利润的情形。而且当时也有类似"停办后的剩余财产，由教育行政机关接收处理"等规定，不存在

---

① 孙培青. 中国教育史[M]. 2版. 上海：华东师范大学出版社，2000：399.

允许私立学校在停办后向创办者分配剩余财产的情形。

二、新中国成立至改革开放前民办学校的非营利性质

新中国成立以后,古代私学和近代私立学校在社会主义改造运动中逐渐退出历史舞台,取而代之的是自解放区延续下来的、由单位或集体举办的"民办学校"。这种民办学校,在城市主要由街道、机关、厂矿、企业举办;在农村由农民群众在乡、村政权领导下,根据自身的需要集资举办。这批学校多数集中在成人扫盲教育和小学教育阶段。应该说,这一时期的"民办学校"在举办者、组织规范化程度等方面与近代的教会学校或私立学校存在很大的差别,但其基本组织形态与私立学校是一致的,也相当于非营利组织。因为这些"民办学校"主要由机关、厂矿、企业或农民群众集资举办维持,单位或集体作为举办者在当时的情况下没有也不可能从中分配办学盈余。因此,这一时期的民办学校也是非营利性质的。

三、改革开放至分类管理政策实施前的民办学校组织性质

我国改革开放之初出现的民办学校,数量最多的是提供非学历教育或职业培训的非全日制的辅导班、培训班。这些辅导班、培训班主要集中在基础教育阶段,为学生提供升入更高一级重点学校的辅导,特别是提供高考制度恢复以后的考前培训。在高等教育阶段,一些退休教师租用一些闲置的校舍创办了职工大学或社会大学,旨在帮助学生提高学历层次。在邓小平南方谈话的鼓舞下,我国民办学校进入快速发展的高峰阶段,涌现出一批收费高、特色鲜明、质量较高的民办学校。

面对快速发展的民办学校,国家积极制定了相应的政策措施加以支持和规范。例如,1995年版《中华人民共和国教育法》第二十五条规定"任何组织和个人不得以营利为目的举办学校及其他教育机构";1997年出台的《社会力量办学条例》(已废止)第六条规定"社会力量举办教育机构,不得以营利为目的";1998年版《中华人民共和国高等教育法》第二十四条规定"设立高等学校,应当符合国家高等教育发展规划,符合国家利益和社会公共利益,不得以营利为目的"。这些法律法规均强化了民办学校的非营利性质。

当然，受限于当时的历史条件，不同民办学校在坚持非营利性质方面存在差距。有的民办学校在实践中明显呈现出按营利组织方式举办和运行的特征，比如在举办协议和章程中议定举办者要"按股分红"，从而使得一些民办学校的组织性质不易界定。2002 年版《中华人民共和国民办教育促进法》颁布后，民办学校分为三种类型：一是捐资举办的民办学校；二是基本公益性的民办学校，出资人要求合理回报和投入部分的产权，但办学积累属于学校；三是营利性的民办教育机构。[①]其中，基本公益性的民办学校的营利性和非营利性就不容易确定。后来，随着形势的发展，国家在 2015 年、2021 年修订了《中华人民共和国教育法》，在 2015 年、2018 年修订了《中华人民共和国高等教育法》，在 2016 年、2018 年修订了《中华人民共和国民办教育促进法》。这些法律的修订，为民办学校营利性和非营利性分类管理改革奠定了基础，为有效厘清民办学校的组织性质铺平了道路。

四、民办学校分类管理政策的酝酿与民办学校组织性质界分

民办学校分类管理政策在我国的研究、酝酿和提出、试点、公布和大规模实施，经历了一个较为漫长和曲折的过程。

早在 2002 年《中华人民共和国民办教育促进法》起草审议过程中，就出现了两种观点的激烈争论。第一种观点认为，应该借鉴国际经验，将民办学校彻底划分为营利性民办学校和非营利性民办学校两种类型。在两类民办学校界区清晰的条件下，再来针对不同类型的民办学校规定其适用的税收、财政或土地等政策，从而避免民办学校组织性质的混合模糊。一些教育政策研究人员、教育学者持这种观点。[②]第二种观点认为，考虑到中国国情，为了既鼓励民间投资民办教育又保证民办教育的公益性质，应当在营利性民办学校和非营利性民办学校之间，允许一类具有过渡性质的"准营利性民办学校"或"基本公益性民办学校"存在。[③]在草案的四次审议过程中，全国人大常委会提出了审议意见。在征求意见过程中，国务院法制办公室、国务院发展研究中心和各省（自治区、直辖市）等都提出了许多

---

① 张春生. 中华人民共和国民办教育促进法释义[M]. 北京：法律出版社，2003：15.
② 邵金荣. 非营利组织与免税：民办教育等社会服务机构的免税问题[M]. 北京：社会科学文献出版社，2003；邵金荣. 中国民办教育的多元化与法制化[M]. 北京：高等教育出版社，2001.
③ 宁本涛. 中国民办教育产权研究[M]. 济南：齐鲁书社，2003：19，32，126，187，188，284.

不同意见。①

  2010 年发布的《教育部 2010 年工作要点》提出"开展对民办学校实行营利性和非营利性分类管理试点",《国家中长期教育改革和发展规划纲要（2010—2020 年）》进一步对其进行肯定和部署。上海市、浙江省、广东省深圳市等省市和吉林华侨外国语学院（现吉林外国语大学）成为试点单位，探索分类管理办法。在试点过程中，究竟如何对民办学校进行分类，在理论上就存在"二分法""三分法""四分法"等不同的方案。而对于同样占据民办非企业单位相当比例的非营利性科研机构和医疗机构，此前国家已经通过对其税收政策的调整，实现了营利性与非营利性"二分"的分类管理。②

  2016 年 4 月 18 日，中央全面深化改革领导小组第二十三次会议审议通过了《关于加强民办学校党的建设工作的意见（试行）》《民办学校分类登记实施细则》《营利性民办学校监督管理实施细则》③，在分类管理方面提出"要建立营利性和非营利性民办学校分类登记、分类管理制度，提高教育质量"。2016 年 11 月 7 日，《全国人民代表大会常务委员会关于修改〈中华人民共和国民办教育促进法〉的决定》发布，提出"民办学校的举办者可以自主选择设立非营利性或者营利性民办学校。但是，不得设立实施义务教育的营利性民办学校。非营利性民办学校的举办者不得取得办学收益，学校的办学结余全部用于办学。营利性民办学校的举办者可以取得办学收益，学校的办学结余依照公司法等有关法律、行政法规的规定处理"。最后还提出了该决定公布前设立的民办学校的转设过渡规定。④⑤2016 年 12 月，《国务院关于鼓励社会力量兴办教育促进民办教育健康发展的若干意

---

  ① 张春生. 中华人民共和国民办教育促进法释义[M]. 北京：法律出版社，2003：212-220.

  ② 如《国务院办公厅转发科技部等部门关于非营利性科研机构管理的若干意见（试行）的通知》（2000）、《财政部 国家税务总局关于非营利性科研机构税收政策的通知》（2001）、《关于医疗卫生机构有关税收政策的通知》（2000）等。

  ③ 新华社. 习近平主持召开中央全面深化改革领导小组第二十三次会议[EB/OL].（2016-04-19）[2024-08-13]. http://cpc.people.com.cn/big5/n1/2016/0419/c64094-28285555.html.

  ④ 袁曙宏，李晓红，许安标.《中华人民共和国民办教育促进法》释义[M]. 北京：中国民主法制出版社，2017，6：40-44.

  ⑤ 2018 年《中华人民共和国民办教育促进法》的修改主要有两处：一是将第二十六条第二款中的"经政府批准的职业技能鉴定机构"修改为"经备案的职业技能鉴定机构"；二是将第六十四条中的"工商行政管理"修改为"市场监督管理"。总体看，并未触及分类管理的实质内容。参见全国人民代表大会常务委员会关于修改《中华人民共和国劳动法》等七部法律的决定.（2018-12-30）[2024-08-13]. https://www.gov.cn/xinwen/2018-12/30/content_5353503.htm.

见》发布,鲜明提出"建立分类管理制度。对民办学校(含其他民办教育机构)实行非营利性和营利性分类管理。……举办者自主选择举办非营利性民办学校或者营利性民办学校,依法依规办理登记。对现有民办学校按照举办者自愿的原则,通过政策引导,实现分类管理"。2016 年 12 月,教育部等部门发布《民办学校分类登记实施细则》《营利性民办学校监督管理实施细则》,全面落实中央关于民办学校分类管理的改革方针。2021 年 4 月 7 日,国务院公布修订后的《中华人民共和国民办教育促进法实施条例》,要求在对现有民办学校实施分类管理改革时,应当充分考虑有关历史和现实情况,保障受教育者、教职工和举办者的合法权益,确保民办学校分类管理改革平稳有序推进。2021 年最新版的《中华人民共和国教育法》、2018 年最新版《中华人民共和国高等教育法》,均没有"不得以营利为目的"的相关规定,我国在民办学校分类管理方向上迈出了坚实的步伐。

在此过程中,自 2018 年起,全国绝大多数省(自治区、直辖市)出台了相关规范性文件,逐渐掀起了落实新法新政的政策制定浪潮。[①]在这些政策中,最为核心的改革就是实施民办学校分类管理。这些政策具体规定了分类管理改革的实施期限,多数要求在五年内完成;规定了学校转设过程中的税费计算和减免办法;规定了针对转设后举办者的奖补政策;规定了民办学校法人分类登记的细则;规定了针对营利性民办学校和非营利性民办学校的监管办法。转设为营利性民办学校的主要过程是:进行新法人名称核准、资产清算和确权、缴纳相关税费、换发办学许可证、市场监管部门重新登记注册、完善税务手续和开立银行新账户。转设为非营利性民办学校的过程较为简单,不涉及资产清算和确权,不涉及办学许可证和法人的重新登记注册,有的地区只是要求举办者在法人登记之前必须填写资产捐赠承诺书,大多数则要求在登记章程中必须载明所举办学校的非营利性,明确举办者的权利义务和利益边界。在此过程中,由于校外培训机构治理、民办义务教育规范和"双减"政策的出台,民办学校分类管理政策在民办教

[①] 王慧英,黄光维. 地方民办教育分类管理新政:现状、难点议题与治理策略——基于 25 个省(自治区、直辖市)民办教育新政实施意见的文本分析[J]. 现代教育管理,2019(3):56-61;王帅,吴霓,郑程月. 民办教育分类管理的推进概况、突出问题与对策建议——基于对国家和地方 29 省相关政策的文本分析[J]. 当代教育论坛,2019(6):55-65;郑雁鸣,刘建银. 现存民办学校向非营利性过渡的政策分析[J]. 教育科学,2018(2):8-13.

育中稍有降温。但是，在新学校举办、"公参民学校"和独立学院转设以及学校换发相关证件的过程中，分类管理工作在不同程度地推进。不过，由于民办学校分类管理涉及学生、教职工和举办者利益，整体工作仍需继续推进。

五、我国非营利性民办学校的组织特征

要理解非营利性民办学校的组织特征，需要先了解民办学校的组织特征。因为不同学者在界定民办学校组织特征时有不同的看法，本书主要根据《中华人民共和国民办教育促进法》的核心思想进行界定。该法第二条规定："国家机构以外的社会组织或者个人，利用非国家财政性经费，面向社会举办学校及其他教育机构的活动，适用本法。"这一关于该法适用范围的法律条款也给描绘民办学校组织特征提供了启示。这些特征主要包括：第一，举办主体是国家机构以外的社会组织或个人。具体来说，企事业单位、基金会、民办非企业单位或个人具有举办资格，但从事国家管理和行使国家权力的机关如权力机关、行政机关、审判机关、检察机关等不能举办。第二，经费来源是非国家财政性经费。根据《中华人民共和国民办教育促进法实施条例》，国家财政性经费是指财政拨款、依法取得并应当上缴国库或者财政专户的财政性资金。第三，服务面向社会而非特定的群体或个人。但是，这一法律条款没有强调民办学校日常经营管理的主体，在强调"民间性""自治性"方面有待加强。所以，还可以增加民办学校直接运营管理主体是非国家机构，以及其运营管理由非国家机构任命的人员负责等特征。

对于"非营利性"的要求，《中华人民共和国民办教育促进法》第十九条规定："非营利性民办学校的举办者不得取得办学收益，学校的办学结余全部用于办学。"第五十九条规定："非营利性民办学校清偿上述债务后的剩余财产继续用于其他非营利性学校办学。"这两条规定非常鲜明地指出了"非营利性"的关键特征。即举办者在学校存续期间不能分配办学结余，在学校倒闭清算后不能分配剩余财产。这与我们在上一章中介绍的国内外民间非营利组织的核心特征是一致的。再结合前面所讨论的民办学校的组织特征，我们就可以发现非营利性民办学校其实是民间非营利组织的一个类型，是民间非营利组织在教育领域中的具体表现。

民政部、教育部联合印发的《教育类民办非企业单位登记办法（试行）》

第二条规定:"办法所称的教育类民办非企业单位,主要指:经县级以上地方人民政府或县级以上地方人民政府教育行政部门审批设立的,由企业事业组织、社会团体及其他社会组织和公民个人,利用非国家财政性教育经费,面向社会举办的学校及其他教育机构。"2016年教育部等五部门发布的《民办学校分类登记实施细则》规定:"正式批准设立的非营利性民办学校,符合《民办非企业单位登记管理暂行条例》等民办非企业单位登记管理有关规定的到民政部门登记为民办非企业单位,符合《事业单位登记管理暂行条例》等事业单位登记管理有关规定的到事业单位登记管理机关登记为事业单位。"但是,从目前实际情况看,我国绝大多数非营利性民办学校在民政部门登记为民办非企业单位,在法人形态上称为"民办非企业单位法人"。民办非企业单位是"从事非营利性社会服务活动的社会组织"(《民办非企业单位登记管理暂行条例》)。总之,无论是从教育类法律法规,还是从关于民办非企业单位或民间非营利组织的法律法规的规定来看,都可以将我国非营利性民办学校归类为民间非营利组织。

当然,在现实中,由于历史原因,某些非营利性民办学校的举办者拥有对学校的控制权,有时会采取多种方法从民办学校中转移资金或间接提取相应回报。例如,有的非营利性民办学校举办者可能自行向学校派驻人事、财务、行政人员,把控关键岗位,而且这些关键岗位直接向举办者负责,这可能会使一些重大资金的往来绕过校长办公会、理事会或党委会的讨论;还有的非营利性民办学校的重要项目采购的招投标制度不完善,举办方的关联方在教材购买、基础设施建设和维修、教学设备采购、食堂物业等经营性业务交易方面享有优先权,这些关联交易的合规性、合理性和公允性有待加强。因此,要使非营利性民办学校名实相符,真正保证其非营利性,还需要加强内部控制和外部监管。

第二节 非营利性民办学校内部控制制度基础

一、非营利性民办学校内部控制制度基础的发展进程

在分析了我国民办学校组织性质演变以及非营利性民办学校的组织特

征之后，本书将回溯改革开放以来有关民办学校的相关政策法规。需要指出的是，在分类管理实施前的很长一段时间里，我国政策法规几乎是按照非营利组织来看待和管理民办学校的。例如1995年颁布的《中华人民共和国教育法》第二十五条规定"任何组织和个人不得以营利为目的举办学校及其他教育机构"；1997年出台的《社会力量办学条例》（已废止）第六条规定"社会力量举办教育机构，不得以营利为目的"。2004年财政部发布的《民间非营利组织会计制度》，把大量民办学校所登记注册的"民办非企业单位"视为民间非营利组织，要求适用该制度的民间非营利组织具有以下特征："（一）该组织不以营利为宗旨和目的；（二）资源提供者向该组织投入资源不取得经济回报；（三）资源提供者不享有该组织的所有权。"[①]可见，民办学校在按照分类管理政策法规重新选择登记前，仍可被政策法规视为非营利组织。因此，这些政策法规适用于非营利性民办学校。分类管理实施后，本书所梳理的政策法规很多具有通用性，它们也没有从营利性与非营利性角度区分适用范围，因而同样适用于非营利性民办学校。总之，这些政策法规能够为非营利性民办学校内部控制规范的构建奠定基础。

1. 制度建设起步期（1978—1997年）

改革开放后，我国民办教育事业如雨后春笋般发展起来。这一时期的民办教育政策，主要以"社会力量办学"代指民办教育。一方面，这些政策包含在综合性教育政策之中；另一方面，国家教委也出台了一系列针对社会力量办学的专项政策。

在综合性教育政策方面，1982年第五届全国人民代表大会第五次会议通过的《中华人民共和国宪法》第十九条第四款规定："国家鼓励集体经济组织、国家企业事业组织和其他社会力量依照法律规定举办各种教育事业"。这是我国第一次在宪法中对社会力量办学作出原则性规定。1985年，《中共中央关于教育体制改革的决定》提出"地方要鼓励和指导国营企业、

[①] 财政部会计司编写组. 民间非营利组织会计制度讲解[M]. 北京：人民出版社，2005：10. 2024年修订后的《民间非营利组织会计制度》对这三条内容做了修改，改为："（一）为公益目的或者其他非营利目的成立；（二）资源提供者向该组织投入资源不取得经济回报；（三）资源提供者对该组织的财产不保留或享有任何财产权利。"

社会团体和个人办学，并在自愿的基础上，鼓励单位、集体和个人捐资助学，但不得强迫摊派""鼓励各民主党派、人民团体、社会组织、离休退休干部和知识分子、集体经济单位和个人，遵照党和政府的方针政策，采取多种形式和办法，积极地自愿地为发展教育贡献力量"。1986年颁布的《中华人民共和国义务教育法》第九条也重申："国家鼓励企业、事业单位和其他社会力量，在当地人民政府统一管理下，按照国家规定的基本要求，举办本法规定的各类学校。"1993年中共中央、国务院发布的《中国教育改革和发展纲要》提出："改革办学体制。改变政府包揽办学的格局，逐步建立以政府办学为主、社会各界共同办学的体制。在现阶段，基础教育应以地方政府办学为主。……国家对社会团体和公民个人依法办学，采取积极鼓励、大力支持、正确引导、加强管理的方针。"1994年发布的《国务院关于〈中国教育改革和发展纲要〉的实施意见》提出："基础教育主要由政府办学，同时鼓励企事业单位和其他社会力量按国家的法律和政策多渠道、多形式办学。有条件的地方，也可实行'民办公助'、'公办民助'等形式。"1996年发布的《全国教育事业"九五"计划和2010年发展规划》规定："'九五'期间，加强社会力量办学的立法工作，以中等和中等以下教育，特别是各级职业教育为重点，积极发展各类民办学校。……到2010年，基本形成以政府办学为主，社会各界共同参与的办学体制及公立学校和民办学校共同发展的格局。"这些政策主要从鼓励的角度出发，倡导多元主体采用多种方式，按照政策法规规定办学。

在专项政策方面，这一时期国家教委单独或会同其他部门发布了一系列关于社会力量办学的规范性文件。比如，《关于不得乱登办学招生广告的通知》（由中共中央宣传部、国家教委联合发布）、《关于社会力量办学的若干暂行规定》、《社会力量办学财务管理暂行规定》（由国家教委和财政部联合发布）、《关于社会力量办学几个问题的通知》、《社会力量办学教学管理暂行规定》（已废止）、《关于跨省、自治区、直辖市办学招生广告审批权限的通知》（已失效）、《社会力量办学印章管理暂行规定》（已废止）等，均对社会力量办学提出了管理和规范的要求。1993年，国家教委颁布了部门规章《民办高等学校设置暂行规定》（已废止），系统规定了民办高等学校的办学方针、设置申请、评议审批、变更与调整等内容。1996年发布的《关于加强社会力量办学管理工作的通知》，提出要建立健全社会力量办学的审批制度、规范学校名称、加强对招生广告（简章）的审核和管理、加强对学校教育质量的检查和评估、加强对学校收费及财产财务的管理和监督等。1997年出台的《社会力量办学条例》（已废止），对社会力量办学的领域、原则，以及机构设立、教学和行政管理、财产财务管理、保障扶持和法律责任等方面进行了规定，可谓是对以往政策的系统集成,这是我国改革开放20年来民办教育法制化建设的最大成果。此外，这一时期国家教委出台的《幼儿园工作规程（试行）》（已废止）、《小学管理规程》等也对民办幼儿园和民办小学的良性运营进行了规范。

2. 制度建设完善期（1998—2015年）

"1998年，全国人大常委会将民办教育立法列入九届人大常委会立法规划，由全国人大教科文卫委员会牵头起草"[①]，这开启了我国民办教育法制建设的新历程。1999年发布的《中共中央、国务院关于深化教育改革全面推进素质教育的决定》提出："进一步解放思想、转变观念，积极鼓励和支持社会力量以多种形式办学，满足人民群众日益增长的教育需求，形成以政府办学为主体、公办学校和民办学校共同发展的格局。凡符合国家有关法律法规的办学形式，均可大胆试验。在发展民办教育方面迈出更大的步伐。鼓励社会力量以各种方式举办高中阶段和高等职业教育。经国家教育行政主管部门批准，可以举办民办普通高等学校。在保证适龄儿童、少年均能就近进入公办小学和初中的前提下，可允许设立少数民办小学和初中，在这个范围内提供择校机会，但不搞'一校两制'。积极发展以社区为依托的、公办与民办相结合的幼儿教育。要因地制宜地制定优惠政策（如土地优惠使用、免征配套费等），支持社会力量办学。"整体上看，该文件对民办教育持积极鼓励、大力支持的态度，很好地推动了我国民办教育在新世纪的发展。

2002年12月28日，历时四年的调研、论证，经全国人大常委会四次审议，九届全国人大常委会第三十一次会议终于表决通过了《中华人民共和国民办教育促进法》。2002年版的《中华人民共和国民办教育促进法》对民办教育的范围、性质、发展方针，民办学校的设立、变更和终止，民

---

① 张春生. 中华人民共和国民办教育促进法释义[M]. 北京：法律出版社，2003：172.

办学校的内部管理和组织活动，民办学校的教师和受教育者，民办学校的资产和财务管理，民办学校的管理和监督，民办学校的扶持和奖励，民办学校的法律责任等，都进行了详细规定。该法的诞生，对于进一步优化民办教育发展的法制环境，促进民办教育事业的快速健康发展，维护民办学校教职工和受教育者的合法权益等具有重大而深远的意义。它不仅体现了我国民办教育政策法规体系的完善，而且标志着我国民办教育地位的不断提升，是我国民办教育法制建设进程中的里程碑。为迎接加入世界贸易组织的挑战，2003年，国务院公布了《中华人民共和国中外合作办学条例》，该条例指出，除义务教育和军事、警察、政治等特殊性质教育外，国家鼓励中外合作办学，特别鼓励在高等教育、职业教育领域开展中外合作办学。2004年，国务院公布了《中华人民共和国民办教育促进法实施条例》，该条例对《中华人民共和国民办教育促进法》的原则性规定进行了细化，使其更具有可操作性。比如，对民办学校的准入门槛、举办者资质、重要岗位人员的任职资格、内部管理制度、决策机构的设置和运行、资产和财务管理等方面也进行了更为细致的规定。自此，我国民办教育进入了依法建设、依法管理的新阶段。

2006年发布的《国务院办公厅关于加强民办高校规范管理引导民办高等教育健康发展的通知》，对学校资产过户等问题做出了明确要求。同年，《中共中央组织部、中共教育部党组关于加强民办高校党的建设工作的若干意见》发布，要求明确民办高校党组织的作用和职责、全面加强民办高校党组织自身建设、加强和改进民办高校大学生思想政治教育等。2007年，教育部发布《民办高等学校办学管理若干规定》，对民办高等学校的设置要求、资产过户、招生、教师管理、教育督导和年检等方面进行了规定。2007年，《民政部关于进一步做好民办高校登记管理工作的通知》发布，在"规范民办高校的日常管理工作"中要求"建立健全内部管理制度，加强内部制度建设，完善法人治理结构""继续推进民办高校自律与诚信建设，建立健全信息公开和承诺服务制度"。

2008年，《独立学院设置与管理办法》颁布，进一步完善了对于公办本科高校举办民办高校的"五独立"要求。2010年，《国家中长期教育改革和发展规划纲要（2010—2020年）》发布，提出了探索营利性和非营利性民办学校分类管理的举措。2012年，《教育部关于鼓励和引导民间资金进入教育领域促进民办教育健康发展的实施意见》发布，提出了若干鼓励和规范民办学校发展的举措。这些文件的发布，为民办学校提供了许多鼓励发展的优惠政策，同时也规范了民办学校的办学行为，维护了各方的合法权益，使我国民办教育进入一个新的快速发展期。2014年发布的《国务院关于加快发展现代职业教育的决定》要求"推动公办与民办职业教育共同发展"，进而提出了多项"引导支持社会力量兴办职业教育"的创新举措和"健全社会力量投入的激励政策"。2015年，教育部对《民办高等学校办学管理若干规定》进行了修正，修正后的规定在维护民办高校举办者和学校、教师、学生的合法权益方面发挥了重要作用。

3. 制度建设深化期（2016年至今）

2016年11月，十二届全国人大常委会第二十四次会议通过了《关于修改〈中华人民共和国民办教育促进法〉的决定》。修改后的《中华人民共和国民办教育促进法》提出了实施营利性和非营利性民办学校分类管理、加大对民办学校的扶持力度、完善民办教育的管理制度以及做好现有民办学校的过渡安排等重大举措[1]，开启了我国民办教育体制改革的新方向。2016年12月，中共中央办公厅发布了《关于加强民办学校党的建设工作的意见（试行）》，要求充分发挥党组织在民办学校中的政治核心作用、推进党的组织和党的工作在民办学校的有效覆盖、选好管好民办学校党组织书记、建立健全党组织参与决策和监督机制、做好发展党员和党员教育管理工作、抓好思想政治教育和德育工作、加强对民办学校党建工作的领导。2016年12月，《国务院关于鼓励社会力量兴办教育促进民办教育健康发展的若干意见》发布，要求加强党对民办学校的领导、创新体制机制、完善扶持制度、加快现代学校制度建设、提高教育教学质量、提高管理服务水平等，为支持和规范民办教育发展提供了新的指南。

与此同时，教育部等五部门发布了《民办学校分类登记实施细则》、教育部等三部门印发了《营利性民办学校监督管理实施细则》，对民办学校分类登记以及营利性民办学校监督管理等方面进行了规定。面对民办教

---

[1] 袁曙宏，李晓红，许安标．《中华人民共和国民办教育促进法》释义[M]．北京：中国民主法制出版社，2017：29-44．

育出现的新情况，国家对民办幼儿园和义务教育阶段民办学校提出了相应的规范要求。各地逐渐增加民办普惠园的比例，调减义务教育阶段民办学校的占比。在此过程中，教育部持续推进独立学院转设。2018 年，《中华人民共和国民办教育促进法》第三次修订。2020 年教育部修订了 2004 年出台的部门规章《教育系统内部审计工作规定》。2021 年 4 月，国务院公布了新修订的《中华人民共和国民办教育促进法实施条例》，新条例不仅对原有条例中一些条款做了大幅修改，而且在公办学校举办民办学校、民办学校设立变更终止、民办学校信息披露、资产与财务管理、关联交易等方面做出了新的规定。2021 年 7 月，《教育部等八部门关于规范公办学校举办或者参与举办民办义务教育学校的通知》发布，启动了义务教育阶段"公参民"学校的转设工作。2025 年发布的《教育强国建设规划纲要（2024—2035）》提出"引导规范民办教育发展""发挥各级教育基金会作用，引导规范社会力量投入和捐赠教育"的举措。可以说，自 2016 年以来，我国出台了一系列引导和规范民办教育发展的新措施，其综合性、全面性和实效性前所未有。

此外，面对校外培训机构加重学生课业负担的问题，国家对校外培训机构进行重拳整治。2018 年，《国务院办公厅关于规范校外培训机构发展的意见》发布，要求校外培训机构必须经审批取得办学许可证后，登记取得营业执照（或事业单位法人证书、民办非企业单位登记证书），才能开展培训。这一阶段政策的主要目的是促进校外培训机构合规发展。2021 年，中央办公厅、国务院办公厅出台"双减"政策（《关于进一步减轻义务教育阶段学生作业负担和校外培训负担的意见》），提出了坚持从严治理、全面规范校外培训行为的要求，规定现有学科类培训机构统一登记为非营利性机构，不得占用国家法定节假日、休息日及寒暑假期组织学科类培训等。此后，教育部单独或联合其他部委，针对学科类校外培训认定标准、中小学生校外培训材料管理、从业人员管理、消防安全检查、加强行政执法、学科类隐形变异培训防范治理等出台了配套政策，如 2021 年发布的《义务教育阶段校外培训项目分类鉴别指南》《中小学生校外培训材料管理办法（试行）》《校外培训机构从业人员管理办法（试行）》，2022 年发布的《校外培训机构消防安全管理九项规定》《关于加强教育行政执法 深入推进校外培训综合治理的意见》《关于进一步加强学科类隐形变异培训防范治理工作的意见》等，有效减轻了中小学生在校外培训上的负担。截至2022年10月，义务教育阶段线下线上学科类校外培训机构数量得到大幅度压减。①2023年3月，教育部办公厅等五部门联合印发《校外培训机构财务管理暂行办法》，该办法对校外培训机构的财务管理体制、资金筹集、资金营运、资产和负债管理、收益分配、财务清算、财务监督等方面进行了规定，目的在于保障相关利益主体的合法权益，预防控制校外培训机构的财务运作风险，保障校外培训机构的健康良性发展。2023年8月，教育部公布了《校外培训行政处罚暂行办法》，该办法对校外培训行政处罚实施机关、管辖和适用，以及违法行为和法律责任、处罚程序和执行、执法监督等问题进行了规定，对于加强校外培训监管，规范校外培训行政处罚行为，保护自然人、法人和其他组织的合法权益，将发挥有益的作用。

除民办教育类的政策法规以外，我国针对一般学校常见业务活动的政策法规同样适用于非营利性民办学校。例如，《幼儿园工作规程》《普通高等学校招生违规行为处理暂行办法》《学校教职工代表大会规定》《学校食品安全与营养健康管理规定》等，它们并未从公办或民办角度区分适用范围，因而在规范公办学校办学行为的同时对民办学校也有约束力，同样可以成为非营利性民办学校内部控制的相关制度基础。

总的来看，改革开放以来，我国在社会力量办学领域或民办教育领域进行了大量的制度建设，形成了从党中央文件到部委规范性文件的制度体系（见表4.1）。这些制度中有许多内容与内部控制要素相关，从而为我国非营利性民办学校内部控制规范的构建奠定了坚实的制度基础。

表 4.1 我国非营利性民办学校内部控制制度基础

类别	政策法规举例
党中央文件	《中国教育改革和发展纲要》《国家中长期教育改革和发展规划纲要（2010—2020年）》《关于加强民办学校党的建设工作的意见（试行）》《中国教育现代化2035》
全国人大及其常委会制定的法律	《中华人民共和国教育法》《中华人民共和国高等教育法》《中华人民共和国义务教育法》《中华人民共和国教师法》《中华人民共和国民办教育促进法》

---

① 怀进鹏. 国务院关于有效减轻过重作业负担和校外培训负担，促进义务教育阶段学生全面健康发展情况的报告[EB/OL]. （2022-10-29）[2024-08-13]. http://www.npc.gov.cn/npc/c2/c30834/202210/t20221029_320032.html.

续表

类别		政策法规举例
国务院行政法规及规范性文件		《中华人民共和国民办教育促进法实施条例》《国务院关于鼓励社会力量兴办教育促进民办教育健康发展的若干意见》《中华人民共和国中外合作办学条例》
国务院部门规章	教育部	《教育系统内部审计工作规定》《独立学院设置与管理办法》《民办高等学校办学管理若干规定》《幼儿园工作规程》《普通高等学校招生违规行为处理暂行办法》《学校教职工代表大会规定》《学校食品安全与营养健康管理规定》《学生伤害事故处理办法》等
	其他部委	财政部《民间非营利组织会计制度》
部委规范性文件		《教育部关于鼓励和引导民间资金进入教育领域促进民办教育健康发展的实施意见》

二、非营利性民办学校内部控制制度基础的重点分布

本小节结合内部控制的相关要素，聚焦历史上支持和规范民办教育发展的主要政策法规，梳理了一些内容要点，以明确非营利性民办学校内部控制制度基础的重点分布情况。

1. 组织架构与人力资源方面

在控制环境方面，已有的政策法规着力加强学校组织架构和人力资源方面的控制。《社会力量办学条例》（已废止）、《中华人民共和国民办教育促进法》及其实施条例，把推动社会力量举办的教育机构或民办学校建立权责明确、运行顺畅、监督有力的治理结构和内部组织机构当作重要事项；同时强调加强教师权益保护，致力于防范社会力量举办的教育机构或民办学校在人力资源管理方面可能出现的风险。

在组织架构方面，《社会力量办学条例》（已废止）的规定较为简单，主要体现在第二十一条至二十四条。这些条款对社会力量举办的教育机构的校董会和校长的职责、选任要求、亲属回避，以及工会组织等方面进行了规定。2018 年修订后的《中华人民共和国民办教育促进法》则对民办学校理事会或董事会成员的来源、组成、职权，校长的任职条件、职权，教职工代表大会和工会组织等方面进行了详细规定。2021 年修订后的《中华人民共和国民办教育促进法实施条例》对民办学校理事会、董事会负责人

提出了相应要求。尤其要求将党组织负责人、教职工代表列入决策机构之中，并鼓励吸收社会公众代表，根据需要设立独立理事或独立董事，使得决策机构成员更加多样化。在议事规则方面，该条例进一步细化了理事会或董事会每年召开会议的次数、表决通过条件等。在校长方面，进一步明确了校长的教育教学和行政管理职权。总之，在组织架构方面，现有关于民办教育的法律法规从决策、执行、监督三位一体角度，构建了保障民办学校正常运行的治理体系，并对民办学校重要管理人员的来源、构成、从业条件、职权和议事规则等方面进行了规范，应该说是较为详细的。

在人力资源方面，《关于社会力量办学的若干暂行规定》只是要求"社会力量办学聘请在职人员作兼职教师或兼职行政工作人员，须经受聘人所在单位批准，并与受聘人所在单位及受聘人签订聘约或合同"。《社会力量办学条例》（已废止）中有关于社会力量举办的教育机构的教师聘任自主权、教师的任职资格条件、签订聘任合同和聘任外籍教师的规定。2018年修订后的《中华人民共和国民办教育促进法》进一步固化并细化了这些规定。在第四章中，明确了民办学校教职工在业务培训、职务聘任、教龄和工龄计算、表彰奖励、社会活动等方面依法享有与公办学校教职工同等权利，并要求对教师进行思想品德教育和业务培训，保障教职工的工资、福利待遇等。2021年修订后的《中华人民共和国民办教育促进法实施条例》主要强调了民办学校教师应具备相应教师资格或专业资格，民办学校自主招聘教师，民办学校应与教师签订劳动或聘用合同，公办教师未经所在学校同意不得在民办学校兼职，民办学校聘任外籍人员应按照国家有关规定执行。该条例结合新的发展形势，对保障教职工的薪资待遇尤其是社会保险费和住房公积金、职业年金或者企业年金等补充养老保险、职业激励、待遇保障、档案建立、职务评聘、合理流动等方面进行了强调和细化补充。总体来看，相关法律法规主要从教师的准入、劳动保障、公平待遇等方面进行了规定，着力规范民办学校教师的聘用任职流程，消除歧视民办学校教师的现象，保障民办学校教师的合法权益。

2. 关键业务活动控制方面

民办学校的业务活动既涉及招生和发证首尾两端，也包括中间培养过程中的教育教学的主要环节，如专业设置、课程开设、教材选用、质量监督等。

1987年发布的《关于社会力量办学的若干暂行规定》，规定社会力量办学应面向学校所在地区招生，对跨省（自治区、直辖市）办学提出了审批要求。还规定社会力量办学的招生广告，须经过教育行政部门审查批准并出具证明，方可刊登、播放、张贴；社会力量举办的未取得颁发国家学历证书资格的各级各类学校，不得颁发毕业证书，可以在学生学习结束后发放"结业证明"；社会力量办学的经费自行筹集，但必须遵守收费标准，并且不得以办学为名非法牟利。1997年出台的《社会力量办学条例》（已废止）也对招生、专业设置、教学内容、教材选用，以及培训证书或其他学业证书、职业资格证书或技术等级证书的发放等内容系统性地做出了原则性规定。该条例允许社会力量举办的教育机构按照国家要求自主招生，规定其"招生简章和广告，须经审批机关审查后，方可发布"。还提出社会力量举办的教育机构的教育教学应当符合国家规定，按照国家和地方制定的课程计划、教学大纲进行教学，使用经省（自治区、直辖市）人民政府教育行政部门审定的教材，同时要建立相关的学籍制度和教学管理制度。

2018年修订后的《中华人民共和国民办教育促进法》进一步细化了这些规定，主要涉及招收学生的学历证书、结业证书、培训合格证书和职业资格证书的发放等内容。在"管理与监督"章节中要求教育行政部门及有关部门对民办学校的教育教学、教师培训进行指导，实行督导，建立信息公示和信用档案制度，同时要求民办学校将招生简章和广告备案。2021年修订后的《中华人民共和国民办教育促进法实施条例》在第三章中，从第二十九条开始，用了更多篇幅来规范民办学校的业务活动。在授权民办学校自主开展教育教学活动的同时，针对新形势下民办学校发展中的突出问题进行了细化规定。要求实施义务教育的民办学校不得使用境外教材，实施学前教育的民办学校开展保育和教育活动应遵循儿童身心发展规律，职业资格培训和职业技能培训民办学校不得教唆或组织学员以不正当手段获取职业资格证书或成绩证明，招生简章或广告承诺应名实相符，实施学前教育、学历教育的民办学校享有与同级同类公办学校同等的招生权，实施义务教育的民办学校不得组织或者变相组织学科知识类入学考试、不得提前招生等。应该说，与《关于社会力量办学的若干暂行规定》和《社会力量办学条例》（已废止）相比，《中华人民共和国民办教育促进法》及其实施条例在赋予民办学校具体业务自主权的同时，推出了更多落地务实和具有针对性的规范举措。

案例 4.1：从某某招生诈骗案[①]

从某某在未取得相应办学资质，不具有招生和办学条件的情况下，伪造宿州市某职业培训学校、宿州市某职业学校的印章，并于 2013 年、2014 年以两所学校的名义与山东某职业学院签订联合招生协议书。之后，在安徽省宿州市等地区张贴、散发联合招生简章等广告，向学生承诺三年内可以拿到大专毕业证书，并以收取报名费、信息采集费、学费等为由，骗取 70 余名被害人共计 56 万余元。同时，从某某还在宿州市埇桥区某商场对面一打字复印社附近，私刻了安徽省某学院继续教育学院、宿州市某职业培训学校、安徽省砀山县某中学、山东某职业学院、宿州市某职业学校等单位印章。

一审法院认为从某某犯诈骗罪、伪造事业单位印章罪，判处有期徒刑十年六个月，并处罚金 10 万元，没收相关财产及伪造公章，责令其退赔被害人欠款 47.5895 万元。

从以上案例可以看出，尽管国家一直在加强招生业务的管理，但是现实中仍有虚假招生等违规招生现象出现。尤其在优质学校资源紧张的情况下，一些民办学校举办者或工作人员通过受托办理入学、办理证书等方式实施诈骗行为，也因此受到了法律制裁。案例中的民办学校内部控制存在的主要问题有：一是控制环境中的诚信与道德价值观、社会责任缺失，案例中的民办学校本身没有办学资质，但从某某仍旧违背基本的诚信正直经营原则进行欺骗式招生；二是控制活动中的招生业务活动缺乏相应控制，招生简章的制作、发布、收费等环节的风险点缺乏控制。这也从另一个角度说明，加强民办学校内部控制，对于防范违规风险具有十分重要的意义。

[①] 根据中国裁判文书网案例做了删改和整理。中国裁判文书网. 从某某诈骗、伪造公司、企业、事业单位、人民团体印章一审刑事判决书(2016)皖 1302 刑初 827 号[EB/OL].（2019-12-11）[2024-08-13]. https://wenshu.court.gov.cn/.

3. 资产与财务活动管理方面

资产与财务活动管理一直是国家对民办学校进行内部规范的重点。1987 年发布的《关于社会力量办学的若干暂行规定》，就规定社会力量办学的经费自行筹集，但收费标准和办法由省（自治区、直辖市）教育行政部门会同有关部门共同制定。与此同时，该文件还规定社会力量举办学校的全部收入以及固定资产，归学校所有。学校须建立健全财务管理制度，坚持财务公开、勤俭办学的原则，严格遵守国家财经纪律，接受财政、银行、审计、教育等有关部门的监督和检查。1997 年出台的《社会力量办学条例》（已废止）对此进行了细化。主要涉及三个方面：一是收费。要求收费标准应当根据实际成本等加以核定，并遵照国家有关规定收取费用。二是财产独立性。为了确保社会力量举办的教育机构财产的独立性和稳定性，要求其财产不得转让、用于担保，任何个人和单位不得侵占。社会力量举办的教育机构的积累只能用于增加教育投入和改善办学条件，不得用于分配，不得用于校外投资。三是财务制度建设。要求社会力量举办的教育机构按照事业单位会计制度设置会计账簿，并编制相应的财务会计报告报审批机关审查。2015 年教育部修正后的《民办高等学校办学管理若干规定》针对民办高校提出了财务内部控制制度的要求。其第二十一条规定："民办高校依法设置会计机构，配备会计人员。会计人员必须取得会计业务资格证书。建立健全内部控制制度，严格执行国家统一的会计制度"。

2018 年修订后的《中华人民共和国民办教育促进法》继续深化了这方面的制度建设。一是强调民办学校的收费标准根据办学成本及市场需求等因素确定，向社会公示并接受主管部门的监督，收取的费用主要用于教育教学活动、改善办学条件和保障教职工待遇。同时明确了非营利性和营利性两类民办学校的收费确定办法。二是规定民办学校对举办者投入的资产、国有资产、受赠的财产以及办学积累，享有法人财产权。三是要求民办学校建立财务、会计制度和资产管理制度。四是规定民办学校的资产应该受监督，民办学校应制作财务会计报告，委托会计师事务所依法进行审计并公布审计结果。2021 年修订后的《中华人民共和国民办教育促进法实施条例》在细化这方面的规定的同时，重点针对民办学校的关联交易进行了补充规定。要求实施义务教育的民办学校不得与利益关联方进行交易。其他民办学校与利益关联方进行交易的，不得损害国家利益、学校利益和师生权益。同时要建立利益关联方交易的信息披露制度，有关部门应加强对非营利性民办学校与利益关联方签订协议的监管。还规定了发展基金的提取比例，要求"非营利性民办学校应当从经审计的年度非限定性净资产增加额中，营利性民办学校应当从经审计的年度净收益中，按不低于年度非限定性净资产增加额或者净收益的10%的比例提取发展基金，用于学校的发展"。总的来看，民办教育类政策法规中关于资产与财务活动管理的规定，更多倾向于保护民办学校的法人财产权，保证财务报告的真实可靠，避免举办者或其他个人抽逃、挪用、侵占民办学校办学经费。这与内部控制目标中的真实完整报告目标、资产安全及有效使用目标等具有一致性。

三、现有非营利性民办学校内部控制制度基础的特征

1. 日益完善的制度为内部控制规范建设奠定了良好基础

改革开放40多年来，针对民办教育改革发展中面临的主要问题，我国出台了一系列法律法规、国务院部门规章和行政规范性文件，整体而言，民办教育制度建设呈现出四个密集期。这四个密集期分别在1997年后[《社会力量办学条例》（已废止）实施后]、2004年后（2004年版《中华人民共和国民办教育促进法实施条例》实施后）、2010年后（《国家中长期教育改革和发展规划纲要（2010—2020年）》实施后）、2018年后（2018年版《中华人民共和国民办教育促进法》实施后）。这些政策法规从民办教育最核心的业务，如招生广告的审批备案、招生区域的限制、招生方式的调整（如公民同招），到教材选用、教师准入、教学规范、安全管理、毕业认定，再到支撑民办学校持续发展的融资过程、治理体系、会计行为、财产保护、外部监督等，都进行了较好的规范。这些规范也适用于非营利性民办学校。总之，改革开放40多年来，我国针对民办教育的制度建设不断加强，成效和经验是令人瞩目的，这为非营利性民办学校内部控制规范建设奠定了良好基础。

2. 以风险管理为导向的系统性内部控制规范构建尚显不足

风险是组织和社会所面临的一种不确定性及其可能导致的不利后果或

损失。以风险管理为导向的内部控制,并不是强调完全规避风险,而是在"为增加利益相关者价值而奋斗的同时,要确定承受多大的不确定性"[①]。因为风险同时蕴含着挑战与机会,所以组织要能够觉察和管理可能面临的风险及其带来的机会,明确自己的风险容限和风险容量,同时也要找到降低或规避重大风险的方法,避免组织破产倒闭。目前,我国针对非营利性民办学校办学过程的相关制度,较少明确从风险角度出发进行构建。有的制度(如地方构建的风险保证金制度)是从风险角度出发的,但主要是为了防范非营利性民办学校可能带来的社会性风险,比如学校如果破产倒闭将导致学生家长所交学杂费无法退还、聘用教师工资无法发放、遣散的学生需要重新安置等。此外,还需要更多地从非营利性民办学校角度考虑其运营风险。

内部控制规范可以有效整合内部风险和外部风险这两方面的风险。内部控制首先考虑的是非营利性民办学校自身的运营风险,通过风险目标设定、风险识别、风险分析和风险应对,确保非营利性民办学校得以实现战略目标、合法合规目标和持续经营目标。当然,非营利性民办学校在实现这些目标的过程中,也会嵌入国家政策和法律法规的要求,从而防范因不规范运营可能带来的社会风险。因此,以非营利性民办学校风险管理为导向的系统性内部控制规范构建,不仅可以为非营利性民办学校健康可持续运营提供保障,也会在很大程度上降低非营利性民办学校外溢的社会风险。

3. 内部控制视角下的控制要素和内容存在一些薄弱环节

有学者在针对民办高校的研究中指出,民办高校内部的办学理念与定位的偏差、内部管理不规范、融资渠道不通畅是导致民办高校出现风险的主要原因。其后续的研究从战略决策、教育质量、招生就业、财务管理等角度,提出了不同方面所面临风险的表现、成因及应对策略。[②]已有关于非营利性民办学校内部规范的相关制度基础在组织架构和人力资源、关键业务活动、资产与财务活动管理方面着墨较多,可以说有效防范了非营利性民办学校在内部治理、教育质量、招生就业、资产财产方面可能出现的问

---

① 〔美〕COSO. 企业风险管理:整合框架[M]. 2版. 方红星,王宏译. 大连:东北财经大学出版社,2017:1.
② 李钊. 民办高校办学风险防范研究[M]. 北京:社会科学文献出版社,2009:94-127;李钊. 民办高校风险管理:理论与实践[M]. 北京:教育科学出版社,2012:55-243.

题，但从内部控制视角来看，也存在一些薄弱环节。

如表 4.2 所示，内部控制要素中，控制环境里的社会责任、组织文化、诚信与道德价值观等既体现民办教育事业的公益性，又影响立德树人的质量，现有国家教育方针、教师专业标准和职业道德规范等对此都有所要求，但在民办教育政策法规中体现和强调得还不够。在重大的经济业务如筹资、采购、合同、工程项目等方面，教育领域缺乏针对非营利性民办学校的更为详细的指导性规范。在信息与沟通要素方面，虽然现有政策法规要求非营利性民办学校通过向社会公开办学条件、教育质量等信息，实现与社会沟通，但内部信息沟通和外部信息沟通的机制还需要强化。在监控与评价方面，现有政策法规对非营利性民办学校办学规范和质量的监督评价的规定比较丰富，但在激发非营利性民办学校自我查找和报告缺陷、主动修正缺陷的积极性方面，仍有待加强。因此，从内部控制框架来看，目前制度基础中针对非营利性民办学校内部控制的一些要素和内容的规定仍存在薄弱环节，需要补充和完善。

表 4.2 非营利性民办学校内部控制制度基础情况

控制要素		子要素	制度基础充足	制度基础不足
控制环境		发展战略		√
		组织文化		√
		诚信与道德价值观		√
		社会责任		√
		人力资源	√	
		组织架构	√	
风险评估		目标设定		√
		风险识别		√
		风险分析		√
		风险应对		√
控制活动	基本活动控制	不相容职务分离控制		√
		授权审批控制		√
		会计系统控制	√	
		运营分析控制		√
		财产保护控制	√	
		全面预算控制	√	

续表

控制要素	子要素		制度基础充足	制度基础不足
控制活动	具体业务内部控制	资金活动内部控制	√	
		资产管理内部控制	√	
		财务报告内部控制	√	
		合同业务内部控制		√
		采购业务内部控制		√
		招生业务内部控制	√	
		教学业务内部控制	√	
		业务外包内部控制		√
		投资业务内部控制		√
		筹资业务内部控制		√
		研发业务内部控制		√
		工程项目内部控制		√
信息与沟通				√
监控与评价			√	

第五章 非营利性民办学校内部控制相关规范建设与实施的案例研究

2016年修订通过的《中华人民共和国民办教育促进法》明确了民办学校实行营利性和非营利性分类管理的改革方向。在政策指导下，一些民办学校通过不同流程，实现分类管理。许多非营利性民办学校尽管在民间非营利组织的税收优惠认定上还达不到所有条件而难以获得认定，但其通过在章程中明确规定举办者不分配结余、学校清算后不分配剩余财产等方式，使非营利性得到进一步强化。那么，这些非营利性民办学校在内部控制方面是否建立了相应的专门规范？这些规范是如何运行的？本章主要采用案例研究法对不同层级的非营利性民办学校进行研究。我们通过实地调查选取了两所非营利性民办高校作为案例，因为非营利性民办高校规模大、组织架构复杂、工作流程多、人员多，建立内部控制规范的需求更加迫切。此外，我们还通过文献调查选取了四所非营利性民办学校，分析其内部控制体系建设情况。本章旨在通过案例研究，了解非营利性民办学校内部控制的制度基础在实践中的运行状况。

第一节 基于实地调查的案例呈现与分析

一、某非营利性民办普通本科院校内部控制相关规范建设与实施状况

1. 学校发展背景与概况

某非营利性民办普通本科院校原系"独立学院"，由某公办普通本科院校和企业于2001年合作成立。"独立学院"是我国高等教育大众化进程

中多元化办学模式探索的产物，国家出台了相应文件对其予以认可和规范。教育部 2015 年修订后的《独立学院设置与管理办法》规定："独立学院，是指实施本科以上学历教育的普通高等学校与国家机构以外的社会组织或者个人合作，利用非国家财政性经费举办的实施本科学历教育的高等学校。"在实践中，独立学院通常由公办普通本科院校与企业组织或公民个人合作举办。然而，正是在这种混合所有制办学模式下，有的独立学院过度依赖母体公办普通本科院校，导致在法人地位落实、产权清晰归属、办学条件达标、治理结构健全等方面与民办普通本科院校相比存在较大差距，因此国家引导和鼓励独立学院进行转设。

2006 年发布的《教育部关于"十一五"期间普通高等学校设置工作的意见》提出："独立学院视需要和条件按普通高等学校设置程序可以逐步转设为独立建制的民办普通高等学校。"2017 年发布的《教育部关于"十三五"时期高等学校设置工作的意见》要求："对布局合理，条件具备，办学行为规范的独立学院，鼓励按照普通高等学校设置程序，申请转设为独立设置的本科学校。"2020 年教育部发布《关于加快推进独立学院转设工作的实施方案》，提出了"转为公办、转为民办、终止办学"三种路径。这些政策，为独立学院向民办普通本科院校转型提供了遵循。

在政策指导下，经公司举办方与公办普通本科院校友好协商，该独立学院在学校校名、产权安排、设施设备、师资队伍等方面与母体本科院校脱离，转设成为非营利性民办普通本科院校，继续开展本专科层次的办学。

该学校开设了涵盖文学、工学、理学、经济学、管理学、教育学、艺术学等学科门类的本专科专业 50 余个，在校生超过 20000 人，教师千余人。转设后学校在章程中明确规定："学校……是利用非国家财政资金举办主要从事教育活动的社会服务机构，办学性质为非营利性，办学者不取得办学收益，学校的办学结余全部用于办学。"在破产清算后剩余财产的处置上，章程规定清偿有关债务后的"剩余财产继续用于其他非营利性学校办学"。因此，学校在财产安排上具有了非营利组织的"非利润分配性"的关键特征。在会计事务上，学校章程规定"学校执行《民间非营利组织会计制度》"。

2. 学校内部控制相关规范建设与实施情况

在内部控制方面，该学校没有发布明确的内部控制规范，没有设置专门的内部控制管理部门，但是学校在内部管理过程中制定了许多管理制度和工作规范，这也间接促进了内部控制规范的建设与实施。

1）控制环境

学校控制环境主要涉及组织架构、发展战略、组织文化、人力资源、社会责任、诚信与道德价值观等方面。

在组织架构方面，有下列举措。①学校层面的机构设置。从学校的顶层设计来看，学校规定了举办者的权利义务，建立了以理事会、党委会、监事会校级行政班子等为基础的治理结构。学校在章程中规定了不同治理机构成员的来源、组成以及各自的权力范围，规定了不同治理机构的议事重点和议事程序。与转设前的治理结构相比，其中最大的变化有两点：一是强化了党委会的指导、监督作用。章程及其相关制度对党委会的职责、党委书记的产生、党委会成员的来源及通过"双向进入、交叉任职"方式进入学校领导班子等方面的内容都做了详细规定。二是加强了监事会的组织建设及作用发挥。增加了监事会的组成及其议事规则的相关规定。②二级单位设置。从内部二级单位的机构设置来看，学校根据相关要求和实际情况，设置了18个党务、行政或教辅部门。在党务层面设置了党政办公室、党委组织部、宣传部、统战部等部门；在行政层面设置了人事处、学生处、发展规划处、教务处、财务处等机构；在教辅层面设置了图书馆等4个教辅机构。在二级学院方面，学校设置了数学与计算机学院、管理学院等12个二级学院。在三级组织机构方面，学校在各处室、学院设立了相应的科室和系教研室。从监督机制角度看，学校实际上没有设置具体负责监督的监事办公室，也没有设置纪检监察部门、内部审计部门、内部控制部门。③民主管理机制。学校设置了教职工代表大会、学生会等群团组织，充分发挥联系和服务师生、反映师生诉求的作用。学校还设置了学术委员会、学位委员会、教学指导委员会等专家组织，确保教学科研工作决策的专业性。应该说，学校从纵向的党政部门到横向的学院单位，除二级内部监督机构相对缺乏外，基本形成了职能互补的矩阵式组织架构。

在发展战略方面，学校明确了自己的办学宗旨和办学定位，学校整体定位为"应用型本科高校"。根据实际情况，学校还制定了五年发展规划和年度计划，以及"十四五"发展规划和 2035 远景规划，在分析学校发展面临的挑战和机遇的基础上，提出了人才培养、学科专业、师资队伍、办学条件、国际交流、科研创新方面的发展目标，提出了"三大工程""六大计划"为主体的发展举措，内容涵盖了课堂教学、教风学风、学院建设、产教融合等方面，并从组织、经费、文化等角度予以保障。

在组织文化方面，学校形成了自己独特的包括校名、校徽、主色调等的视觉传达系统，形成了校风、校训等精神文化，并在学校的建筑、门牌、文创产品中加以体现，在学校师生举办的各种活动中加以体现。

在人力资源方面，学校人事部门主导建立了人力资源管理系统，在教师引进和资格准入、绩效考核、薪酬福利保障、职称评聘、教师进修和专业发展、教师奖励惩罚以及组织关系转入转出方面都制定了相关制度，确保教师资源充足且具备工作胜任力。

在社会责任和诚信与道德价值观方面，学校"坚持党对教育事业的全面领导，坚持社会主义办学方向，落实立德树人根本任务，把党的教育方针全面贯彻到学校工作各方面"，坚持内涵发展、产教融合、服务地方，形成特色的发展思路，提高办学质量。另外，对于诚信与道德价值观，学校一般是嵌入职称评审、教学评价、奖励评选等相关制度中，以及在各种大小会议或师生行为准则学习活动中加以强调。

2）风险评估

风险评估主要涉及目标设定、风险识别、风险分析和风险应对。内部控制要求在目标设定上考虑组织的风险容限和风险容量，进而对可能面临的风险进行分析和提出应对措施。从建校至今，这所学校与许多民办高校类似，没有建立常态化的风险评估机制。在一些重大政策实施或重大项目可行性论证中，有适当的专项风险分析，但是内容较浅而且较为形式化。比如，在该校从独立学院向非营利性民办普通本科院校转设过程中，可行性研究报告提及不再使用母体公办普通本科院校品牌、不再接受母体公办普通本科院校的延伸性管理后，学校可能面临的声誉降低风险、生源减少风险或管理失控风险，提及过渡期内学校可能存在的教育教学工作运行风险、学生群体性事件风险、教育教学质量下滑风险，并针对学生群体性事件风险制定了相应的应急预案。但是，这些风险分析和应急预案十分简略，落实的可行性不够。

学校章程中提及的风险主要是财务风险，要求学校必须建立风险预警机制，合理控制负债规模，改善债务结构，充分考虑自身债务风险承受能力，有效防范财务风险。在融资方面，要求学校遵守有关法律法规及制度规定，不得将学校作为举办方及其关联方的融资平台。以学校名义融资的款项，要全部用于满足教育教学发展的需要，不得对外提供担保。但是，在具体的财务制度和财务运行过程中，缺乏具体的风险管控措施。整体上说，这些风险评估措施与内部控制要求相比，不仅覆盖范围较窄、内容较少，而且大量识别、分析和应对措施的操作性较弱，在防范办学过程中的各类风险方面，其作用非常有限。

3）控制活动

学校在资产与财务活动方面，制定了较为全面和详细的制度。学校章程专列资产和财务管理章节，针对法人财产权落实、办学经费筹措、财务管理、会计机构设置、预算管理、资产管理、资产登记、账户管理、交易管理、审计监督、债务管理等业务活动提出了原则性要求。比如，在办学经费方面，章程要求"在每个会计年度结束时，按不低于年度净资产增加额的 10%的比例提取发展基金，用于学校建设、维护和教学设备的添置、更新等"。"学校取得的收入主要用于教育教学活动、改善办学条件和保障教职工待遇，不得在举办者、捐赠人或者理事（或董事）中进行分配。"在会计机构设置方面，要求"学校设置独立的财务机构，统一管理学校财务活动，全面负责具体财务管理工作，制定财务管理制度，牵头编制财务收支预算决算，集中管理学校各种资金和经济资源。学校财务机构应保证会计资料合法、真实、准确、完整。会计凭证、会计账簿、会计报表和其他会计资料，应按国家有关规定建立档案，妥善保管"。同时落实不相容职务分离控制，要求"学校财务机构负责人（会计主管人员）实行职务回避制度"，等等。

在会计系统控制、财产保护控制、全面预算控制、采购控制及可能涉及的资金资产控制等方面，学校也制定了相应的专门制度。学校建立了专门负责财务工作的财务处，制定了《财务管理办法》《财政资金管理办法》

《会计档案管理办法》《预算管理办法》《资金管理制度》《固定资产管理办法》《物资采购管理办法》《物资库房管理制度》《资产盘点制度》《报销管理办法》等。例如，《财务管理办法》包含了财务管理体制、预算管理、举办者出资、资产管理、负债管理、收入费用管理、学校结余及其分配、财务报告和财务分析、财务清算、财务监督等内容。这些内容涉及财务管理方面的不相容职务分离和授权审批制度，涉及预算编制程序、执行和分析。《财政资金管理办法》涉及资金收入、资金支出、支票管理、现金管理、印鉴管理、银行账户管理、发票收据管理和融资管理等方面的内部控制内容。总体上说，在资产与财务活动的内部控制方面，学校制定的管理制度相对较为完善。但是，这些制度大多直接沿用了举办者所在企业的制度，而针对学校非营利性的组织性质和财务管理实际情况所做的修改并不充分。

在学校关键核心业务活动的控制方面，重要的控制举措也较为完善。例如，在工程项目方面，学校设有基建处，主要负责学校的基本建设、房屋维修，并且制定了针对重大工程项目的招标、建设、竣工验收等的多个管理办法。章程要求学校不得对外提供担保，因此担保业务方面无须加以内部控制。在合同业务方面，学校制定了《合同管理办法》，规定党政办公室、后勤处、基建处、财务处根据自身的职责负责相关领域的合同管理。该办法还涉及合同的订立、合同审查的程序、合同的履行、合同的归档管理、合同的检查和考核等方面的业务规范。学校还未建立合同管理信息系统。在招生方面，学校制定了《招生章程》和《招生手册》。《招生章程》根据国家和地方政策要求，详细列述了学校概况、报考条件、招生计划、录取规则、学历学位证书、奖助学金、学费及住宿费、入学及复查等方面的内容，并规定学校需及时向相关部门备案，确保招生工作规范有序。在保证人才培养质量方面，学校设有专门的教务处和学生处。教务处主要负责学校教育教学管理和教学改革工作，履行学籍管理、教材管理、专业建设、运行管理、考试管理、实践教学、教学评估与督导等职责。学生处主要负责学生综合素质培养工作，承担着学生思想政治教育、学生日常教育管理、资助管理、学生公寓管理、就业服务指导、心理健康教育、学生活动组织等多项工作职能。教务处和学生处代表学校出台了诸多人才培养方面的管理制度。总之，在关键核心业务活动控制方面，学校制定的规章制度较为完善，有力地保障了各项工作的正常开展。

4）信息与沟通

学校内部信息搜集、获取、识别与处理，需要建立顺畅的信息渠道。尽管各部门之间原则上的信息沟通渠道是顺畅的，但是学校没有制定相应信息在各部门之间共享的制度，导致一旦需要全校性信息时，牵头处室或主管副校长不得不召开跨部门会议进行信息的临时收集。学校设有信息技术中心，主要承担学校教育信息化和实验室、智慧教室、多媒体教室的规划、建设与管理任务，以及校园网信息技术服务、网络与信息安全管理等工作，还会同相应处室部门，建设相应的信息系统。目前，学校建设了校园一卡通系统、学工系统、人事系统、实验室管理系统、科研平台共享系统、学生实习系统、教务系统、办公OA系统、考试系统、创新创业学分申报系统等，从而确保内部信息的顺畅传递。

沟通主要包括内部沟通和外部沟通。学校内部矩阵式的组织架构为内部沟通奠定了基础。学校内部沟通的主要方式为工作期间的不同层级的沟通，如下级向上级的报告、平级的业务沟通，以及不定期召开的跨部门会议，比如关于招生工作的会议，往往会有党政办公室、招生就业部门、教务处与后勤处参加。学校还会定期召开学生座谈会、教师座谈会、新进教师或青年教师座谈会，以多种形式加强内部沟通。此外，前面提及的学校建立的信息系统，也为各部门及时沟通创造了条件。

在外部沟通方面，学校主要与政府部门、社会公众、媒体进行沟通。学校与教育行政部门、民政部门以及办学所在地的地方政府之间都有顺畅的沟通渠道。由于办学所在地有多所高校办学，地方政府还设置了专门的高校工作部，以加强与高校的沟通，做好各项管理服务工作。在同社会公众沟通方面，学校建有官方网站，并开通了微博、微信公众号以及相应视频平台账号，对外公开学校简介、现任领导、顶层设计、校园文化、教学科研、招生就业、人才师资、国际交流、党团建设等信息，及时向外宣传学校重要工作、教学科研成效。在与媒体沟通方面，学校专门设置了党委宣传部，主要负责学校舆情监测、媒体接待与形象传播等工作。

5）监控与评价

根据章程要求，学校的内部监督主要通过设置内部监督机构来具体实施。内部监督机构包括党委会、监事会、教职工代表大会。党委会的主要职责是：保证政治方向正确、凝聚师生员工、推动学校发展、引领校园文化、参与人事管理和服务、加强自身建设、领导群团组织。党委会成员通过"双向进入、交叉任职"的方式进入学校决策机构和行政管理机构，党委书记进入理事会，党委班子成员进入监事会。在学校理事会、行政班子任职的党员领导干部按照党的有关规定进入党委领导班子。监事会由党委班子成员、教师代表等组成，主要职责是：监督学校的办学活动是否符合党的教育方针、社会主义办学方向，是否符合法律、法规、规章和章程的规定；监督理事会和校长等的履职情况，当理事会和校长等的行为损害学校利益时，要求其予以纠正；检查学校财务。监事会或其成员可以根据监督情况，向登记管理机关、业务主管单位及相关部门反映情况。教职工代表大会主要履行以下监督职责：听取校长工作报告、财务工作报告、工会工作报告以及其他专项工作报告，听取学校发展规划报告、教职工队伍建设报告、教育教学改革报告、校园建设报告以及其他重大改革报告，讨论通过与教职工切身利益相关的重大事项和重要规章制度，审议学校上一届（次）教职工代表大会提案的办理情况报告，通过多种方式对学校工作提出意见和建议，监督学校章程、规章制度和决策的落实情况，等等。应该说，这些基于治理结构的监督机制较为完善，但是，在加强内部财务管理的监督方面，学校没有建立独立的内部审计部门，纪检监察部门也较少发挥实质作用。

  在内部评价方面，学校有教育教学内部评价机制，如听评课制度、教学督导制度。在外部评价方面，主要通过编制年检报告，发布本科教学年度质量报告、就业质量报告等应对政府和公众评价。学校五年转设过渡期满要接受上级的合格评估，合格评估之后每五年要接受审核评估，从而对办学质量进行评价。学校为此建立了专门的评估办公室，从转设伊始就着手开展评估准备工作，最近两年加大了工作力度，对毕业论文、培养方案、考试试卷等进行全方位的核查和规范。由于学校未建立专门的内部控制制度，自然也就没有专门的内部控制评价体系。

二、某非营利性民办高职院校内部控制相关规范建设与实施状况

1. 学校发展背景与概况

某非营利性民办高职院校在章程中明确，该校是利用非国家财政性经费举办的主要从事教育活动的社会服务机构。办学属性为非营利性，举办者不取得办学收益。自举办以来，举办方没有从学校提取过回报，学校的办学结余全部用于办学。学校集中开设了近40个专业，其中与举办方业务相关的专业有26个，形成了特色化的专业群。学校办学条件优越，建有多个实习实训基地。学校现有专任教师近500人，每年招生数约3000人，在校生人数约11000人。每年有60%以上的毕业生进入与学校主导专业对应的行业就业，取得了较为显著的办学成效。据学校方面介绍，其整体办学水平较高，在区域和行业中具有一定的影响力。

2. 学校内部控制相关规范建设与实施情况

1）控制环境

学校建立了较为合理的控制环境。

一是组织架构方面。学校按照上级要求建立了相应的治理结构。学校制度规定了学校党委的权力和职责，党委的作用是"把方向、管大局、保落实"，还规定了学校党委会的议事流程和规则。学校设党委书记1名、副书记2名。党委会成员与理事会理事、校长副校长等实行"双向进入、交叉任职"制度，党委书记进入理事会成为理事，理事长进入党委会成为党委副书记。学校每年依照党的有关规定召开党委中心组学习（扩大）会议、党委常委会会议、专题辅导会。学校理事会为学校决策机构，理事会由9人组成，成员来源主要是举办者委派的部门负责人、学校党组织负责人、校长、教职工代表等。与此同时，学校还建立了由校长、副校长组成的管理执行机构，成立了学术委员会、教材审定委员会等专业委员会。《中华人民共和国民办教育促进法实施条例》第二十七条规定，民办学校应当设立监督机构，监督机构中应当有党的基层组织代表，且教职工代表不少于1/3。学校在年检意见督促下成立了监事会，监事办公室与纪检监察室合署办公。

在二级部门和学院方面，学校以大部制为统领，设置了办公室（党委办公室、董事会办公室）、党委组织部、人力资源处、党委学生工作部（团委、学生处）、教务处、招生就业处、安全保卫处等管理机构，设置了轨道交通学院、铁道与建筑学院等专业学院。在监督和民主管理方面，学校设置了纪检监察室、教职工代表大会、教师申诉委员会、共青团、学生会等组织。学校没有单独设置审计处，因而在内部审计方面缺少独立的机构。

二是发展战略方面。学校每五年会制定相应的战略发展规划，每年会制定工作计划，明确未来发展目标、主要任务、重大举措。最新的"十四五"规划得到了举办方的认可批复，该规划确定了将学校建设成为民办职业技术大学，并且在交通运输行业形成特色，在区域内和国内都有重要影响的发展目标。

三是组织文化和社会责任方面。学校建立了自己的理念文化，如校训校风，也形成了包括校徽、校旗、校歌等的文化传达系统，设置了校庆纪念日，文化符号在教室、雕塑以及招生宣传资料中得到充分体现。在履行社会责任方面，学校明确提出通过培养一批实用型人才来践行社会责任。在诚信与道德价值观倡导方面，学校一方面在师生中渗透和融入教风学风等理念文化，另一方面还制定了《教师政治理论学习制度》《教师社会服务制度》《职称评审制度》等专门制度，把政治学习、社会服务和师德师风表现纳入职称评审、评优评先的考量范畴之中。

四是人力资源方面。学校教师队伍主要由党政职员、专任教师和专任辅导员三部分构成。学校建立了人力资源处，专门负责学校人力资源开发与管理工作。在教师招聘、绩效考核、职称评审、薪酬发放、教师培训等方面制定专门制度。学校按照不低于教职工工资总额的2.5%足额提取培训经费，用于教师培训。学校与教职工依法签订合同。按时足额支付教职工工资，为教职工足额缴纳社会保险和住房公积金，提供补充医疗保险和企业年金。学校建立了教师发展中心，组织开展教师专业发展和职业生涯发展活动，比如组织教师参加职业标准培训、到企业挂职锻炼等。

2）风险评估

不同于新成立或转设民办高校，该校需要在相应的报告中分析设置或运营风险。该校运行时间较长，对风险的评估一般会在五年发展规划中以"机遇与挑战"的方式提及，但内容大多较为宽泛。在章程中，学校按照示范性文本提出"建立风险预警机制，合理控制学校负债规模，改善学校债务结构，充分考虑学校自身债务风险承受能力，有效防范财务风险"的要求。但是，学校系统性的风险评估基本缺乏，对具体业务、具体岗位的风险意识强调也不够。

3）控制活动

虽然学校没有明确建立内部控制体系，但通过加强各方面的内部管理形成了相应工作流程和工作制度，实际上也达到了内部控制的相应目的。

（1）经济活动方面。学校自建立时就设置了独立的财务机构——计划财务处，统一管理学校财务活动，全面负责具体财务管理工作。比如制定财务管理制度，包括财务机构负责人职务回避制度、预算管理制度、内部财务控制制度等。计划财务处还牵头编制财务收支预算决算，并明确预决算编制方法和审批程序。编制预算按规定上报主管部门，同时将年度预算分解印发至各部门执行，年底按期开展学校年度决算。计划财务处集中管理学校各种资金和经济资源，对会计资料合法、真实、准确、完整负责，按国家有关规定建立档案，并妥善保管会计凭证、会计账簿、会计报表和其他会计资料。在财务内部控制方面，学校提出要制定相适应的财务内部控制制度，加强财务内部监督，提高会计信息质量和管理水平；积极开展内部控制制度检查和绩效评价考核，切实推进财务公开。在收费方面，按照规定进行收费退费，不发生违规行为。在资产活动方面，学校建立了资产后勤处专门负责资产管理。健全资产管理制度，加强资产管理，优化资源配置，提高资源使用效益，实现资产保值增值。目前，属于学校的法人资产全部过户到学校名下。

（2）非经济活动方面。学校成立了招生录取工作领导小组，设置了招生就业处专门负责招生就业工作，建立了招生制度，按照国家规定发布招生简章、招生章程，开展招生工作。在招生简章中向社会公布招生计划、招生对象、录取原则、收费标准、办学条件、办学类型、占地面积、办学特色、重点专业、办学成果、学生就业率等真实信息。严格按照核定的学校名称、办学地点、办学类型和层次组织阳光招生，兑现招生广告的承诺。招生章程中也介绍了学校的基本情况，明确了学校招生对象、办学条件、录取原则、身体要求、收费标准、学生报到流程、奖贷学金政策及困难学生资助措施等。学校遵守招生规则,在审批机关核定的办学规模内,自主确定招生的标准和方式,公开公平公正录取学生。招收境外学生,按照国家有关规定执行。在学生管理方面,学校发布了《关于实施学籍注册"校内三级责任制""校外三级责任制"的通知》《学业证书管理办法》《学生学籍管理办法》,修订完善了《学生管理规定》《学生违纪处分管理规定》《学生先进集体、先进个人评选办法》《学生实习管理办法》,以法治思维方式加强学生管理和服务。

学校设置了专门负责教育教学工作的教务处(包括评建办公室、教学督导室),建立了职责明确、导向清晰的教学管理制度和质量保障体系,根据社会需要和国家要求设置和调整专业,引导全体教师主动参与专业建设、课程建设,全力提升教师教学科研能力。建立了教材选用制度,规范教材编写、选用和审定程序,党委会发挥了教材意识形态把关作用。与此同时,学校按照"结果导向"理念修订人才培养方案,要求各专业人才培养目标和培养规格明确、具体、可衡量,行业需求、培养目标、培养规格、课程体系及教学内容相互支撑和对应。学校制定了《教师教学工作规范》《常规教学检查及反馈制度》等,采取线上线下结合、线上线下及时转换等方式,确保教学有序开展。组织开学初、期中、期末教学检查,要求教学计划、教学日历、教案、实践教学材料等各类文件齐全规范。此外,学校制定了《专业设置与调整管理办法》,规范专业的设置与调整。在课程方面,制定了《课程改革实施方案》,大力开展课程思政、精品课程、在线课程、示范课程建设。

学校建立了完善的公共安全体系。一是有完善的机构和人员。主要在消防、食品卫生、交通等领域建立了相应的安全小组。配备了充足的安全人员,安装了校园监控视频、一键式报警装置、人脸识别系统等技术设备,有的已经接入地方公安指挥平台。二是形成了完善的机制。建立了安全保障及突发事件应急处理机制,营造安全的文化氛围,维护校园和谐稳定。建立了完善的公共卫生工作机制,做好食品卫生管理工作,加强公共场所卫生管理,保障公共卫生安全。持续健全消防、安全等19项管理制度,制定了5个应急处置预案。学校还注重学生心理健康,配备有专职心理健康教育教师,开展心理活动和学生心理健康状况排查,及时进行危机心理干预。三是强化日常巡查。不定期检查校园周边交通、校园围墙、食堂、实训基地、教育教学设备等的安全状况，把好食材采购、物流进出、人员来访等关口。及时发布天气预报和灾害预警信息，安排值班人员 24 小时值守。

4）信息与沟通

在内部，学校主要通过党政联席会议、专项工作会议、全体会议等方式，加强不同岗位人员之间的沟通。此外，学校还建立了 OA 办公系统、一卡通系统以及专题工作 QQ 群、微信群等，确保信息沟通顺畅。2022 年，学校加快推进教育教学信息化建设，建成新教务系统，扩建教学平台，推动优质教育教学资源共建共享。学校建立的行政机构和专业学院交叉互补的矩阵式组织架构能够有效实现不同部门之间的纵横信息沟通。在外部，学校通过 OA 办公系统、内部通报、简讯等载体向上级上报信息。学校根据《高等学校信息公开办法》，通过官方网站、微信公众号等向社会公开学校简况、机构设置、教育教学、学生发展、招生就业等信息。学校每年还发布关于信息公开的工作报告，及时总结信息公开工作成效与经验，及时发现问题并加以改进。学校还设置了专门负责信息沟通的宣传部门和新闻中心，联合新闻媒体进行宣传报道，主动及时向社会公开学校信息。

5）监控与评价

学校监督评价机构和内容与其他高校有相似之处。内部监督机构同样由党委会、教职工代表大会、工会、共青团、学生代表大会等多种组织构成。党委会成员通过"双向进入、交叉任职"的方式进入领导班子，根据党中央和教育部党组的相关要求履行领导职责。在招生方面，学校严格执行《高校考试招生管理工作八项基本要求》以及教育部和地方招生管理部门关于普通高等学校招生工作的规定，主动接受纪检监察部门、考生、家长和社会各界的监督。在教学方面，学校建立了领导干部听评课制度和教学督导机制，日常监控学校教师教育教学质量。教务处不定期发布教学巡察与督导简报，对巡察中好的方面及发现的问题予以通报，特别推介优秀课堂典型案例，同时针对问题提出相应的整改建议。

在评价方面，学校每年接受由教育行政部门组织的年检专家进行的现场检查，编制年度检查报告进行自我评价。年检指标涵盖了党建与思想政治工作情况、办学条件、法人治理、办学行为、财务管理和社会效益六大方面，与内部控制许多内容有重叠。同时，学校接受上级部门关于信息公开、教育教学等方面的专项检查，也开展了专项工作进行自我评价。例如，学校制定了《内部质量保证体系建设与运行实施方案》，建立健全常态化人才培养质量保证体系和自我诊断与改进机制，促进人才培养质量持续提高。当然，由于上级没有对内部控制工作提出专项要求，因此学校也没有进行内部控制的自我评价。

第二节　基于文献调查的案例呈现与分析

目前，关于民办学校内部控制的研究多采用案例研究方法进行。这些案例研究有的针对民办幼儿园，有的针对民办中等职业学校，但是大多数针对的是民办高校。从内部控制研究范围来看，大多数是针对全面控制的案例研究，也有针对预算控制、资产管理控制、社会责任控制等方面的专项内部控制研究。从研究所属学科专业领域来看，这些案例研究主要集中在工商管理和会计学领域，在学科门类上属于管理学。这些研究也为本书提供了间接案例。为增强案例的丰富性，本节主要从全面控制角度选择文献中的民办学校案例进行呈现和分析。案例中的民办学校都是非营利性民办学校。

我们从文献中筛选的案例如表 5.1 所示。该表呈现了已有研究所调研的两所民办高校、一所民办中等职业学校和一所十二年一贯制的国际学校的内部控制相关规范建设和实施状况。从整体来看，这些非营利性民办学校在组织架构、人力资源、财务管理、资产管理、信息与沟通等方面有了一些内部控制举措，但是也有亟待完善和优化的地方。比如，有的非营利性民办学校没有建立内部审计部门，或者内部审计部门直接由财务部门领导，这不符合不相容职务分离的基本原则。这些非营利性民办学校在社会责任、自我监控与评价等方面的内部控制规范建设与实施成效较差，在风险识别、分析与应对方面更是不足，仍需要在整合框架指导下加以完善或补充。

表 5.1 案例非营利性民办学校的内部控制相关规范建设与实施状况

学校简介	控制环境	风险评估	控制活动	信息与沟通	监控与评价	案例来源
G民办高校创建于2001年，2003年变更为职业学院，2014年升格为本科高校，2019年专科专业停招，全部转为本科办学。	学校实行董事会领导下的校长负责制，校长有一正三副，分工负责相关单位。学校建立了党群部门、教学单位、行政部门三大类组织机构。在人力资源方面，学校建设初期通过各种人事系聘关系分离的职工改革，近年正在进行人事改革。	学校有系统化的、成体系的风险评估流程和机制。	预算控制由各责任单位与财务处共同实施，整体预算主要由财务会共同汇总编制后报董事会审议通过。科研经费控制由科研处共同实施，按流程建立预算、报销、决算机制，对各类人员实施不相容职务分离控制。绩效考核由人事处和各二级单位共同负责，对教职员工进行分类考核。	在外部，学校建立了网站，并开通了微信公众号展示自身形象。在内部，学校在纵向上建立了OA系统、微信群、QQ群等沟通渠道，以及校长信箱等倾听教职工和学生诉求的渠道。学校通过教代会等形式加强横向沟通，主要通过工会议等沟通联动性不强，存在滞后性和情性。	教学监督监督方面，由教学督导团成员和在校教学骨干担任专兼职督导员，保障教学质量。学校设置了监察审计处，但监督能力弱化。在评价方面，学校没有建立内部控制评价程序和自评体系，任何问题严重时才重新审视制度。内部控制总体评分为62.0128分，达到较好水平。	王汝娆. G民办高校内部控制建设的优化研究. 重庆理工大学硕士学位论文，2020：15-28.
Z民办高校建于1994年，原名为Z武术学校，2004年成为职业技术学院，2014年升格为普通本科高校。	学校实行集团领导下的校长负责制，校长有一正五副，共6人。学校重大决策主要由校委会牵头，提出议案后人管理组织决策实施说明书。学校内部控制职责逐步完善，但缺乏明确的职责对内部控制比较不完善，主要集中在工资调整名制支持，良好教学与校园安全。近年来，学校人力资源政策集中在工资调整名制支持，良好教学业发展环境有待创造。	学校注重财务风险中的借款风险管控。忽视管理决策风险，出资方一言堂式决策较多。忽视教学质量风险，办学经费风险。	学校采用增量预算法进行资金预算，方法单一，适应性较弱，预算编制由财务处和各部门合作完成，较多依赖往年模式，每年改动较少。学校考勤由学院、教务处等负责。制定了上下班时间规定，但未严格执行打卡考勤制度。全校性绩效考核举措不完善。学校经费管控程度严格，但部门开展活动都需要走经费审批流程，重复审核多，效率低下。采购申请变通，不够灵活。	学校注重外部宣传，但二级单位网站内容陈旧，信息不全。内部沟通依靠QQ群，线下沟通较少，部门人员变动大，协作性极差。	由纪委、理事会、上级集团独立进行监督，未设置独立审计科，但审计工作由财务处管理。虽有审计科，但审计工作不易开展，审计流程缺失。内部控制总体评分为28.51分，总体表现较差。	曾帅. Z民办高校内部控制研究. 东北财经大学硕士学位论文，2022：16-37.

续表

学校简介	控制环境	风险评估	控制活动	信息与沟通	监控与评价	案例来源
Z民办中等职业教育学校有在校生2600余人，教职工256人。设有会计、护理等8个专业。	建立了科层制组织架构。股东会中大股东持有2/3表决权股份，拥有绝对控制权。董事会由4人组成，每年召开一次会议，董事会成立董事和其他利益相关者、日常事务由经办人、中层干部、主管副校长和校长分级审批通过。人力资源方面，学校中青年教师轮岗条件不足。	学校没有风险评估机构和专业人员，仅外部检查涉及财务等日常违规风险评估。超过半数的兼职教师不知道风险评估流程。	建立了预算、收支、政府采购、基建、合同、考勤等管理制度。预算编制由财务科完成，缺乏有效的监督分析。	内部信息沟通顺畅，各部门之间的沟通主要依靠微信群。财务管理方面使用了用友软件，但内部信息系统互相独立，数据不能共享。外部宣传严重不足。	没有监督与评价部门，教师绩效考核形式单一。	赵春永.民办中等职业教育学校内部控制优化研究——以Z中等职业学校为例.河北地质大学硕士学位论文，2021：15-25.
D国际学校于2007年创建，是十二年一贯制学校，隶属于英国伦敦的D管理集团。现有教师140余名，学生来自40个不同国家和地区。	学校实行董事会领导下的校长负责制，设外籍校长一名，内部分幼儿、小学、中学三个学部，各设校长一名，各学部下设教研组、财务等组。另外，设置了人事、运营、财务等部门设经理一人，办事员若干。	没有完整的风险评估机制。	学校主要沿用集团的财务制度，财务部能有效开展财务活动，但人手有限，导致不相容职务分离、人员轮岗和复核等环节存在不足。采购部也如此。后勤岗位划分不合理。学校预算制度笼统，缺乏执行考核机制，未建立预算管理会计和反馈系统以及调整制度。学校收支岗位虽分离，但收入管理较混乱，来些费用支出管理不佳。物资采购岗位未实现职务分离，计划性不强，比价流程执行不到位。固定资产管理有制度但不够细化。基建业务情况与预算目标存在差距。合同管理、人员聘用、培训和激励机制欠缺。	引入了学生、人力资源、后勤方面的信息系统，但各系统相互独立，不能信息共享。	集团有内审师，学校没有设置内部控制检查部门，每年聘请第三方来审计学校财务。	胡云卿.D国际学校的内部控制研究.苏州大学硕士学位论文，2020：24-41.

第三节 案例非营利性民办学校内部控制相关规范建设与实施的特征

1. 内部控制相关规范的建设与实施具备一定基础但还存在不足

通过章程建设，以及教学、财务、基建等专项制度建设，案例非营利性民办学校普遍建立起了适应学校发展的、与内部控制相关相似的一些具体制度和工作程序。比如章程中规定了学校举办者的权利义务、党组织建设相关要求、管理体制和群团组织的设置，规定了教育教学内容、教职工和学生的权利义务，还规定了资产与财务管理、变更与终止事项等内容，这些都为内部控制相关规范的建设与实施打下了基础。在具体管理工作中，针对学校招生、专业设置或课程建设、教学改革、教材选用、科研支持、学生发展、就业指导等专门业务，针对工程建设、采购管理、合同管理、资产管理、资金和财务管理等总务后勤业务，案例非营利性民办学校也都有相应的管理制度出台。整体上说，尽管这些制度没有采用内部控制框架，没有应用内部控制的表述、概念或逻辑，但是反映了内部控制的诸多内容和目的，因此为内部控制规范的建设奠定了基础。在与内部控制相关的工作开展过程中，案例非营利性民办学校通过建立组织架构，划分部门职能，梳理工作流程，引进和建立 OA 系统、教务系统、学工系统及其他信息化系统，初步形成了较为顺畅的业务规划、运行和控制模式。

不过，这些制度与面向企业或行政事业单位的内部控制规范相比，在体系化程度、覆盖范围、成熟程度方面还有差距；与国家和地方对民办非企业单位及非营利性民办学校的政策要求相比，在实效性方面也有一定差距。更不用说制度中的相关规范在具体实施过程中，还可能出现衰减或变通现象，进而导致控制不力。浙江省 2020 年对民办学校开展的专项审计发现，民办学校还存在法人治理结构不健全、信息公开不力、法人财产权落实不到位等控制问题。仅在财务方面，存在财务管理体制不健全（部分学校未设置独立财务机构、未配备专职会计人员、未有效开展财务管理工作以及用大额白条抵库等）、债务风险隐患大、向个人或者教职工借款、未按规定计提学生奖助学金、教师工资待遇不到位（社会保险费参保率低、未缴纳住房公积金、未足额提取教师培训经费等）、收费管理不严（超标准收费、超范围收取择校费、采用自制收款收据收费）等相关问题。专项审计还发现，所审计的259所民办学校均未完成重新分类登记。[①]我们在第四章第二节指出，民办学校按照分类管理政策法规重新选择登记前，仍普遍在民政行政机关登记为民办非企业单位法人，它们仍旧是非营利性民办学校。因此，这一审计结果对以内部控制为逻辑加强非营利性民办学校的规范化管理提出了迫切要求。

2. 总体上缺乏一套以内部控制为制度脉络的全面控制体系

目前，案例非营利性民办学校根据会计、招生等领域的政策要求实施了与内部控制作用相近的举措，但是针对自身业务风险，全面、全员实施内部控制的程度还不够。一些学校没有按照全面、全员、全流程原则来设计内部控制体系，而主要是在会计业务等方面加以强调（有的学校甚至连会计业务方面的内部控制制度都存在漏洞）。内部控制是制约举办者、董事会、校领导及各部门权力，规范工作流程，消除舞弊或灰色操作空间的有力工具，但在实践中，为了避免工作受到限制，案例非营利性民办学校普遍不重视内部控制及其体系的全面建立与实施，或者说，趋利避害地选择性重视一些工作流程的完善，只要对自己有利的那些制度就建立、强化，对自己不利的制度就回避。例如，从案例非营利性民办学校组织体系来看，从董事会（理事会）层面到具体业务的履行层面，很难看到明确设置的内部控制职能岗位和负责人员，也很难看到明确规定的业务岗位人员的内部控制职能。从理事会或董事会决策层面来看，案例非营利性民办学校目前普遍没有在董事会（理事会）中建立内部控制委员会，也没有指定董事会（理事会）成员负责学校的内部控制事务。在学校领导层面，也没有把内部控制纳入业务范围，没有指定副校长来管理内部控制业务。学校二级机构中也没有设置专门的内部控制部门或处室。

从业务监督体系来看，尽管案例非营利性民办学校有相关的业务流程

---

① 浙江省审计厅. 2020年第1号公告：民办教育发展情况专项审计调查结果公告[EB/OL].（2020-02-05）[2024-08-11]. https://sjt.zj.gov.cn/art/2020/2/5/art_1229147064_4330845.html.

梳理，但是缺乏对重要业务风险的分析和控制重点、要点的设计。制度实施的自我监控评价还不够，尤其是经济业务方面的自我监控、自我评价、自我改进等举措较少。在招生、教学、科研等具体业务方面，相关业务处室中没有专门的内部控制执行和评价岗位。有的学校甚至连纪检监察、内部审计这样的监督机构都没有设置。有的学校将审计处设置在财务处，二者合署办公，或者审计职能由财务处的一个审计科来履行，使得"管钱"的部门和"监督管钱"的部门混在一起，明显违反了不相容职务分离控制的基本原则。也有的学校监察审计部门人员仅有 2 名，难以承担繁重的监察审计任务。总之，无论是从内部控制管理机构设置，还是从内部控制业务嵌入来讲，案例非营利性民办学校的内部控制都有待全面体系化并加以充实。

3. 专门以风险管理为导向的内部控制规范建设与实施力度不够

内部控制规范是对高层、中层和基层员工具体行为的一种约束，如果相关政策的强制性不足或激励性不够，非营利性民办学校就难以形成以风险管理为导向建设内部控制规范的动力，也难以认识到其重要性。从内部控制框架来看，案例非营利性民办学校在防范风险、规范内部管理方面存在两点不足。一是管理理念上，较少从风险角度对学校发展进行思考，也缺乏相应的制度建设。比如较少思考学校发展战略面临的风险、组织机构设置和运营面临的风险、资产财产保护面临的风险、资金运作面临的风险、招生教学和就业面临的风险。缺乏风险管理意识和对风险点的分析预判能力，可能导致一些制度的针对性不强，难以在初期发现问题，从而引发学校的办学危机。比如，某高校尽管制定了资产管理的系列制度，但是缺乏对既有资产的盘点和风险的分析，使得 2015—2017 年连续 3 年无资产报废，而 2017 年资产报废总额超过 3000 万元，而且固定资产账实不符的情况较为常见。[①]在媒体报道及司法诉讼中，仍能发现有的非营利性民办学校举办者采用向公众集资的方式筹集办学资金，也存在学校资金被职务侵占、挪用或抽逃出资，以及过量挤占学校法人财产的情形，这些都是非营利性民办学校办学过程中存在的合规风险。二是风险事项的覆盖范围不全面。如

---

① 吕娜. X 学院固定资产管理内部控制研究[D]. 广西师范大学硕士学位论文，2021：19-27.

何基于风险管理导向对其他业务进行风险分析，比如对学生心理健康安全风险、学生人身伤害事故风险、教职工职业道德失范风险、毕业论文质量风险等进行分析，还需要进一步探讨。

4. 存在举办者凌驾于内部控制之上的风险

举办者作为出资方，自然会对非营利性民办学校产生影响。有的举办者不仅委派代表担任理事长负责学校的规划与发展工作，而且在日常行政、财务、人事等部门安排自己信任的工作人员，对关键岗位和关键权力加以把控。这样，就很可能出现举办者凌驾于内部控制之上的风险，导致采购、招投标、关联交易、招生等环节流程简化，关键业务点缺乏有效控制，致使民办学校内部控制失灵。在实践中不难发现，有的非营利性民办学校在财务上的内部控制规范几乎失效，经过举办者及其直接管理的财务人员操作，学校巨量资金有时就被转移至举办方或举办方的关联方。而学校治理结构在此过程中却难以发挥作用，一些重大决策未经理事会、校长办公会审议，跳过相应的集体决策程序，便直接实施。还有的非营利性民办学校的大型设备采购、大型基础设施建设项目也跳过相应的招投标程序，交易对象直接就确定为某企业，而这家企业很可能是与举办方、举办方的关联方相关的企业。在预算管理方面，某些非营利性民办高校的财务工作由理事长一人决定，一些工作尽管有了年度预算，但是只要找理事长签字，预算就可以随意突破。在大型工程项目预算管理上，学校也非常不规范，经常无预算、随意增加预算，"凡事只认理事长签字"现象明显，而且学校还缺少预算管理的基本奖惩制度。①如果举办者凌驾于内部控制之上，很可能导致各项监督管理规范失效，也可能导致非营利性民办学校的工作流程走样。

在案例中我们还发现，有的学校采用举办者公司的已有管理制度，尤其是在资金管理、资产管理、合同管理、外包业务管理、工程项目管理等非教育教学类管理方面，广泛移用举办者公司的内部管理制度。2018年修订后的《中华人民共和国民办教育促进法》规定："民办学校对举办者投入民办学校的资产、国有资产、受赠的财产以及办学积累，享有法人财产

---

① 秦伟娜. S 民办高校预算管理问题研究[D]. 河南大学硕士学位论文，2018：23.

权。"2015 年出台的《民办高等学校办学管理若干规定》要求"民办高校的资产必须于批准设立之日起 1 年内过户到学校名下。本规定下发前资产未过户到学校名下的，自本规定下发之日起 1 年内完成过户工作。资产未过户到学校名下前，举办者对学校债务承担连带责任"。这至少为民办学校建立独立的总务后勤制度奠定了基础。民办学校实现分类管理的一个重要目的，就是要厘清营利组织和非营利组织的基本差别。举办者公司是营利组织，如果其所举办的民办学校是非营利组织，那么二者在许多制度的适用性上就有显著区别。举办者公司与非营利性民办学校在内部管理制度上的混用，可能会引发一系列损害学校法人财产权的问题。因此，非营利民办学校应基于其非营利性质及其作为教育机构的特性，独立制定相应的内部控制规范和相关制度。

第六章　世界代表性内部控制规范的比较研究

自美国COSO于1992年发布《内部控制：整合框架》以来，政府间国际组织和专业化组织在内部控制发展的方向上几乎都转向了以管理控制为核心的综合模式。如世界银行、经济合作与发展组织、欧盟等要么列出专题，要么在治理框架下讨论内部控制问题，大大拓展了内部控制的范围。长期专注于内部控制业务的审计专业组织（如INTOSAI、IIA）、会计专业组织（如IFAC）、标准制定组织（如ISO），以及美国、英国、加拿大等发达国家，也都从整合框架角度陆续出台了内部控制规范或指南。整体来看，这些内部控制规范或指南深受COSO的《内部控制：整合框架》的影响。虽然这些规范或指南不是专门针对非营利性民办学校的，也不是专门针对民间非营利组织的，但是其思想和框架在内部控制建设过程中被广泛引用。深入理解和分析这些内部控制规范和指南，可以为我国非营利性民办学校建立健全内部控制规范提供借鉴。

第一节　国际组织和专业协会发布的内部控制规范

一、INTOSAI关于公共部门的内部控制指南

1. 概述

INTOSAI是由世界各国最高审计机关（如我国的审计署、美国的GAO等）组成的政府间审计专业性组织。该组织于1953年在古巴最高审计局局长的倡议下成立，34个国家的审计机关和其他组织在哈瓦那召开了第一次会议。INTOSAI坚持问责（accountability）、专业主义（professionalism）、协作（collaboration）和平等（equality）的价值观，支持其成员在公共部门

的专业问责方面做出有益贡献，提升公共事务的透明度和治理水平，并推动政府项目以更经济、高效的方式完成。尽管该组织对世界各国审计工作没有法律约束力，但其在审计领域非常权威，影响力巨大，持续推动了世界上诸多重大审计方案的实施。

INTOSAI 的"内部控制准则委员会"在 1992 年牵头研究并发布了《公共部门内部控制标准指南》，并于 2004 年在第十八届最高审计机关国际会议中做了修改。① 后来，由于内部控制逐渐向以风险管理为导向的整合性框架方向发展，该组织进一步在公共部门内部控制方面补充了有关风险管理的附加要求，发布了《公共部门内部控制标准指南——关于实体风险管理的附加信息》。这两份指南体现了 INTOSAI 对公共部门建立健全内部控制的基本要求。

2.《公共部门内部控制标准指南》

《公共部门内部控制标准指南》② 除前言、引言和附件外，主要内容分为三个部分：内部控制、内部控制要素、角色和责任。前言和引言主要阐述了该指南的诞生和发展过程，介绍了 COSO《内部控制：整合框架》的影响，以及公共部门在引入内部控制方面所面临的特殊问题。比如，公共部门应该更加强调公共伦理责任和公共资源的公平分配，公共部门的控制范围应进一步拓展，要特别关注信息技术控制以及对内部控制的评价等。

1）内部控制的概念、目标与局限性

关于内部控制的概念，该指南认为，内部控制是实体组织的管理层和员工针对风险，采取合理措施，以确保实现组织使命并达成总体目标的过程。它是一个整体的过程和持续的活动，不是临时的事务或单纯的与业务无关的单一环境。该指南强调，在角色上，内部控制是嵌入（built in）组织业务之中而非凌驾于（not built on）组织之上的一系列活动，需要融入组织业务的规划、执行和监测的全过程；在人员上，内部控制是由管理层和员

---

① 王成. 公共部门内部控制：最高审计机关国际组织内部控制概念的更新[J]. 中国内部审计，2005（12）：71-73.

② PSC-INTOSAI. Guideline for Internal Control Standards for the Public Sector(INTOSAI GOV 9100) [EB/OL]. （2022-06-20）[2024-08-14]. https://www.psc-intosai.org/wp-content/uploads/2022/06/INTOSAI-GOV-9100_e.pdf.

工共同推动的,不只是管理层的责任;在目标上,内部控制是为了实现组织的使命,服务于组织的战略目标和可持续经营目标。

关于内部控制的目标,该指南提出了四个方面的要求:一是使公共部门能有序地、合伦理地、经济地、有效地运转。这里重点增加了公共伦理(ethics)维度,主要针对公共部门在服务公众、维护公共利益、公平配置资源及依法公正对待公民与社会组织等方面的核心要求作出强调。公共行为不能回避价值问题,需要遵循公共、公平、公正、效率等基本价值准则。二是要履行公共责任。公共部门承担着公众的受托责任,不能只维护小群体利益,更不能图谋私利。三是要遵守法律法规。合规是内部控制的基本目标,公共部门应该带头示范。四是要维护资源安全,防止浪费、滥用、管理失误、舞弊、违规和过失导致的资源损失或毁坏。相比于COSO《内部控制:整合框架》,该指南在概念及目标方面,针对公共部门的特殊性做出了新的拓展。

关于内部控制的局限性,该指南强调,要认识到内部控制发挥作用的局限性,以避免对内部控制产生过高期望。首先,内部控制只是组织实现目标或组织持续存在的合理保证而非绝对保证。它可以向管理层提供一些信息,描绘组织在实现目标方面所取得的进展或进展不力的状况。但是,内部控制不能将一个本身低劣的管理者转变为优秀的管理者。其次,内部控制运行受外部因素影响。比如政府政策、人口或经济条件等外部环境的变化通常超出管理层的控制范围,并可能要求管理层重新设计控制措施或调整可以接受的风险水平。再次,内部控制运行受制于人为因素。设计缺陷、不能按预期运行、判断或解释错误、误解、粗心大意、疲劳、分心、串通、滥用或凌驾于控制之上等,尤其是管理层的态度,都可能导致内部控制难以发挥作用。最后,内部控制体系的构建和运行受资源限制。构建和实施内部控制体系也需要衡量收益和成本,有时想要绝对消除失败风险而建立内部控制体系,其付出的成本会超过带来的收益。因此,必须考虑内部控制措施的效益与成本之间的关系。

2) 内部控制要素

该指南提出的内部控制要素主要有五个方面。

一是控制环境。该要素包含五个方面:管理层及员工个人的职业操守、诚信与道德价值观,包括整个组织自始至终对内部控制的支持态度;对员工胜任能力的承诺；"高层基调"（主要是管理层的管理哲学、基本理念和管理风格）；组织结构；人力资源政策和实践。

二是风险评估。风险评估是识别、分析实现实体目标的相关风险和确定适当的应对措施的过程。风险识别指觉察组织内外部的风险因素，包括单位层面和业务活动层面的各项风险。风险识别过程是综合性的，与组织目标紧密相连。风险评估要估计风险的严重程度和发生的可能性，也要评估组织的风险偏好。风险评估后要形成相应策略，主要包括风险转换、风险承受、风险应对和风险终止四种策略。

三是控制活动。该要素包括八项活动，除授权审批控制、不相容职务分离控制、运营绩效评估、账目核对、业务复核、评估业务过程和监督培训等外，还专门提出了对资源和相关数据记录管理入口端的控制，这在信息技术控制中尤其需要。指南要求严格限制某些资源或数据记录的接触和授权。此外，指南还特别强调了信息技术控制活动主要包括常规控制和应用控制。常规控制主要包括全域性的安全规划和管理、管理入口端控制、应用软件控制、职务控制和服务的可持续性控制；应用控制主要是保证信息技术应用的有效性，以预防、察觉和纠正错误。

四是信息与沟通。信息部分主要强调组织中传递的信息要可靠真实，要准确分类和完整记录。沟通部分强调应保证组织内部纵向和横向的交流顺畅、指令清晰，同时与组织外部的沟通也要顺畅。

五是监控。该要素包括日常持续监控和专项单独评价。日常持续监控要涵盖每一项业务，并且要对不符合目标要求的、不规范的、不合伦理的、不经济的、无效的内部控制进行整改。专项单独评价要根据政策法规要求和风险评估来进行。

总的来看，控制要素部分的整体框架没有超越 COSO《内部控制：整合框架》，但在公共部门责任和信息技术上做了更多强调。

3）角色和责任

这一部分主要强调了组织内外利益相关者都负有执行内部控制的责任。管理者应对内部控制设计、应用、运行和监督直接负责。内部审计师要稽核内部控制体系持续运转的有效性。员工要全程参与内部控制，并且要对违规行为履行报告责任。从国家层面来说，最高审计机关应鼓励和支持在政府中建立内部控制体系，外部审计师应对设计和改进内部控制发表专业意见，立法者应建立相关规则，其他相关人员应提供目标达成的相关信息。

3.《公共部门内部控制标准指南——关于实体风险管理的附加信息》

为了与国际上的一些基于风险管理的内部控制框架新发展保持一致，INTOSAI 对原有的指南做了进一步补充，发布了《公共部门内部控制标准指南——关于实体风险管理的附加信息》[1]。前言和引言主要介绍了公共部门所面临的风险困境，以及制定新指南的背景、过程。除前言和引言外，新指南包括两章。

第一章介绍了什么是风险管理。其风险管理的概念来自 COSO 的《企业风险管理：整合框架》，重点强调了公共部门价值创造和保障职责与私营部门的差别，阐述了明确组织使命、设置目标、识别风险和偶然事件、交流学习、风险管理的局限性等相关内容。尤其是阐述了新指南在风险管理上的拓展：一是控制的目标类别更广，包括更完整的报告、非财务信息和战略目标；二是扩展了风险评估部分，介绍了不同的风险概念，如风险容限和风险容量、风险应对；三是强调了管理层中风险管理主管的重要性，并详细说明了其角色和职责。

第二章介绍了风险管理要素。主要包括八大要素：内部环境、目标设定、事项识别、风险评估、风险应对、控制活动、信息与沟通、监控。当然，在具体阐述相应要素时，结合了公共部门的特点。比如在"内部环境"中提及公共部门在识别风险环境和选择合适的风险容限或风险容量时，需要考虑来自多方面的意见，等等。

二、世界银行 IFC 发布的《内部控制手册》

世界银行是 1944 年成立的一家国际开发银行。[2]世界银行下设五家机

---

[1] PSC intosai. Guidelines for Internal Control Standards for the Public Sector-Further Information on Entity Risk Management（INTOSAI GOV 9130）[EB/OL].（2022-06-20）[2024-08-14]. https://www.psc-intosai.org/wp-content/uploads/2022/06/intosai_gov_9130_e.pdf.

[2] 世界银行集团. 我们是谁[EB/OL].（2024-01-03）[2024-08-14]. https://www.worldbank.org/en/archive/history.

构：国际复兴开发银行、国际开发协会、国际金融公司、多边投资担保机构、国际投资争端解决中心。国际金融公司（International Finance Corporation，IFC）于1956年成立，1957年2月成为联合国的一个专门机构，是全球最大的专注于新兴市场国家私营部门发展的机构。[1]鉴于内部控制对私营部门治理的重要性，IFC于2021年发布了《内部控制手册》。[2]

1. 概述

IFC的《内部控制手册》主要基于COSO 2013年版《内部控制：整合框架》、BCBS 1998年版《银行组织内部控制体系框架》而形成。该手册分为三个部分：一是框架。主要介绍了内部控制的定义、目标、组成要素、管理层角色，并对COSO框架和BCBS框架进行了比较。此外，还阐述了IIA于2020年6月提出的支持强有力治理和风险管理的"三线模型"（Three Lines Model）。[3]二是工具。主要介绍了可以应用于企业内部控制体系建设和评价的实践工具，这些工具是基于内部控制的基本原则和过去数十年IFC治理团队在新兴市场国家私营部门中的实践经验而构建的。三是案例。提供了5个鲜活的内部控制成功案例，阐述了新兴市场国家私营部门与IFC一起改进内部控制程序的实践。

2. 框架

框架部分主要基于COSO 2013年版《内部控制：整合框架》进行了阐释。IFC认为，理解内部控制应关注目标、要素、人员等方面的特征。①目标。在内部控制的目标方面，IFC做了进一步凝练和概括，主要包括运营目标、报告目标（分为外部财务报告与非财务报告目标、内部财务报告与非财务报告目标）及合规目标，这使内部控制的目标更加集中。②要素。在要素部分，IFC主要区分了BSBC框架和COSO框架。前者是BSBC于1998年制定的《银行组织内部控制体系框架》，该框架主要包含五要素：管理

---

[1] IFC. Who we are[EB/OL].（2024-01-03）[2024-08-14]. https://www.ifc.org/en/about.
[2] IFC. Internal Control Handbook[EB/OL].（2022-01-31）[2024-06-30]. https://www.ifc.org/en/insights-reports/2022/internal-control-handbook.
[3] The Institute of Internal Auditors. The IIA's Three Lines Model: An update of the Three Lines of Defense[EB/OL].（2020-07-01）[2024-06-15]. https://www.theiia.org/globalassets/documents/resources/the-iias-three-lines-model-an-update-of-the-three-lines-of-defense-july-2020/three-lines-model-updated-english.pdf.

监督和控制文化、风险识别和评价、控制活动和职责划分、信息和沟通、监控活动和缺陷纠正。后者是 COSO 2013 年版《内部控制：整合框架》，该框架也包含了五要素，但细化为 17 项原则、87 个关注点。两者在要素方面有很多共同之处。③人员。在人员的角色和责任部分，IFC 主要引用了 IIA 的"三线模型"。即一个组织有三道防线在抵御风险，管理过程中的第一道防线是面向客户的一线岗位，主要是业务部门和相关职能部门；第二道防线由内部控制部门、风险管理部门、合规管理部门等业务支持部门或监督部门，以及专门的相关管理专家构成；第三道防线是内部审计。随后 IFC 继续讨论了不同责任方的角色。内部责任方包括董事会、管理层、职能业务单元、员工个人、内部审计，外部一些相关方也会影响控制目标的达成，如供应商、外部审计、咨询顾问、消费者等，都可以通过某种形式促进组织的内部控制。这部分与 COSO 框架的角色与责任部分相似。

3. 工具

IFC 提供了构建内部控制体系、促进单位内部控制有效应用和评价的一些表格工具和通用模板。

一是内部控制评价工具（表 6.1）。该评价工具以表格形式呈现，大量吸收、借鉴了相关国家和国际组织的内部控制知识经验。该评价工具从横向上将内部控制水平分为最优（Best）、优良（Desirable）、较好（Better）、可接受（Acceptable）四个等级。如果组织的内部控制水平达到了最优等级，则说明该组织的内部控制体系在全球同类行业中具有引领性。纵向上包括目标、角色和责任、内部控制要素三个部分。内部控制的控制环境、风险评估、控制活动、信息和沟通、监控等每个要素的每个水平均有相应的评价标准。二是 COSO 框架细化覆盖表（表 6.2）。该表格横向划分了内部控制的几大目标，纵向根据控制要素及其细分的 17 个原则展开，各单元格中列出了在内部控制中应承担主要责任的部门或人员。这大大凸显了 COSO 框架的原则的可操作性。三是 COSO 框架要素表（表 6.3）。包括 5 个要素、17 项原则、87 个关注点。四是内部控制评估报告生成工具（表 6.4）。包括可能存在的风险、要检查的问题、负责回答问题的岗位或人员等内容，为生成单位内部控制评估报告提供了基准维度。五是内部控制文件的模板。

该模板包括一般规定、主要术语定义、内部控制体系建立的目的、内部控制体系建立的原则、内部控制五要素、职能和责任等部分。并且根据内部控制质量水平，将模板相关条款分成相应预警级别。六是内部控制关键绩效指标评价表（表6.5）。该表包括内部控制是否存在、检查内部控制的频次、检查结果的数据来源等评价维度，可以简要地评价组织内部控制运行的绩效。

整体上说，IFC提供的这些表格工具和通用模版能为新兴市场国家私营部门强化内部控制提供可操作性的指南，其应用性较强。

表 6.1 IFC 内部控制评价工具（节选）

维度	水平 1 可接受 （Acceptable）	水平 2 较好（Better）	水平 3 优良（Desirable）	水平 4 最优（Best）
1. 目标	1. 确保组织建立了合理的内部控制，能够防止资产在未经授权的情况下被获取	1. 防止或减少舞弊和窃取 2. 保障目标能够实现	1. 提供合理的保障，确保组织目标能够实现 2. 实行不相容职务分离控制，确保相互核查和制约平衡	1. 为实现下列目标提供合理的保障：高效（efficiency）且有效（effectiveness）地运转；财务报告具有可靠性；遵守法律法规
2. 角色和责任	……			
3. 控制环境	……			
4. 风险评估	……			
5. 控制活动	……			
6. 信息和沟通	……			
7. 监控	……			
总体水平	基础级实践（Basic Practice） •有最低程度的法人治理和内部控制实践 •不够成熟 •满足基本政策和法律法规要求 •能够自然而然地做出反应	中级实践（Intermediate Practices） •在强化内部控制建设方面采取了更多措施 •更加成熟并成为一个体系 •满足所有内外部规章制度要求	符合国际惯例的良好实践（Good International Practices） •对本地公司治理和内部控制做出主要贡献 •内部控制体系已形成并成熟 •满足所有内外部规章制度要求 •在建设和完善内部控制体系上具有主动性和前瞻性 •朝着最佳实践方向努力	发挥引领作用的实践（Leadership） •内部控制体系在行业内达到最佳实践水平、具有国际领导力 •有十分成熟完善（well-established）的内部控制体系 •充分集成在法人治理框架中 •自然而然地具有前瞻性且专注于持续改进

表 6.2　COSO 框架细化覆盖表（节选）

维度	目标					
	运营	外部报告		内部报告		合规
		外部财务报告	外部非财务报告	内部财务报告	内部非财务报告	
准则	高效和有效地运行	根据内外部政策或标准的要求，组织向利益相关者提交内外部报告，并确保这些报告可靠、及时、透明或满足其他要求				符合必须遵守的法律法规要求
控制环境	整个组织内部控制实施的标准、过程和结构的基础性条件（董事会、管理层建立高层基调，确保内部控制的重要性和执行标准）					
原则 1：组织应清晰表达对诚信与道德价值观的承诺	人力资源部门、所有业务部门	责任部门或责任人	公共关系部门、秘书部门	责任部门或责任人、所有业务部门	人力资源部门、责任部门或责任人、所有业务部门	首席合规官、所有业务部门、所有员工
原则 2：董事会应独立于管理层，并对内部控制的开展与成效进行监督	董事会	审计委员会	信息披露政策委员会	责任部门或责任人	董事会	审计委员会
原则 3：管理层为实现目标，应在董事会的监督下确立组织架构、明确报告路线、合理界定权责	首席执行官、高级管理团队	首席财务官、财务主管、首席风险官	高级管理团队	高级管理团队、首席风险官、财务主管	高级管理团队	高级管理团队、首席合规官、法务部门
原则 4：组织应展现其对吸引、培养和留用符合组织目标要求的人才的承诺	人力资源部门	人力资源部门、首席财务官	人力资源部门	人力资源部门	人力资源部门	人力资源部门
原则 5：组织应要求员工承担实现内部控制目标的相关责任	所有员工	所有员工、内部控制部门	所有员工	所有员工	所有员工	所有员工

……

表 6.3　COSO 框架要素表（节选）

要素	原则	关注点
A. 控制环境	1. 组织对诚信与道德价值观做出的承诺	设定高层基调（Tone at the Top） 建立行为标准 ……
	……	

表 6.4 内部控制评估报告生成工具（确立内部控制的五个关键风险）（节选）

风险 1：公司没有为有效的内部控制建立严格的控制环境

风险点	意图缓解内部控制风险的组织的特征	检查问题	答案来源
A. 缺乏强有力的伦理价值观承诺	• 公司董事会负责建立内部控制体系，并在全公司范围内倡导和践行高标准的伦理价值规范，形成"高层基调" • 公司已制定并实施有效的行为准则	• 在建立和维护良好的内部控制体系方面，董事会的职能是什么？董事会是如何向公司各层级传达信息的？ • 公司是否执行了相应的准则和伦理标准？这些准则和标准是如何逐渐强化的？会定期培训吗？员工是否签署了执行这些准则和标准的承诺书？ • 公司有检举政策吗？使用频率如何？	• 执行规则、内部控制章程、公司治理准则 • 董事会主席、首席执行官、首席内审官、内审人员、审计委员会主席、首席合规官（首席伦理官）

……

表 6.5 内部控制关键绩效指标评价表（节选）

要素	序号	内部控制关键绩效指标	是/否	涉及主题	数据来源	检查频次
A. 控制环境	1	公司有符合诚信与道德价值观的伦理标准/内部准则，并且定期更新		内部控制体系（诚信与道德价值观承诺）	公司网站、内部控制章程、公司治理手册（如关于利益冲突、内部交易、性别等方面的规定）	每年度
	2	公司持续监控、评估、强化诚信与道德价值观，使之和伦理标准/内部准则相吻合		合规性（诚信与道德价值观承诺）	公司的伦理标准/内部准则、合规报告、内部审计报告、第三方报告	每季度

……

4. 案例

案例研究选取了来自印度尼西亚、黎巴嫩、塔吉克斯坦等国家的五家公司，分布在金融服务、建筑、制造等不同领域。根据控制活动的五个要素，分别介绍每家公司在相应控制要素方面的典型做法及其成效。

三、ISACA 发布的《信息与相关技术控制目标指南》

1. 概述

在数字化转型的背景下,信息技术已成为组织可持续发展的关键性支撑。从政府、企业到民间非营利性机构,每天都有大量的数据通过信息技术构建的数字系统被收集、储存、传输和处理,大量的工作业务需要信息技术的辅助,甚至可能完全由其处理,高度数字化的社会使得信息技术成为业务模式创新、工作效率提升和流程再造的重要工具。当前,任何组织的任何管理人员,可以说都不能忽略或漠视信息技术在所开展业务中扮演的重要角色。信息技术为组织创造价值和效益、实现资源优化、应对各项风险提供了有力保障,但是信息技术使用不当或管理不善,同样会造成巨大的信息泄露、损坏或丢失风险。因此,加强对信息技术的内部控制至关重要,它已经成为组织内部治理的重要组成部分,是组织治理体系和治理能力现代化的重要体现。

目前,对信息技术内部控制影响较大的是 ISACA 发布的《信息与相关技术控制目标指南》(Control Objectives for Information and Related Technology,COBIT)。COBIT 是国际上公认的、比较权威的面向信息技术治理、管理和控制的标准。ISACA 成立 50 多年来,为全球信息和虚拟空间的治理、安全保护、风险防范和技术创新做出了重要贡献。截至 2025 年 2 月 28 日,该组织在全球有 18 万名会员、228 个分会,会员和分会分布在 190 个国家。[①] COBIT 1.0 发布于 1996 年,开始主要作为审计时的基本框架。1998 年,ISACA 公布了 COBIT 2.0,该版本在原有的规范中加入了控制目标和管理指南等信息,逐步形成了基于控制的信息技术治理架构。2000 年,ISACA 公布了 COBIT 3.0,这次修订使得 COBIT 从一个单一的审计模型转变为较为全面的基于管理的控制模型。美国大型企业舞弊案发生后,《2002 年上市公司会计改革和投资者保护法案》出台,ISACA 为响应法案的规定对 COBIT 做了大幅修改,2005 年公布了 COBIT 4.0,在原有版本基础之上加入了单位领导层、部门层和员工层等各层级的权力和责任。2012 年,

---

① ISACA. Who We Are[EB/OL]. (2024-01-10) [2025-02-28]. https://www.isaca.org/about-us/who-we-are.

COBIT 5.0 公布，进而构建了 COBIT 的治理架构体系。目前推出的最新的 COBIT 2019，是 COBIT 5.0 的升级版，是由多项信息与技术标准整合而成的，如美国国家标准与技术研究所（National Institute of Standards and Technology，NIST）的《虚拟空间安全框架》、ISO 的 ISO/IEC 20000 等。

COBIT 将信息技术控制分为两个层级实施：治理（Governance）层级和管理（Management）层级（图6.1）。治理层级控制的主要权限在董事会，其控制目的有三个：首先是确保能够及时地对利益相关者的需求、条件和供给选项进行评估，以明确组织的发展目标；其次是确保通过优先事项的明确和决策来决定组织的业务发展方向；最后是基于原有目标标准，对组织绩效和运营合规情况进行监控或审计。管理层级的控制主要由经理或首席执行官等实施，他们根据董事会设定的方向，开展规划、建构、运行和监控活动。

图 6.1 COBIT 关于治理和管理的层级划分

2. 框架

COBIT 2019 框架包括四个方面的报告或指南。

（1）《COBIT 2019 框架：简介和方法》。该报告介绍了 COBIT 2019 框架的主要概念和方法。明确了该框架的目标受众中的主要利益相关者，如内部利益相关者包括董事会、执行管理层、业务经理、信息技术经理、采购部门、风险管理人员等，外部利益相关者包括监管机构、业务伙伴、信息技术供应商等。阐述了信息技术治理的原则，即让信息技术治理系统为利益相关方创造价值，具体包括整合若干要素整体构建治理系统、动态调整治理系统、区分治理层和管理层的活动和结构、根据需求量身定做治理系统、治理系统应在组织中全覆盖等。在构建信息技术治理系统时要基于概念模型，坚持开放灵活的策略，遵守相关的法律、标准、政策等。此外，还分析了框架中的绩效管理，包括绩效管理的原则、管理流程绩效以及信息技术治理系统其他组件绩效的方法。

（2）《COBIT 2019框架：治理和管理目标》。该报告将整个信息技术控制活动分成了五大一级指标，即评价、指导和监控（Evaluate, Direct and Monitor, EDM），调整、计划和组织（Align, Plan and Organize, APO），构建、购置和实施（Build, Acquire and Implement, BAI），交付、服务及支持（Deliver, Service and Support, DSS），监控、评价和评估（Monitor, Evaluate and Assess, MEA）（表6.6）。其中，第一个一级指标在董事会层面实施，后面四大一级指标在经理层实施。在此基础上，五大一级指标又细分出了40个具体控制目标和相关的控制活动。可以对每个控制目标进行0—5级的完善程度评级，0级为不存在级，5级为优秀级。[①]根据这样的评级标准可以得出总体的评级情况，进而判断组织信息技术治理和管理的状况。

表6.6 COBIT 2019框架关于控制层级、指标、目标的归类示例（节选）

层级	指标	目标编号	目标	目标描述	目标意图
治理	评价、指导和监控	EDM01	确保治理框架得以设置并持续维护	分析和阐明组织对信息技术治理的要求，将设置和维护治理这一要素放在重要位置，基于组织的使命、愿景和目标，明确董事会的权威和职责	提供一种与组织的治理方法相融合且保持一致的治理方式。与信息技术相关的决策应符合企业的战略和目标，并实现预期价值。确保与信息技术相关的过程得到有效且透明的监督；确保符合法律、合同和监管要求；同时满足董事会的治理要求
……					
管理	调整、计划和组织	APO01	设计科学有效的信息技术的管理体系	基于组织的目标和其他要求，设计组织的信息技术管理体系。在设计该体系的基础上，充分利用体系中的所有要素	采取与组织治理要求一致的管理方法，该方法要涵盖治理所需要的各项内容，比如管理流程、组织结构、角色和职责、可靠和可重复的活动、信息流程、政策和程序、技能和能力、文化与行为，以及服务、基础设施和应用程序
……					

① ISACA. COBIT[EB/OL]. （2024-01-03）[2024-08-14]. https://www.isaca.org/resources/cobit.

续表

层级	指标	目标编号	目标	目标描述	目标意图
管理	构建、购置和实施	BAI01	项目能够得到有效管理	采取与组织战略协调一致的方式管理各类信息技术项目。采用标准的项目管理方法管理所有的投资项目。计划、启动、控制和执行这些项目，并评价这些项目的预期价值	实现预期的商业价值，并降低意外延误、成本增加和价值受损带来的风险。为了实现这一目标，需要加强与组织业务部门和最终用户之间的沟通，并提高他们的参与度。同时，确保所有项目交付成果的价值和质量，及时跟进项目各个部分的进展，并最大限度地提升项目对各种投资的贡献
......					
管理	交付、服务及支持	DSS01	井然有序地运营管理	协调并落实内部的、外包的关于信息技术服务的各项工作与操作流程，严格执行既定标准作业程序，并全面开展监控工作，确保服务质量与运营效率	按照计划，交付信息技术运营的产品和服务成果
......					
管理	监控、评价和评估	MEA01	达成绩效目标且过程合规	收集、验证和评估组织的协同目标和对应指标。实时监测各个流程和做法是否符合既定的绩效目标、合规目标及相应的指标要求。同时建立系统化的、时效性强的报告机制	确保绩效和合规情况透明化，推动组织相关目标的实现
......					

（3）《COBIT 2019 设计指南：信息和技术治理解决方案的设计》。该指南主要介绍了信息技术治理系统的主要组件，如目标、流程、聚焦领域、能力级别，以及设计时需要考虑的相关影响因素。如果要为一个单位量身设计符合需求的信息技术治理系统，需要经过四步，即了解环境和战略、确定治理系统的基本范围、优化治理系统的范围、解决冲突并最终确定系统的设计方案。在设计时要考虑实施过程中可能遇到的问题，比如有哪些驱动因素、实施现状如何、要达到什么目标、要采取什么行动、如何实现、是否实现、如何保持前进的动力等。该指南还提供了设计工具包，以及面向大型制造类企业、中型企业等的设计示例。

（4）《COBIT 2019 实施指南：信息和技术治理解决方案的实施和优化》。

该指南总共有六章。第一章是引言，对信息技术治理的改进状况进行了阐述，对 COBIT 进行了适当介绍。第二章主要强调了组织中信息技术治理的定位，包括什么是组织中的信息技术治理、它为什么重要、它可以实现哪些价值，以及它的治理原则、系统组件、治理和管理目标。第三章重点阐述了信息技术治理的初始准备工作，主要分为两步：第一步是创建适当的环境；第二步是通过对 7 个阶段的 7 个问题（有哪些驱动因素、实施现状如何、要达到什么目标、要采取什么行动、如何实现、是否实现、如何保持前进的动力）的回答，从全生命周期角度明确如何应用和持续改进信息技术治理、分析实施信息和技术治理面临的重点问题、识别利益相关方的角色和要求。第四章是识别挑战和成功因素。从各阶段需要回答的问题中查找挑战出现和赢得成功的根本因素。第五章是推行变革。包括激发变革愿望、组建高效的实施团队、沟通预期愿景、为角色授权并采用速效方案、启动运营和投入使用、落实新方法、维持系统的继续运营等。第六章是实施生命周期，再一次更详细地从应用实施的周期循环角度，对信息技术治理的应用、监测、评估、改进进行了描述，总结了信息技术治理体系实施过程中的主要工作。

整体来说，COBIT 2019 框架为组织开展信息技术治理提供了一套全面、全流程、系统和可行的体系，许多组织的首席信息官借助该框架，衡量组织信息化建设的成效，查找信息化系统设计和运行中的问题。最重要的是，该框架认为组织的信息技术治理不是部门的任务，不是一个技术问题，而是董事会等治理层或领导层的责任，而且业务涉及多个部门，从而提升和扩大了信息技术治理的层级和范围。目前，ISACA 也在全球开展了认证工作，试图依据 COBIT 2019 框架培养符合要求的组织信息技术控制师，从而使信息技术控制变得更加专业化。

四、欧盟委员会发布的《内部控制框架修订版》

欧盟是由欧洲共同体发展而来，目前有 27 个成员国。欧盟委员会是欧盟的常设执行机构，也是欧盟内唯一可以起草法令的机构。欧盟非常重视内部控制体系建设。如针对公共部门，欧盟在 2002 年就开始倡议在国家管理中纳入内部控制措施，许多成员国也把欧盟倡议的内部控制模型嵌入国家公共部门管理之中。2012 年，为更好地交流经验，欧盟委员会专门建立了一个技术专家网络来推进工作。2017 年，欧盟委员会发布了委员奥廷格致欧盟委员会的通讯文件《内部控制框架修订版》[①]。尽管该通讯文件在欧盟不具有法律效力,但可能成为后续立法的依据。总体上看,该通讯文件仍旧沿用了 COSO 2013 年版《内部控制:整合框架》的 5 个要素和 17 项原则,但是在每项原则之下有了一些特别要求或阐释。该通讯文件包括三个部分:背景和定义,要素、原则和特别要求,结论。文后还提供了相应的内部控制评价原则和管理层声明模板。

1. 背景和定义

欧盟要求把内部控制应用于组织的所有业务活动,无论是财务活动还是非财务活动。在定义方面,与其他内部控制体系类似,欧盟也是从功能角度对内部控制进行定义的。在目标方面,欧盟指出内部控制主要是帮助组织实现可持续运营目标、财务绩效目标、合规合法目标的过程。内部控制支持组织提出合理的决策,帮助组织考虑目标达成的风险,并将这些风险降低到组织可以接受的水平。如果再依据欧盟相关财务规则进行推论,内部控制可以帮助组织实现五个目标:一是有效率地、有效益地、更加经济地运营;二是报告更可靠;三是组织的资产和信息安全;四是预防、察觉和纠正运营过程中的舞弊和违规行为;五是管理由违法违规而导致的风险。欧盟同样强调,内部控制对这些目标的实现只是提供合理的保证而非绝对的保证。

此外,这一部分还介绍了内部控制规范的基本组成架构。其要素和原则主要来源于 COSO 2013 年版《内部控制:整合框架》,其中的特别内容主要是根据欧盟成员国各自的国情及其对组织的特别治理安排而设计,以为组织应用内部控制程序和评价原则提供参考。

2. 要素、原则和特别要求

欧盟提出的内部控制要素、原则和特别要求同样包括五大方面。

(1)控制环境。控制环境是内部控制标准架构和执行的基础。这部分包括五项原则及各自的特别要求。①组织的诚信与道德价值观承诺。主要指高层基调(董事会和管理层在其言行中所认可的诚信与道德价值观)、

[①] European Commission. Internal Control Framework[EB/OL]. (2017-09-20)[2024-07-11]. https://ec.europa.eu/info/publications/internal-control-standards_en.

执行标准（将诚信与道德价值观纳入组织行为标准，并且确保该标准被组织内外所理解和接受）、与标准一致性评估（评估个人和部门的言行是否符合标准并能及时纠正偏差）。②董事会应当相对独立于管理层并且能对管理层实施的内部控制加以监督。这里主要强调了董事长、每位董事的责任，尤其是负责风险管理与内部控制的执行董事的责任。董事长要承担组织治理、风险管理和内部控制实践的责任。每位董事都应在分配资源和遵守财务准则方面做出承诺，同时应履行内部控制建设和执行的责任。负责风险管理和内部控制的执行董事，需要支持董事们履行监督职能，同时尽量将内部控制写入章程并使其发挥作用。③管理层要在政治监督下建立内部控制体系、信息报告链条和明确的授权及责任制度。主要强调管理层要设计全面的、综合的内部控制体系，该体系应当涵盖所有的政策、方案和活动，特别是支出方案应当更加全面和详细；应当建立合适的授权分级审批和不相容职务分离制度；要建立清晰的业务报告链条（reporting lines），使得权力的执行、职责的履行和信息的流动顺畅。④人力资源政策。组织要吸引、培养并留住有能力的员工。主要包括组织要确定支持目标实现所需的胜任力框架，并能定期评价和弥补缺陷；为员工提供职业培训和指导，创造发展机会，促进他们专业能力的提升；促进员工合理流动，关键业务部门和财务部门要有相应的计划和准备，在确保人员基本稳定和连续的基础上，实现人员的持续更新。⑤每位员工都要对内部控制负责。应强化问责制，董事会要清晰定义每个人的角色和责任，要求组织内每个人都切实履行职责，保障内部控制得以正确实施并发挥良好效能。同时要根据相应的标准和目标对员工的工作效率和能力进行年度评价，一些低绩效的个案应在评价报告中适当予以指出，并根据评价结果予以奖惩。

（2）风险评估。风险评估是一个动态的、迭代更新的过程，包括依据目标识别、评估和管理风险，有 4 项原则及相关特殊要求。①设定合适目标以便能识别和评估相关风险。从管理层到员工都应当明晰组织的使命（mission）；为每个层级设定发展目标，目标应成为资源分配的基础；目标应当明确、全面并适时加以更新，以促进与全局或核心有关的优先事项的落实；要重点关注财务报告目标和非财务报告目标；要明确风险容限和风险容量。②风险识别和评估。要能识别不同层级及委托单位、内外部因素可能导致的风险。评估风险时，要充分重视所确定的风险，并考虑风险应对策略。

应将风险识别和评估纳入年度工作计划，并定期进行监测。③提防评估风险时可能存在的欺诈和舞弊行为。要考虑各种可能导致舞弊的机会、动机和态度，重点关注欺诈性的资产损失报告、敏感信息泄露和腐败问题。董事会和管理层要制定反欺诈和反舞弊策略，明确赔偿和威慑措施。④识别和评估内部控制的重大变化，持续改进，形成更加牢固的风险"防火墙"。

（3）控制活动。控制活动是确保风险减轻和目标实现的重要举措。控制活动在组织的各个层级、各个流程的不同阶段，以及整个技术环境中执行，它可能以预防性或检查性的、手动或自动化的方式实施。欧盟并没有列出具体的控制活动，而是针对控制活动的设计和实施提出了 3 项原则与特殊要求：①选择和开展各种控制活动。应认识到控制活动的重要性，控制活动旨在减轻已确定的风险，并要考量成本-效益，控制活动实施的强弱力度与潜在风险成正比。控制活动应系统地融入各种检查、监督等系列策略安排之中。要实施职责分离控制。应重视业务可持续发展计划，尤其是要分析可能出现的重大变故，做好各种准备确保业务得以持续。②设计对技术的一般控制活动。组织要设计在获取、开发和维护技术及相关设施设备过程中的控制活动。重点关注信息技术系统的安全性，特别是在数据保护、技术秘密、可用性及完整性方面。③明确控制政策和控制工作程序。建立业务流程和控制工作程序，合理分配责任以确保目标的实现。建立巡查、记录异常情况的报告机制。重点对支付、规章制定和其他非支付活动的影响进行评估，检验控制措施的效果。

（4）信息与沟通。畅通的信息渠道和内外部的有效沟通对于组织内部控制目标的实现至关重要。主要包含 3 项原则：①组织要能获得、生成和使用相关的高质量信息，以支持内部控制的运作。为此要加强信息和档案管理，确保相关信息系统的安全。信息应能够及时生成，并且可靠、准确、完整，可访问、受保护、能验证，能及时归档和保存，在一定范围内可共享。②组织内部可以就内部控制的各种信息进行顺畅沟通。组织要建立独立的举报热线，确保在常规渠道无法传递信息的情况下，仍能获取相关信息。③组织可以就影响内部控制运作的事项与外部各方进行顺畅沟通。组织中的董事或高层管理人员与外部沟通时应保持口径一致。在沟通时要考虑沟通的时间、受众要求、信息的性质，以及法律、政策等的监管要求。

（5）监控活动。监控活动有 2 项原则：①组织要开展持续的或专项的评估，以确定内部控制是否存在以及是否发挥作用。要不断监测内部控制系统的运行状况，识别缺陷、记录结果。要搜集足够多的知识和信息，判断偏差和例外情况。要根据风险变化的情况，定期调整评估的范围和频率，并提供客观反馈。②组织要及时评估并将内部控制缺陷传达给相关各方。内部控制缺陷（internal control deficiencies）是指在一个或多个要素和原则上的缺陷，它降低了组织实现其目标的可能性。如果管理层确定一个或多个要素和原则不存在或没有发挥作用，则该组织的内部控制系统就存在重大缺陷。当出现这种情况时，管理层应当根据其严重程度进行分类，并根据法律或外部标准做出判断。在此基础上，管理层要及时采取补救行动。

3. 结论

结论部分提出了确保内部控制框架有效执行的建议，并对所取代和修正的相关通讯文件做了说明。

鉴于内部控制规范对于组织可持续健康发展的重要性，还有一些国际组织或专业协会也发布了相关的指南或手册，如 ISO 发布了《金融机构内部控制标准》，IFAC 也发布了相关文件。这些与内部控制紧密相关的标准、指南或研究文献，都对强化内部控制起到了推动作用。

第二节 欧美发达国家发布的内部控制规范

一、美国发布的内部控制规范

美国在内部控制制度的形成和应用方面，处于全球领先地位。本书第二章论及内部控制在美国的发展以及被广泛引用的 COSO《内部控制：整合框架》。从历史角度看，美国内部控制规范的发展，经历了从单一的会计控制向会计控制和管理控制并重的转型。这得益于两大力量的努力：一是以 AICPA、美国上市公司会计监督委员会（Public Company Accounting Oversight Board，PCAOB）等为主的会计或审计专业协会。它们不断改进控制方法，以提高会计师事务所提供的财务报告或审计报告的公信力，避免欺诈和舞弊。COSO 就是由 IIA、FEI、AAA、AICPA、NAA 五个专业协会发起成立的。二是相关立法和行政机构，比如美国国会、美国证券交易委员会（Securities and Exchange Commission，SEC）、OMB、GAO 等。美国国会主要牵头制定相关的法律法规，如《监察长法案》《2002 年上市公司会计改革和投资者保护法案》。SEC 等主要明确了上市公司的内部控制要求。OMB、GAO 主要明确了联邦政府、公立机构和非营利组织的内部控制准则。因此，介绍美国的内部控制规范，应主要从以上两方面出发，其中最为核心的文本是各专业协会发起成立的 COSO 发布的 2013 年版《内部控制：整合框架》和代表政府机构的 GAO 于 2014 年修改发布的《联邦政府内部控制准则》。

1. COSO 2013 年版《内部控制：整合框架》

COSO 2013 年版《内部控制：整合框架》的 5 项要素，又细分为 17 项原则（表 6.7）和相应的 87 个关注点。同时，内部控制被要求在组织层、分部门层、业务单元层和职能部门层贯穿实施。从整体上看，控制目标、控制要素、控制层次三者之间存在交叉关系，它们的结合点产生了具体的控制措施。从影响力角度看，COSO 的研究在全球的影响十分广泛，现在很多国家和地区的内部控制框架中都能找到 COSO《内部控制：整合框架》的痕迹。前文分析的诸多国际组织发布的内部控制指南或标准，均会提及 COSO，并引用其 1992 年、1994 年和 2013 年版《内部控制：整合框架》以及 2004 年版《企业风险管理：整合框架》，COSO 的系列框架文本也成为内部控制研究中引用量最大的文献。

表 6.7　COSO 2013 年版《内部控制：整合框架》的 5 项要素与 17 项原则[①]

要素	原则
控制环境	原则 1：组织应清晰表达对诚信与道德价值观的承诺 原则 2：董事会应独立于管理层，并对内部控制的开展与成效进行监督 原则 3：管理层为实现目标，应在董事会的监督下确立组织架构、明确报告路线、合理界定权责 原则 4：组织应展现其对吸引、培养和留用符合组织目标要求的人才的承诺 原则 5：组织应要求员工承担实现内部控制目标的相关责任

---

① COSO. The 2013 COSO Framework & SOX Compliance[EB/OL]. （2013-06-01）[2025-05-01]. https://www.coso.org/_files/ugd/3059fc_c98a93b420a34d28a4c79f57db0d2c93.pdf；[美]Treadway 委员会发起组织委员会（COSO）. 内部控制：整合框架（2013）[M]. 财政部会计司组织翻译. 北京：中国财政经济出版社，2014：8-9.

续表

要素	原则
风险评估	原则 6：组织应设定清晰明确的目标，以识别评估与目标相关的风险
	原则 7：组织应对影响其目标实现的风险进行全范围的识别和分析，并以此为基础来决定如何管理风险
	原则 8：组织应评估影响其目标实现的潜在舞弊风险
	原则 9：组织应识别、评估、分析那些不断变化且显著影响其内部控制的因素
控制活动	原则 10：组织应选择并执行可以将影响其目标实现的风险降至可接受水平的控制活动
	原则 11：组织应基于信息技术选择并执行一般控制活动，以支持其目标的实现
	原则 12：组织应通过制定预期政策和建立政策实施程序来实施控制活动
信息与沟通	原则 13：组织应获取、生成和使用高质量的、相关的信息来支持内部控制的持续运行
	原则 14：组织内部应就内部控制目标和责任等必要信息进行沟通，以支持内部控制持续运行
	原则 15：组织应就影响内部控制运行的事项与外部进行沟通
监控活动	原则 16：组织应选择和开展持续和（或）独立评估以确认内部控制是否存在以及是否持续运行
	原则 17：组织应及时与有关部门沟通、评价和整改内部控制缺陷，必要时还应与高级管理层和董事会沟通

与此同时，COSO 2013 年版《内部控制：整合框架》强调了内部控制的有限性，强调了不同人员的职能和责任，提出了内部控制构建及有效实施的建议。与 1994 年版《内部控制：整合框架》相比，2013 年版《内部控制：整合框架》在以下方面保持不变：内部控制的定义、设定的 3 个目标、5 项要素、每项要素的具体要求，以及设计、执行或评价内部控制时管理层的判断。但在 4 个方面进行了修正：与时俱进地阐述了企业所面临的商业环境和运营条件，扩展了运营和报告目标中的内容，将蕴含在 5 项要素中的基础概念转化为 17 项原则，将"关注领域"纳入 17 项原则之中。2013 年版《内部控制：整合框架》更加符合时代特征，更加结构化和具有可操作性。在实施方面，2013 年版《内部控制：整合框架》强调管理层的判断十分重要，同时指出要认识到内部控制的局限性。①

---

① 郝振平. COSO 委员会新版《内部控制整合框架》的主要内容和实施策略[J]. 中国内部审计, 2014 (3)：20-24.

2. GAO《联邦政府内部控制准则》

GAO 也一直致力于公共部门的内部控制制度建设。1983 年 GAO 公布《联邦政府内部控制准则》[①]，1999 年在借鉴 COSO 1994 年版《内部控制：整合框架》基础上发布了新的准则，2014 年在借鉴 COSO 2013 年版《内部控制：整合框架》基础上又对原有准则进行了修改。该准则适用于政府机构和非营利组织。2014 年修改发布的《联邦政府内部控制准则》包含三大部分。第一大部分是概览（overview）。首先介绍了内部控制的基础概念，对内部控制和内部控制体系进行了界定；其次对建设和评价内部控制体系提出了相关要求；最后是其他考虑，比如组织规模的大小、需要的档案文件等。第二大部分是五大要素。五大要素中的每个要素都包含了若干原则，控制环境有 5 项原则，风险评估有 4 项原则，控制活动有 3 项原则，信息和沟通有 3 项原则，监督有 2 项原则，总共涵盖了 17 项原则，这些原则与 COSO 2013 年版《内部控制：整合框架》的原则基本一致（见图 6.2）。每项原则下还有特征（attributes）要求，以对原则做更为细致的解释，总共有 48 项特征要求。与旧版的准则相比，新版准则的操作性更强、标准更高、程序更加严密、覆盖范围更加广泛。[②]第三大部分是附录、词汇表及相应图表。

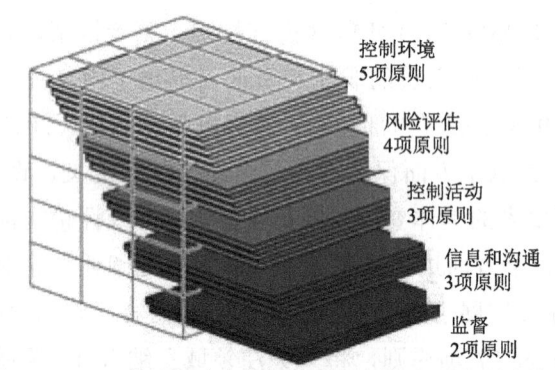

图 6.2 GAO《联邦政府内部控制准则》的内部控制框架

从内部控制规范在美国教育领域的实施来看，美国全国高校经营管理者协会（National Association of College and University Business Officers，

[①] GAO. Standards for Internal Control in the Federal Government[EB/OL]. （2014-09-10）[2024-07-15]. https://www.gao.gov/assets/gao-14-704g.pdf.

[②] 况玉书.《联邦政府内部控制准则》的最新发展与启示[J]. 会计与控制评论，2015(1)：185-194.

NACUBO）在2003年的报告书中介绍了大学内部控制概念，认为大学应该引进COSO《内部控制：整合框架》进行内部控制。[①]在大学中，内部控制规范也得到普遍运用。在公立大学领域，以加州大学圣迭戈分校为例。该校强调了内部控制在内部审计业务中的重要性，并建立了控制办公室。该校借鉴COSO《内部控制：整合框架》，要求将内部控制实践嵌入各个业务领域。在控制关键点上，强调对不相容职务分离、授权审批、资产安全、资金审查和对账等4个关键点加强控制，确保将风险降至最低。在控制业务上，具体涵盖支出管理、现金管理、资产管理、荣誉项目资金管理、学术旅行、对外接待、采购、信息系统等日常工作中的多项业务[②]，覆盖范围十分广泛。在私立大学领域，以康奈尔大学为例。该校财务部对内部控制的功能进行了描述，介绍了COSO《内部控制：整合框架》，讲解了业务部门如何应对风险、如何设计内部控制、如何开展控制活动等内容，并在网站中提供了相应的培训视频和表格模板。[③]不过，总体来看，目前私立大学领域内部控制的应用大多局限在会计审计等财务控制领域，主要涉及经济活动控制，具体负责部门仍是财务部门或审计部门，还没有拓展到更宽泛的管理控制领域。

二、加拿大CoCo发布的控制指南

1995年，鉴于COSO发布了《内部控制：整合框架》，CICA下属的CoCo立足本国实际情况，发布了《控制指南》。该指南用"控制"代替"内部控制"，认为控制是"一个主体要素（包括实体资源、系统、过程、文化、结构和任务）的集合体，这些要素组合在一起能够支持人们实现主体的目标"[④]。该指南旨在实现三个目标：提高经营的效率和效益、确保内部和外部报告的可靠性、遵守法律法规和内部政策。1999年，CoCo又发布了《控制评价指南》，从而将控制监督进一步落到实处。从发展进程来看，CoCo的指南参照了美国COSO 1992年版《内部控制：整合框架》，但COSO的

---

① 汤尧. 大学财务制度之变革与因应研究：以探究内部控制制度为核心[J]. 教育研究与发展期刊，2005（2）：64.

② UC San Diego. Internal Controls[EB/OL]. （2022-05-04）[2024-04-22]. https://blink.ucsd.edu/finance/accountability/controls/index.Html.

③ Division of Financial Services, University Controller. Internal Controls[EB/OL]. （2024-01-04）[2024-08-16]. https://www.dfa.cornell.edu/controller/internalcontrols.

④ 张宜霞，舒惠好. 内部控制国际比较研究[M]. 北京：中国财政经济出版社，2006：224.

后续改进也借鉴了 CoCo 的相关内容。CoCo 的这些指南主要包括 4 个控制要素和 20 项评价标准。

一是目标（Purpose）。目标在于明确组织发展的方向及可能遇到的挑战和机遇。包括 5 项评价标准：组织应制定并沟通交流各类目标，如在使命、愿景、战略、运营计划，甚至是业务等具体工作层次上的具体目标；围绕所设定的目标，组织要识别与评估可能会遇到的内外部风险，评估风险发生的可能性及风险事件后果的严重程度；制定、共享和实施应对风险的主要政策，每个员工都承担相应风险应对责任，明确自己的权限；组织还应向员工传达关于物质资源和人力资源分配计划的信息；目标和相关的计划应当可量化、易考核。

二是承诺（Commitment）。承诺在于形成诚信与道德价值观。包括 4 项评价标准：组织应当确立包括诚信等在内的共同道德标准，要通过沟通让所有员工理解并遵循这些道德标准；组织的人力资源管理工作（如员工的招聘、晋升、奖惩、离职）应与组织的诚信与道德价值观以及目标相一致；围绕目标，组织要清晰界定权力和职责，确保让合适的人做出决策；为了达成目标，组织要营造相互信任的氛围，以确保员工顺畅交流、合理流动和高效工作。

三是能力（Capability）。能力主要强调组织的员工应当具备控制所必需的知识、技术，并有效利用资源及相应工具。包括 5 项评价标准：围绕组织目标的实现，员工应具备必需的知识和技能，在特定情况下，员工也可以利用外部服务来满足组织需求；围绕组织的价值观和目标的达成，组织要建立顺畅的信息沟通体系，确保内部命令传达、资源分配协商、行动协调配合、信息搜寻传递能够顺畅；员工应当了解和履行自己所承担的职责；组织内部不同部门之间的决策和行动应相互协调，尽量避免圈子化的利益冲突；控制活动应成为组织的有机组成部分，同时要强化组织目标，明确目标达成可能面临的风险以及控制要素之间的关系。

四是监督和学习（Monitoring and Learning）。这一要素主要强调对控制活动进行监督评价，并根据结果持续改进。包含 6 项评价标准：对环境的监测应涵盖组织内外部，要根据获得的监测信息及时评估并调整目标和控制活动；围绕组织的目标和绩效指标，持续对组织的业绩进行监测，并通过比较及时加以改进；应定期对组织所确立的目标及其背后所隐含的假设进行评估或审视；如果发现了控制缺陷，则应该对内部控制目标所要求的举措及相关信息系统重新进行评估；组织要建立并实施跟踪调查程序，确保已经出现的偏差能够得到纠正，或者能采取合适的举措进行纠正；管理层应定期评估组织采取的控制措施的有效性，并与直接主管该项业务的下属沟通评估结果。

整体来看，CoCo 指南各要素组成的内部控制框架如图 6.3 所示。4 个要素形成循环，中间用行动连接。比较来看，COSO《内部控制：整合框架》和 CoCo 指南有不少交叉重叠之处，但也有一些区别。有研究试图揭示二者的联系和区别。[①]基于各自最新的文本，从概念上看，CoCo 指南将内部控制的概念做了拓展，从内部控制转向控制，并将履行控制职能的相关部门当作组织的重要组成部分，从而为组织实现相应目标提供合理保证[②]；从控制目的看，二者都强调运营、报告和合规这 3 个目标，但 COSO《内部控制：整合框架》更强调风险，而 CoCo 指南既看到了风险也看到了机遇；从控制领域看，二者都将控制对象从财务领域拓展到了管理领域；从控制主体来看，二者都强调董事会、管理层、员工的全员参与；从控制要素看，二者相互交叉，CoCo 指南的四大要素的标准要求主要包含在 COSO《内部控制：整合框架》的控制环境、风险评估、信息与沟通、监控活动之中，缺乏对控制活动的具体安排，但是这 4 个要素组成的线性逻辑结构比 COSO 的棱锥体或立方体的结构更加简单、清晰。

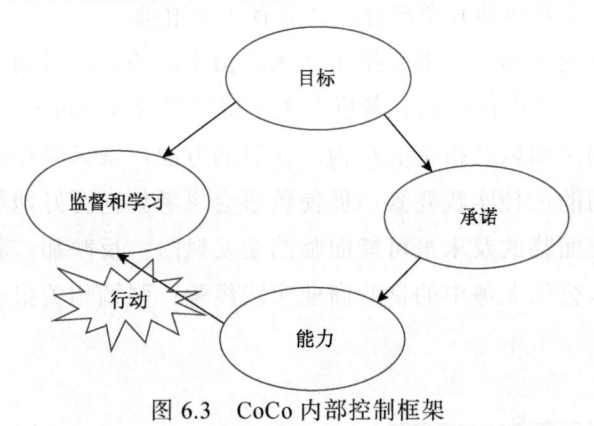

图 6.3 CoCo 内部控制框架

[①] 张宜霞, 舒惠好. 内部控制国际比较研究[M]. 北京: 中国财政经济出版社, 2006: 220.
[②] 樊行健, 肖光红. 关于企业内部控制本质与概念的理论反思[J]. 会计研究, 2014 (2): 11.

三、英国 FRC 发布的内部控制指南[①]

英国内部控制体系主要由普通法和规范公司的法律、伦敦证券交易所的《上市规则》以及财务报告理事会（Financial Reporting Council，FRC）发布的《内部控制：综合准则董事指南》组成。其中 FRC 发布的《内部控制：综合准则董事指南》的专门性、系统性很强。FRC 是英国财政部（HM Treasury）领导下的一个非营利组织，主要由政府代表、上市公司代表、会计行业代表和会计师事务所代表组成。[②]FRC 主要负责促进高质量的公司治理，并健全相关规范，促进公司发布真实和可信赖的报告，为投资者营造良好的投资环境。FRC 制定了《英国公司治理准则》，以及英国关于会计、审计和精算工作的标准，同时代表英国参与相关国际标准的制定。FRC 还对这些标准的执行以及会计等专业机构的活动进行监督，以完善英国公司内外报告体系，并提高审计质量。

FRC《内部控制：综合准则董事指南》于 1999 年发布，因为其工作负责人为特恩布尔先生，所以又称《特恩布尔指南》，该指南曾于 2005 年进行了修订。为了应对《英国公司治理准则》的修改，2014 年 FRC 在相关调查研究基础之上，发布了新的内部控制指南——《风险管理、内部控制及相关财务和商业报告指南》（简称《风险指南》），该指南的内容能更全面地反映国际国内标准，并适应新形势的变化。《风险指南》结构与原有架构差异很大，主要包括 6 个部分，文后有 4 个附录。

第一部分为介绍。主要介绍了《风险指南》的应用目的、修改和发布背景、风险管理和内部控制、董事会关于持续经营（Going Concern）和财务报告方面的声明以及指南的结构。在目的方面，《风险指南》旨在汇集风险管理方面的最佳实践要素；促使董事会思考如何更好地履行职责，以应对公司现在面临的及未来可能面临的主要风险；反映那些将风险管理和内部控制嵌入公司业务中的良好商业实践经验；强调相关报告的真实性、合规性责任。

---

① FRC. Guidance on Risk Management, Internal Control and Related Financial and Business Reporting[EB/OL]. （2014-09-17） [2024-08-11]. https://media.frc.org.uk/documents/Guidance_on_Risk_Management_Internal_Control_and_Related_Financial_and_Business_Reporting_September.pdf.

② 财政部会计司考察团. 英国和法国企业内部控制考察报告[J]. 会计研究，2007（9）：74-82.

第二部分强调了董事会在风险管理与内部控制方面的责任。主要包括：确保设计和实施合适的风险管理和内部控制体系，以识别公司遭遇的风险，并能对主要风险进行有力的评估；确定所面临主要风险的性质和程度，以及自身承担风险的意愿、风险容限或风险容量；确保将合适的文化和奖励体系嵌入整个组织之中；一致性地采取措施，管理主要风险，以降低风险发生的可能性及其影响；监控和审查风险管理和内部控制体系，确保其能够有效运作并在必要时加以纠正；确保良好的内外部信息有效流动和沟通顺畅；董事会还应对与风险管理和内部控制有关的外部信息负责。

第三部分为履行责任。首先要强调的是董事会应当确立关于风险管理和内部控制的基调，并建立相应制度以确保责任能够得到有效履行。此外，董事会还应该考虑以下事项：一是公司希望融入的文化是否融入以及这种文化是否发挥作用。董事会要建立公司奖励和惩罚标准，引导员工的价值观和行为，要对公司的领导风格、奖惩体系和人力资源政策给予充分支持。二是如何确保在董事会层面有充分的讨论。也就是说，董事会应商定其关于战略、商业模式和风险等重大问题的讨论频率和范围，明确其在考虑其他事项时如何与风险评估相结合，以及如何评估其重大决策对公司风险的影响，并且要确保这些问题能够得到有效讨论。三是考虑董事会和管理层的能力、知识和经验。董事会必须评估自身的整体质量，以判断自身是否能够应对风险并进行相应调整。四是关注信息传达路径以及所需信息的质量。要关注所需信息背后的假设、模型，建立有效的信息监测渠道，明确所需信息的性质、来源、格式、频率、可理解性、流通程序，确保基于这些信息能够迅速捕捉并具体化风险。五是建立良好的授权和责任分工机制。要明确哪些工作在多大程度上可以授权给相关委员会或管理小组，充分授权的同时应当有相应的工作协调和监督举措。六是董事会要明确自身需要的保证以及获得相关保证的途径。这些保证可能来自合规性、风险管理、内部控制和内部审计相关事项报告，外部审计及与审计有关的沟通，以及其他内外部的信息。

第四部分为建立风险管理和内部控制体系。风险管理和内部控制体系涵盖了公司的政策、文化、组织结构、个人行为、流程和其他方面。首先，体系建立的主要目的是通过评估风险促进公司有效运转，恰当地应对风险，保护资产安全；帮助降低决策判断失误的可能性及影响，减少超出董事会普遍认同范围的商业冒险行为，减少人为错误或有意规避政府监管的控制行为；为内部和外部报告的质量提供保证；为遵守适用的法律法规以及相关内部业务政策提供保证。其次，体系所包含的要素有风险评估、降低风险的管理措施（包括控制过程）、信息和沟通体系、监控和评估过程。再次，评估风险时主要考虑风险的性质和程度、相关风险发生的可能性及影响、公司降低风险的能力、相关控制的有效性和成本收益、风险对公司的价值观和文化的影响、公司对团队和个人的激励方式。最后是关于体系的其他要求。体系应当嵌入公司的运作过程，成为公司日常工作的一部分。因为不同公司的风险有很大差异，董事会要重点关注主要风险并进行有力的评估。公司还要加强体系运行的培训，促进纵向和横向的沟通交流。

第五部分是监测和审查风险管理和内部控制体系。要求董事会确定其持续监测和审查所应采用的方法和程序，包括具体步骤、范围、频率，以及报告的内容与格式。在年度审查方面，要求董事会特别考虑以下事项：公司承担风险的意愿（风险偏好）、承担风险的大小（风险容限和风险容量），公司内部文化及其嵌入程度；风险管理和内部控制体系运行情况，包括体系的设计、实施、监控和检查，以及风险识别和主要风险的确定；将风险管理和内部控制与战略、商业模式、业务计划流程整合；关注风险在性质、可能性和影响方面的变化，以及公司应对这些变化的能力；关于控制结果的沟通程度、频率和质量；董事会年度审查报告中提出的需处理的问题，特别是任何时候发现的重大控制失败或薄弱环节；公司对外公开报告流程的有效性；在年度工作结束后，董事会还应对其监测和审查工作进行反思。

第六部分是与财务及商业有关的报告。根据《公司法》等相关法律、《上市公司信息披露规则》以及相关准则，公司的年度报告和财务报告应主要披露以下信息：公司面临的主要风险以及管理或降低风险的做法；董事会是否希望公司能够继续运营，能否履行到期所要偿还的债务责任；公司持续经营过程中的财务信息；风险管理和内部控制体系审查结果，以及该体系与财务报告形成过程的相关性。

综合来看，《风险指南》有几个特点：一是更加突出风险管理。该指南与美国COSO 2004年版《企业风险管理：整合框架》类似，主要从风险管理角度出发进行内部控制体系和报告体系的建设。把风险识别、风险评估、风险应对以及这一过程中的能力建设放在了非常重要的位置。二是注重宏观原则和框架搭建。该指南主要阐述了公司可能面临的风险以及应对策略，为应对这些风险董事会应当承担的职责，加强风险管理和建立内部控制体系的方法，内部控制体系运营和风险管理结果评估举措，等等。其内容多是原则性建议，较少涉及操作细节。三是面向对象主要是公司董事会。由于董事会是公司治理中的决策机构，还是监督公司高层管理人员的机构，因此该指南主要针对董事会提出了若干原则性建议，针对具体的管理层、部门、业务单元和员工的操作性策略较少。四是体现整合集成的思想。该指南反映了《公司法》《英国公司治理准则》《会计标准》《特恩布尔指南》《上市公司信息披露规则》等的要求，体现了整合集成的思想。

第七章　非营利性民办学校内部控制规范的构建（一）

非营利性民办学校是典型的民间非营利组织，其内部控制规范的设计，需要借鉴相对成熟的营利组织的框架。但是，民间非营利组织与营利组织、政府组织的委托代理关系以及内部激励约束机制有很大差异，而且对于非营利性民办学校来说，其身处教育领域，面临独特的业务风险问题。因此，非营利性民办学校内部控制规范的构建要在坚持通用性做法的同时，重点关注自身独特的组织特征和服务性质。本章将在非营利性民办学校内部控制规范构建的特别导向分析的基础上，阐述控制目标、控制主体和控制方法等规范内容。

第一节　非营利性民办学校内部控制规范构建导向

一、倡导利益相关者共同治理

内部控制诞生的主要背景是委托代理关系和社会分工的存在。[1]随着内部委托代理关系和社会分工的细化，受托人在管理中出现了偏离乃至背离委托者意志以及舞弊等风险。内部控制旨在减少或规避这些风险，在其从内部牵制、内部控制一般结构到内部控制多元结构的发展过程中，控制的主体从"财务人员""审计人员"扩展到组织董事会、管理层和一般业务人员。这就必然使更多的利益相关者参与其中。

利益相关者（stakeholders）理论是企业治理结构研究过程中突破"股

---

[1] 姜宏青，王玉莲，万鑫淼. 我国民间非营利组织绩效内部控制研究[J]. 山东大学学报（哲学社会科学版），2014（2）：53-62.

东本位"理念的成果，由此衍生出了独立董事等治理力量。学术界关于利益相关者的代表性定义是由弗里曼提出的，他认为利益相关者是"那些能够影响企业目标实现，或者能够被企业实现目标的过程影响的任何个人和群体"[①]。利益相关者的"相关者"可能是一个无限延展而难以具体囊括的复杂群体，学者们对利益相关者进行了不同的分类，比如划分为直接和间接利益相关者、内部和外部利益相关者、狭义和广义利益相关者、核心和外围利益相关者等。在非营利性民办学校中，核心的、内部的、直接的利益相关者应该是举办者、管理者、各类工作人员、教师群体、学生群体，外围的、外部的、间接的利益相关者有政府机关、家长、捐赠人、债权人、社区居民、学校商品或服务供货商、其他公众等。利益相关者理论的发展经历了"利益相关者影响""利益相关者参与""利益相关者共同治理"三个阶段，也就是越来越强调共同治理的作用。因此，哪怕是财务治理这样相对专业的内部控制领域，也需要全面顾及利益相关者权益[②]，吸纳利益相关者共同治理。

非营利性民办学校是典型的民间非营利组织。需要注意的是，如果严格遵守民间非营利组织的最核心的"不可分配盈余"规定，即在组织运行过程中举办者不能分配盈余，在组织破产清算后不能分配剩余财产，或严格遵守会计准则和税收优惠政策的认定要求，即举办者对所投入的财产不拥有所有权，那么真正的非营利性民办学校几乎就成了归属于社会的"无主物"。如果完全依靠理事会或董事会进行内部控制，有的理事或董事履职时可能缺乏积极性，代理人也可能忽视他们的存在，这样就可能出现内部人控制的状况。如果非营利性民办学校拥有大量捐款，而且捐助者不知道受益者是谁，他们之间联系很少或者根本就没有联系，那么这种被汉斯曼教授称为"以第三方为受益者的采购"[③]的运营模式可能会陷入缺乏对经营者的有效激励、难以对经营者进行有效监督的双重困境。尤其是在捐赠者和受益者数量规模巨大的时候，激励和监督的难度更大。

另外，在某些情况下，非营利性民办学校的受益者与付费者也是分离

---

① 〔美〕弗里曼. 战略管理：利益相关者方法[M]. 王彦华，梁豪译. 上海：上海译文出版社，2006：30.
② 李霞. 非营利组织协同财务治理研究[J]. 财经问题研究，2017（9）：90-97.
③ 〔美〕亨利·汉斯曼. 企业所有权论[M]. 于静译. 北京：中国政法大学出版社，2001：229.

的，因为教育服务过程通常具有间接性，即服务的购买者不是服务的消费者。例如，在基础教育或者幼儿教育阶段的非营利性民办学校中，为服务付费的是家长，而受益者是儿童。由于信息不对称，家长有时很难判断这些学校的服务质量。我们在前面谈及舞弊发生的要素理论时，从机会角度提及如果业务绩效和质量评估很困难，舞弊发生的可能性就会大大增加。在非营利性民办学校中，业务绩效和质量评估往往因缺乏清晰的量化标准而面临困难，这就使得其内部监督机制具有特殊性，因此亟须引入内部控制进行有效规范。反过来说，这些特征也可能导致内部控制机制的设计更加困难。

综上所述，从非营利性民办学校组织性质来看，其外部市场监督机制存在不足、因承担公共责任而需面对多样化的利益相关者、利益相关者之间存在特殊关系、其产品和服务具有独特性等，这些因素决定了其内部控制规范需要围绕学校的内外部利益相关者加以构建。既要考虑核心的利益相关者，如举办者、管理者、各类工作人员、师生群体，也要考虑外围的利益相关者，如政府部门、家长、捐赠人、债权人、社区居民、学校商品或服务供货商、其他公众等。

二、突出公信力或公共责任

企业内部控制中，促进低碳环保、确保安全生产、稳定员工福利等社会责任是控制环境的重要内容。民间非营利组织以从事社会公益活动为宗旨，主要资源来源于社会，其社会责任主要体现为社会诚信（Integrity）、组织信誉、公信力或公共责任（Accountability）。公共责任最初应用于公共行政领域，或者是针对政府组织而言的，从狭义角度看是从行政伦理的角度强调政府官员要对社会公众负责。不过，现在公共责任的概念已经扩展，涵盖了个人道德、专业伦理（专业领域所公布和实施的守则）、响应性（对公民期望或需求的满足程度）、组织绩效（各项计划与行动的效率与品质）、组织能力（管理与运作的普遍效能）等责任内容，因而也被引申到承担社会公共事务职能的非营利组织当中。[①]利特曾归纳了非营利组织

[①] Weber E P. The question of accountability in historical perspective: From Jackson to contemporary grass roots ecosystem management[J]. *Administration & Society*, 1999, 31(4): 451-494.

公共责任的四个维度：财务责任（Fiscal Accountability）、过程责任（Process Accountability）、项目责任（Program Accountability）、优先项设置责任（Priorities Accountability）。在这四类公共责任中，财务责任和过程责任侧重遵守规则和避免不当行为，因此它们是较低层次的公共责任，而项目责任和优先项设置责任强调的是项目效果和服务与需求的衔接，因而是较高层次的公共责任。[1]这些层次的公共责任要求与内部控制十分契合，是内部控制着力追求的目标，也是控制活动的重要内容。

为什么公信力或公共责任对民间非营利组织来说很重要？民间非营利组织作为从事公益事业的公益组织，是以志缘为纽带形成的共同体，诚信是志缘共同体的基本精神。[2]海耶斯认为，虽然营利性机构的诈骗行为也不少见，但非营利组织的责任缺失更容易招致公众的不满。"两者的区别在于：人们正在学习鉴别和防范日常生活中的邪恶。当这种邪恶伪装为善行而潜入的时候，我们的感觉是受到莫大的侮辱"[3]。2011年"中国红十字会商业总经理"郭某某事件曝光，2024年民政部调查发现中华少年儿童慈善救助基金会存在严重违法失信问题，这些都是极其严重的损害民间非营利组织公信力的典型案例。我国民办学校在举办早期存在的"卷款出逃""教育储备金无法兑现还款""非法吸收公众存款或集资诈骗""招生广告承诺与实际教学条件差异大""证书承诺与实际颁发不符"等损害公信力问题，也严重冲击了非营利性民办学校的公信力。近年来，某些民办高校中存在的教育公益责任、诚信办学责任、教育质量保障、师生权益保障落实不到位等问题[4]，同样影响着非营利性民办学校在公共责任承担方面的表现。

我们还可以通过比较营利组织、政府组织与民间非营利组织的公共责任的相关机制，来看非营利性民办学校公共责任的特殊性。在营利组织中，公共责任或企业社会责任体现为提供就业机会、确保安全生产和保护环境等，这些责任是核心业务开展过程中附带的，其有效履行既受国家的监管，也受消费者自由选择的市场机制的检验。政府组织的公共责任则是向上级

---

[1] 转引自吴东民，董西民. 非营利组织管理[M]. 北京：中国人民大学出版社，2003：353.
[2] 李敏. 公益组织诚信生态建设研究[M]. 上海：上海大学出版社，2018：45.
[3] 转引自周志忍，陈庆云. 道德驱动的自律与制度化自律：希望工程公共责任和监督机制研究[J]. 中国行政管理，2001（3）：10-14.
[4] 李旋旗. 利益相关者视角下民办高校社会责任与治理模式变革研究[J]. 黄河科技学院学报，2021（4）：11-15.

和老百姓负责,每个机构具有法律所清楚界定的职责与权力,公共责任机制明确,且有健全的组织保障机制的实施,建立了正式的渠道使监督者能够获得信息。对于民间非营利组织来说,公共责任的履行需要特殊的条件。民间非营利组织利益相关者较多,包括捐助人、理事、志愿者、执行人员、受益者和付费者,以及一般公众、新闻媒体和其他利益相关人。利益相关者的多样性意味着责任对象的多样性。每一个群体都很重要,但是各自的需求可能相互矛盾,从而陷入"众口难调"的困境。类似非营利性民办学校这样的民间非营利组织所从事的工作,本身就应当具有很强的公共责任属性,因此,包括非营利性民办学校在内的民间非营利组织的公共责任就不能局限于遵守法律或规则、避免不当行为和完善管理账目,更重要的是要确保公共利益、维持公共信任。

可以说,从公共责任引出的"公信力"是对包括非营利性民办学校在内的民间非营利组织最为强调的概念。这种广义的公共责任概念超越了监督控制的技术性公共责任,转而强调包括非营利性民办学校在内的民间非营利组织所承诺的社会性公共责任。具体包括对法律与规则的遵守、公共信息的披露、董事会的监督与信托、组织效能、募款伦理与廉洁、对关系人的响应、组织使命的正当性、利益冲突的避免与解决以及公共资源的管理等诸多方面。[1]有学者在设计非营利组织绩效内部控制过程中就特别强调组织使命与价值观,并将其在控制要素中单独列出,而且更强调组织行为过程的公平性、合理性和合规性,强调组织社会功能的有效发挥。[2]这些都彰显出作为民间非营利组织的非营利性民办学校,其内部控制规范的构建应满足特别要求。

三、贯穿风险管理思想

风险通常指的是某一事项发生并对组织目标实现产生负面影响的可能性。一般来说,风险在组织运营过程中是普遍存在的,只是发生地点、发生时间、发生范围、表现形态和严重程度等具有不确定性。人们有时用"灰犀牛""黑天鹅"等比喻,来描述组织或社会中所出现的风险事项。风险

---

[1] 蔡磊. 论非营利组织的公共责任机制[J]. 学术探索,2004(4):42-46.
[2] 姜宏青,王玉莲,万鑫淼. 我国民间非营利组织绩效内部控制研究[J]. 山东大学学报(哲学社会科学版),2014(2):53-62.

在组织活动中是客观存在的,只要开展业务活动,就可能面临风险,但风险中也可能蕴含机会。为了应对组织中的风险,商业银行领域首先诞生了关于风险管理的思想和制度规范。经过多年发展,风险管理经历了由单一的资产风险管理、资产负债风险管理到全面风险管理的发展过程。全面风险管理或整合型风险管理并非一味强调风险规避,而是强调风险管理应融入各项业务活动之中,而且强调风险管理的主要目标是根据事项性质明确事项的风险来源、风险程度以及组织的风险容限、风险容量,据此设计和调整风险应对策略。比如,对于食品或药品公司来说,其安全性风险的容忍阈值很低,因为这类风险可能破坏公司品牌形象,甚至导致公司倒闭。因此要采取严格措施回避安全性风险。对于从事基础科学研究的科研机构来说,其对科研探索结果的失败风险的容忍阈值较高,可能会频繁面临错误尝试的风险。

从风险造成影响的范围看,组织风险主要分为内部风险和外溢风险。内部风险主要影响组织本身,外溢风险主要波及组织外部。目前,社会针对民间非营利组织的风险规范,关注外溢风险较多。其实,内部风险往往是外溢风险的源头。从外溢风险角度考虑防范措施是有必要的,但难以从根本上解决问题。"直面风险、防错御险,这是内部控制理念的'根'与'魂'。"[1]推动作为民间非营利组织的非营利性民办学校建立内部控制规范,进行全面风险管理,是降低其内外风险的有力措施。

对非营利性民办学校这类民间非营利组织来说,其存在的内部风险源于"慈善失灵"、"社会失灵"或"志愿失灵"。"慈善失灵"(Philanthropic Failure)是约翰·霍普金斯大学著名非营利组织研究专家萨拉蒙提出的。[2]"慈善失灵"主要体现在"慈善不足""慈善的特殊主义""慈善的家长制作风""慈善的业余主义"四个方面。"慈善不足"是指非营利组织可能因资金困难而无法提供充足的志愿服务;"慈善的特殊主义"表现为某些领域的非营利组织分布比例不均衡,在宗教、医疗、教育等领域占比过高,服务供给过剩;"慈善的家长制作风"体现为非营利组织管理或资源分配上的官僚主义,尤其是占有大量捐赠资源的非营利组织;"慈善的业余主

---

[1] 李敏. 企业内部控制规范[M]. 3版. 上海:上海财经大学出版社,2021:21.
[2] 〔美〕莱斯特·M. 萨拉蒙. 公共服务中的伙伴:现代福利国家中政府与非营利组织的关系[M]. 田凯译. 北京:商务印书馆,2008:46.

义"主要指非营利组织因工作薪酬限制，难以吸引专业的人才和资源，提供服务的专业性不强。放大了看，萨拉蒙提出的"慈善失灵"其实是民间非营利组织运营过程中存在的种种风险问题，如组织目标的短期化、组织使命的模糊化、组织人员的非专业化、组织作风的官僚化、组织结构的刚性化、组织运作的神秘化等。这些"失灵"问题在非营利性民办学校中同样可能存在，非营利性民办学校需要通过强化风险管理导向下的内部控制、提升组织运作的规范性来加以解决。

四、依托和强化信息系统内部控制

当今信息系统几乎嵌入了组织各个业务活动领域，关键数据都在信息系统中流动，因此，信息系统无论作为控制手段或控制对象，在组织内部控制中都占有重要地位。对于非营利性民办学校来说，建立良好的信息系统，实现业务活动的网络循环，对业务良性发展具有重要意义。例如，在非营利性民办学校招生过程中，通过信息系统实现新生招录、报到缴费、证卡制备与发放、宿舍分配、班级安排、资格复查等招生工作的业务流程循环，既提高了工作效率，又可以有效防止工作过程中的错漏。通过设置不同流程节点的审核权限，可以有效实现不相容职务分离控制和授权审批控制。但是，当所有学生信息都录入信息系统后，硬件设备的稳定性、系统管理端的登录权限、系统运行的流畅性、数据信息的安全性等问题都需要在信息系统控制中加以考虑。比如，有的账号密码管理失误，导致他人登录并窃取了相关信息；有的授权审批环节把控不当，导致部分管理人员进入系统篡改学生信息（比如篡改学生成绩、篡改学生报考志愿）；有的硬件损坏或信息备份不及时，导致数据丢失。

案例 7.1：某民办高校因管理不善泄露学生个人信息[1]

2020 年 6 月初，郑州民办高校学生向有关部门反映，该校近两万名学生的个人信息被泄露。这些信息在微信、QQ 等社交平台上广泛传播，学生受到各种业务推销和广告的骚扰。6 月 10 日，该校发布致歉声明称，学校在积极准备学生返校复学时，由于工作人员缺乏保密意识，部分学生的个

---

[1] 根据新闻报道做了删改和整理。刘鹏．高校两万名学生信息遭泄露 郑州警方：副校长等被行政处罚[EB/OL]．（2020-06-10）[2024-08-10]．https://www.chinanews.com.cn/sh/2020/06-10/9208829.shtml．

人信息被泄露和扩散。学校发现这一事件后，在公安机关的帮助指导下采取了紧急措施，有效控制了信息的进一步扩散。同时，学校对直接责任人予以解聘，对相关部门负责人及两名主管校领导予以记过处分。随后，公安机关依据《中华人民共和国网络安全法》，对该校相关责任人进行了行政处罚。

我国1999年实施的《独立审计具体准则第20号——计算机信息系统环境下的审计》，认为"计算机信息系统环境下的内部控制包括一般控制和应用控制"，在研究和评价时要分别考虑一般控制和应用控制的不同因素。在国际上，AICPA于2001年发布的《审计准则公告第94号——信息技术对审计师在财务报表审计中考虑内部控制的影响》，着重提出了信息技术对内部控制的益处和可能带来的风险。IIA也发布过电子系统保证与控制模型。目前，对信息技术内部控制影响较大的是ISACA发布的《信息与相关技术控制目标指南》，它是国际上公认的、比较权威的面向信息技术治理、管理和控制的标准。本书上一章进行了详细介绍。

非营利性民办学校要借鉴国际最高标准构建信息系统及内部控制体系，为了确保信息系统的可靠性、安全性和有效性，需要针对自己的控制目标重新明确业务流程和作业循环，引入风险管理思想，识别主要业务循环流程中的风险点并进行评估，确定风险容限和风险容量并提出内部控制措施。信息系统内部控制的对象主要包括计算机软硬件系统、应用软件、数据或信息资源、信息网络和相关人员。信息系统内部控制通常分为一般控制和应用控制两个方面。一般控制的内容有的与管理控制相似，比如设置专门机构，加强人员配备和培训，提高员工对信息系统操作的胜任力；根据不相容职务分离控制和授权审批控制，建立不同的管理权限。但是，一般控制还要根据信息系统面临的独特控制风险进行设计，比如要考虑系统开发控制、软硬件或网络设施控制、灾难恢复或备份控制等。应用控制主要包括数据或信息的输入控制、处理控制和输出控制。最后，要建立对信息系统内部控制的监控评价体系，以便及时发现内部控制的缺陷并进行评估和持续改进。

第二节　非营利性民办学校内部控制目标与主体

构建非营利性民办学校的内部控制规范，必须回答"为何控制""谁来控制""如何控制""控制什么""效果如何"等系统性问题。通过系统分析和回答这些问题，能够形成非营利性民办学校的内部控制规范的基本框架。本节将从非营利性民办学校的具体业务内容出发，通过借鉴相关内部控制框架，对非营利性民办学校内部控制目标与主体进行构建。

一、为何控制——控制目标

为什么要在非营利性民办学校中实施内部控制？这是因为非营利性民办学校在发展过程中面临一些实际问题。在历史上，我国非营利性民办学校大多坚持非营利性和公益办学定位，形成了良好的办学传统。但是，在发展过程中，也出现了非营利性弱化问题、"卷款出逃"、"欺骗性招生"等违规办学问题，以及"教育储备金兑现难""挪用办学资金""不合理关联交易"等影响非营利性民办学校可持续发展的问题。实施内部控制，就是最大程度为防范、化解、应对办学风险提供合理保证，具体来说要使非营利性民办学校实现两大类共五个目标。

1. 基础性目标

基础性目标是底线目标，是非营利性民办学校实施内部控制必须实现的目标，具体包括以下三点。①行为合规。行为合规主要指管理层的经营管理行为、员工的履职行为要符合党和国家政策、法律法规要求，符合行业标准、团体规范，符合单位章程及其他内部管理制度要求，面向国际办学的还要符合目标国政策要求，符合相应国际标准。应该说，我国针对非营利性民办学校制定的政策法规不可谓不多，但是这些政策法规完整落实的有效性还有待提高。如在招生方面，2018年修订后的《中华人民共和国义务教育法》规定"适龄儿童、少年免试入学""学校不得分设重点班和非重点班"。《教育部办公厅关于做好2018年普通中小学招生入学工作的通知》也提出了"严格落实'十项严禁'纪律"。但是,在一些地方,非营利性民办初中通过提前考奥数或面试"掐尖"招生、学校里以"科创班""火箭班""普通班"分设班型等不合规办学行为也并不少见。有的非营利性民办中小学的部分教师没有教师资格证书,学校也没有在教师入职前进行有无犯罪记录等方面的前置调查。强化非营利性民办学校的合规控制体系还需要新的思路。合规目标一般要求学校建立合规管理体系,列出政策、法律法规、标准中的负面清单,或者建立政策法规数据库,通过逐一查找合规要求来制定控制措施。②报告可靠。报告是政府部门、师生群体和社会公众了解非营利性民办学校各项信息的重要渠道。报告可靠主要指非营利性民办学校形成的财务报告、审计报告,以及向上级提交或向社会公开的年检报告、教学质量报告、毕业生就业质量报告等信息可靠,应避免提交虚假报告、不真实报告,以免对自身的社会公信力造成损害。③资产安全。资产安全是非营利性民办学校可持续发展的基石,不真实的财务报告会影响资产安全,交易过程、资产保管过程缺乏监督也会影响资产安全。通过对会计过程、资产交易以及主要经济活动进行内部控制,资产安全可以得到有效保障。

2. 发展性目标

发展性目标主要指通过内部控制,实现非营利性民办学校的有效和可持续运营,这里的有效既包括有效率,也包括有效益,重点在于有效运营和实现战略目标。①有效运营。内部控制可能会导致管理成本的增加,风险栅栏设置不当也可能造成管理障碍,从而增加业务流程,降低工作效率。所以,强化内部控制必须认真梳理和优化业务流程,从而实现有效运营。②实现战略目标。实现战略目标是非营利性民办学校的最终目标,比如培养更多优秀人才,产出更多教育教学或科学研究成果,为社会提供更多高水平服务,实现高质量发展等。

与其他民间非营利组织一样,非营利性民办学校缺乏利润等明显的绩效指标,对一些服务质量或绩效指标的评价往往较为困难,因此,发展性目标需要多维度考虑。当然,正如许多内部控制标准或指南所提及的,必须承认内部控制作用的局限性,它不能确保组织发展性目标一定会实现。

内部控制只能为这些发展性目标的实现提供有限或合理条件，并不能提供完全或充分的保证。

二、谁来控制——控制主体

非营利性民办学校内部控制不仅仅是管理层的事情，也不仅仅是财务人员、审计人员的事情，它要求全员参与，或者可以说学校内外部利益相关者都是内部控制的主体。因此，需要考虑不同利益相关者在内部控制方面的要求，明确他们在内部控制中的职责。

1. 学校内部利益相关者

第一，董事会决策机构层面。《中华人民共和国企业所得税法实施条例》要求非营利组织的"投入人对投入该组织的财产不保留或者享有任何财产权利"，《民间非营利组织会计制度》要求民间非营利组织的"资源提供者对该组织的财产不保留或享有任何财产权利"。但是，出于种种原因，分类管理后要使非营利性民办学校的举办者完全不享有所有权中的部分权能，如不能占有、使用、处分学校的动产或不动产，也是不现实的。当董事会中占主导地位的举办者在非营利性民办学校存续过程中拥有这些权能时，他们往往会有强化内部控制的积极性。董事会应该为非营利性民办学校内部控制确定高层基调，高层树立了合规、正直、诚信的榜样，有助于非营利性民办学校内部控制体系及其控制文化的有效形成。

非营利性民办学校可以根据自身组织规模确定内部控制体系。大型非营利性民办学校，尤其是非营利性民办高校、非营利性民办教育集团，可以由董事会牵头领导内部控制工作。学校可在董事会中成立专门的内部控制领导小组或内部控制委员会，对学校内部控制工作做出决策，每年审议学校内部控制报告并提出改进建议。鉴于非营利性民办学校的公益属性，其可以引入上市公司中的独立董事制度，由非执行董事或独立董事组成内部控制审计委员会，或者由政府督导专员、通过"双向进入、交叉任职"形式加入董事会的党委书记牵头成立内部控制委员会，或者由监事会负责人牵头管理内部控制工作，就内部控制发表独立意见，并专门监督考察内部控制的建立、实施和评价情况。

第二，学校管理执行机构层面。校领导班子等学校管理层是内部控制工作的具体执行者。学校管理层负责内部控制规划、构建和全面实施等工作，包括建立内部控制专门机构、制定内部控制制度、推进内部控制在各部门实施、定期评价内部控制实施情况、根据监督评价的结果对内部控制进行改进等。非营利性民办学校可安排一位副校长担任首席内控官，直接分管内部控制体系的建立、运行、评价等工作。具体工作可以依托财务、审计、纪检监察或监事部门进行管理，也可以直接单设内部控制部门加以管理。总之，在学校管理执行机构层面，应当要配置具体负责内部控制的机构或部门，这样才能将内部控制落在实处。

第三，学校各部门和岗位员工层面。内部控制强调全员参与。无论是负责招投标、基建、后勤等重要经济活动的部门及员工，还是从事教育活动的部门及员工，都是内部控制的直接参与者。每个岗位的员工尤其是重要风险岗位的员工，都应接受相应的目标宗旨、诚信与道德价值观和合规方面的培训教育，还应从自身业务循环角度梳理优化所在岗位工作流程，判断各流程中主要节点的关键风险，进而依法依规和有效地处理事务。比如对于每位任课教师来说，其所在岗位可能出现的风险有道德风险、质量风险。针对可能发生风险的关键环节，非营利性民办学校应当制定防范教师违反职业道德的行为准则和关于教育教学质量要求的控制指引，确保将教育行为的道德风险、质量风险降到最低。

第四，学校监督机构层面。2016年中共中央办公厅印发的《关于加强民办学校党的建设工作的意见（试行）》要求"选好管好民办学校党组织书记""建立健全党组织参与决策和监督机制"。2018年修订后的《中华人民共和国民办教育促进法》要求民办学校加强党建工作。是否可以考虑让党组织书记在非营利性民办学校内部控制监督方面发挥领导作用，让党组织成为学校内部控制监督体系中的重要力量？此外，学校内部的纪检监察部门、监事会、审计部门和教职工代表大会，也应承担内部控制监督职责。比如纪检监察部门、审计部门作为内审机构，应该将内部控制纳入学校内部日常纪检、审计范畴，这也是教育系统审计工作的基本要求。监事会或教职工代表大会可以在召开例会时，听取和审议学校内部控制执行情况的报告。或者对监督职能加以整合，由一个部门牵头负责相关的内部监督事务。

目前，我国许多非营利性民办学校尚未组建纪检监察部门和内部审计部门，有的即使建立了也是在财务部门管理下工作，缺乏独立开展内部审计工作的条件。监事会或教职工代表大会也存在虚设的问题，有的基本不开会，有的开会主要是学习文件精神，而非监督董事会重大决策或讨论涉及教职工切身利益的事项，因此自下而上的学校内部控制监督还需要进一步强化。当然，非营利性民办学校内部监督体系如果完全按要求设置和运行，可能会出现叠床架屋、多头监管、成本过高等问题，容易造成监督力量分散或推诿扯皮，因此需要加以整合。

总之，应在非营利性民办学校内部建立从董事会、管理层、二级部门到工作岗位的"纵到底"，从董事、校领导、部门工作人员、班主任或辅导员、任课老师到后勤员工的"横到边"的全员内部控制主体体系。

2. 学校外部利益相关者

第一，政府管理部门。内部控制不仅会约束普通员工，也会约束高层管理人员。因为高层管理人员同样具有舞弊的动机，而且其舞弊带来的运营风险和不良后果往往比普通员工更严重。解决"控下不控上"的问题和强化内部控制环境，尤其需要作为监管机构的政府的制度力量。在我国，与非营利性民办学校内部控制规范建设与实施事项密切相关的政府管理部门，主要包括财政部门、民政部门、教育行政部门、人力资源和社会保障部门。目前，财政部门牵头内部控制规范建设与实施工作，民政部门负责民间非营利组织登记注册工作，教育行政部门负责非营利性民办学校办学指导工作，人力资源和社会保障部门负责职业培训类非营利性教育机构业务指导工作。如果这些部门能达成共识，制定内部控制相关指南和实施意见，并要求在非营利性民办学校中实施，非营利性民办学校内部控制规范就能初步建立起来。企业内部控制规范、行政事业单位内部控制规范也是在财政部等部委的要求下才得以全面实施，上市公司每年要向社会披露其内部控制报告，行政事业单位每年要填写上报内部控制评价表，它们的内部控制体系和机制越来越完善。

第二，家长、捐款人、债权人及其他社会群体。家长、捐款人和债权人群体作为密切的利益相关者，应当享有对非营利性民办学校内部控制整体构建及实施状况的知情权。同时，在一些涉及其核心利益的业务领域，也可以参与相关的内部控制工作。比如，学校食堂关系着学生的饮食健康，家长非常关心。学校应当建立食堂食材采购及烹饪的业务流程和控制机制，并邀请家长参与监督，让家长就业务流程中的风险节点、控制举措、缺陷报告和流程优化提出建议，定期让家长知晓业务流程内部控制的结果。这样既能有效减少饮食健康问题的发生，也能在一定程度上避免因缺乏家长信任而引发突发事件。非营利性民办学校作为享受国家税费优惠和财政资助的机构，其公益性强。应当聘请有资质的外部审计机构，对学校内部控制工作、财务工作等进行审计，并公开发布审计报告，从而让其他社会群体了解学校的发展运营状况。

第三节 如何控制——风险评估与控制方法

"如何控制"涉及实施内部控制的两大步骤：一是进行风险评估，二是应用控制方法。风险评估是应用控制方法的基础。

一、风险评估

COSO 2004 年版《企业风险管理：整合框架》将原有的风险评估具体细分为目标设定、事项识别、风险评估、风险应对四大部分。其实，风险管理理论也提出了同样的风险管理活动序列，既往内部控制要素中的风险评估要素详细展开也包括以上四个部分。《企业风险管理：整合框架》提升了风险评估在内部控制中的地位。本节主要基于COSO《企业风险管理：整合框架》，围绕目标设定、风险识别与分析、风险应对三个关键环节展开论述。

1. 目标设定

目标设定是风险识别与分析、风险应对的基础，没有目标也就没有判断何为风险和何为机会的标准。非营利性民办学校应在主要业务范畴内确定自己的发展目标、风险容限和风险容量目标。发展目标容易理解，风容限和风险容量目标需要做进一步阐释。风险容限是组织所能接受的运营策略偏离发展目标的程度,风险容量是指组织在开展某项业务时所能承受的最大风险程度和数量,有时二者聚焦于某个具体的风险阈值时,也会有所重合。任何活动都有风险,组织风险管理的首要任务是确定自己能承受哪些风险、能承受多大的风险。

比如生源是非营利性民办学校的生命线,有充足的生源尤其是优质生源,是确保非营利性民办学校持续发展并赢得良好办学声誉的重要因素。所以,许多非营利性民办学校不遗余力地招生,尤其重视招收优质生源,此时,学校就要明确采用不同招生办法的风险容限和风险容量。以义务教育阶段的非营利性民办学校招生工作为例,按照政策要求民办学校应与公办学校同步实行"公民同招"。当报名人数少于学校招生计划数时,学校应按学生志愿全部录取;当报名人数超过学校招生计划数时,则通过电脑随机摇号确定符合录取资格的学生。在这种招生形势下,义务教育阶段的非营利性民办学校在拟定招生计划时就面临相应的风险,需要思考"是为了实行小班化教学、突出办学特色而降低招生计划人数,还是按普通的班额标准、办学条件和学位供求情况拟定招生计划人数"等问题。降低招生计划数、提高教学质量或许能为学校带来更好的声誉,但生源不足会导致收入减少。相反,按普通班额标准招生虽能满足生源充足的要求,但在特色办学方面会受到影响,从而使学校难以形成显著优势。在学龄人口快速下降的背景下,长期如此更可能丧失核心竞争力。那么,学校所能接受的生源不足的最大风险量是多少?能接受的学校办学优势减少的风险程度是多少?这就需要在考虑业务发展目标的同时,考虑风险容限和风险容量目标设定的问题。

2. 风险识别与分析

风险识别与分析是指在明确风险源、风险因素或风险点基础上,进一步分析风险的大小和成因,从而形成风险评价指标体系和评价结果。风险点是管理活动过程中可能产生问题、存在错弊隐患、容易失去控制、应当予以关注的场景。[①]每个风险点同时也是内部控制的重点。不同的组织对风

---

① 李敏. 企业内部控制规范[M]. 3 版. 上海:上海财经大学出版社,2021:84.

险点的识别有不同的框架。比如有的组织从内部风险和外部风险角度加以识别,内部风险主要是管理运营活动产生的风险,外部风险主要是经营环境变化带来的风险。国务院国资委将中央企业风险分为战略风险、财务风险、市场风险、运营风险和法律风险。《社会服务机构自身建设指南》主要关注的风险是业务活动违反法律法规的风险、重大风险或突发事件风险、印章和证书管理不善的风险等。有学者认为民办高校有五大风险,即市场风险(生源市场风险、办学市场风险、就业市场风险)、管理决策风险、教育质量风险、财务风险(债务风险、资金支付风险、投资风险)和政策风险。[①] 这一探析和分类较为精准地概括了民办学校可能面临的特殊性风险。

风险分析主要是根据所开展业务的重要性、风险性质、风险发生频率、风险发生的可能性、风险后果的严重性等指标形成对风险的评估标准,然后依据标准对业务风险做出等级评估,在此基础上,从主客观角度分析风险的成因(表7.1)。例如,在对市场风险中的生源市场风险进行识别和分析时,从重要性、可能性、频繁性和严重性四个维度进行打分。打分后,按照已经明确的风险判断标准,将当年生源市场所面临的风险评定为低风险、中风险或高风险三个等级,从而建立风险预警体系。在此基础上,进一步分析风险成因,并提出相应的风险应对策略。

表 7.1 风险识别与分析示例(节选)

风险类型	风险细分领域	风险内涵	风险评分(1—5分)				总体得分与定性分级	成因分析
			重要性	可能性	频繁性	严重性		
市场风险	生源市场风险	生源不足导致学校经营困难						
	……							

3. 风险应对

根据目标设定和风险识别与分析结果,非营利性民办学校可以采取不同的风险应对策略。具体可以分为风险规避和风险接受。风险规避是指当风险完全超出组织的承受能力时,组织不介入、不继续、不参加与该风险

---

① 李钊. 民办高校办学风险防范研究[M]. 北京:社会科学文献出版社,2009:64-93.

相关的业务活动，从而远离这些业务活动可能带来的风险；或者通过充分的准备来规避某业务活动可能带来的风险。比如非营利性民办学校拟在全校范围内进行一项教学改革，这项教学改革如果失败，可能会带来师生情绪波动问题，或者对学校的声誉造成负面影响。为了规避风险，非营利性民办学校可以选择不启动教学改革；或者在采取改革措施之前，制定相应的预案防止失败后的问题发生。但是，风险应对并非绝对排斥和规避风险。开展任何事项都有风险，风险的分布往往呈现为光谱状，甚至有时"决定不做某些事情的风险常常大于决定做这些事情的风险"[①]。因此，通过退出某些事项来绝对排斥和规避风险并非明智的做法。

风险接受是指组织为完成业务目标而承担或接受风险的过程。根据接受方式的不同，可将风险接受分为风险降低、风险分担和风险完全接受。风险降低是指将风险程度控制在风险容限和风险容量范围内。风险分担指通过保险等方法将风险损失进行转移，以避免风险突破原有的风险容限和风险容量。风险完全接受是指根据风险容限和风险容量，允许一定概率内的风险事件发生。总之，风险应对策略涵盖了完全规避和完全承受这两个极端策略，以及中间的一系列策略。在实践中，应对风险不可能采取单一的策略，而是需要选择多种风险策略的组合。

例如，学生人身伤害是非营利性民办学校办学过程中最不希望出现的风险事件。学校应开展常规性的安全教育、修缮设施设备、完善安全管理制度、检查师生身心健康等措施，尽力降低学生人身伤害事故发生的概率。然而，有的学校为了防止外出活动导致的人身伤害事故，完全放弃了校外游学活动。有的学校甚至在课间十分钟要求学生不能走出教室活动，将学生圈在教室里，试图完全规避导致学生人身伤害事故的风险场景。当然，更多的学校为了培养学生综合素质，在做好安全防护的前提下，坚持开展户外、校外教育教学活动，接受可能出现的学生人身伤害风险。一旦发生学生人身伤害事故，学校要及时启动应急预案，比如向上级报告、紧急送医救治、联系家长等，以避免风险扩大。保险是一种常见的风险分担办法，通常学校会根据自愿原则安排学生购买人身意外险。学校也会购买校方责

---

① 国际内部控制协会. 国际注册内部控制师通用知识与技能指南[M]. 邱健庭，徐莉莉译. 北京：中国财政经济出版社，2009：91.

任险，如果在学生人身伤害事故中校方存在过错，学校可以通过保险公司分担赔偿金额，从而降低因事故中的过错责任带来的赔偿风险。通过以上分析可以看出，风险应对包含多种策略，应尽量组合使用而非单一使用。

二、控制方法

应用控制方法主要通过建立制度、优化流程、归口管理来实现。党的十九届四中全会通过的《中共中央关于坚持和完善中国特色社会主义制度推进国家治理体系和治理能力现代化若干重大问题的决定》中提出的"三分一定"，即分事行权、分岗设权、分级授权、定期轮岗的方针，有助于实现组织的内部控制。整体来看，控制方法主要分为一般控制方法和具体控制方法。当然，有的控制方法也可被视为控制业务对象或控制活动。

1. 一般控制方法

1）建立健全内部控制管理体系

内部控制管理体系是设计、执行和评价内部控制的基础。一是要建立相关机构，明确内部控制职能。非营利性民办学校应当从长远发展、持续发展角度出发，明确从董事会、管理层到二级部门的内部控制职能，或者建立专门的内部控制机构。董事会与管理层应当明确自身在内部控制设计和领导方面的责任以及职能。二级部门可以借助纪检部门、审计部门或专门的内部控制机构的力量，开展具体的内部控制的实施和评价工作。二是要建立内部控制制度。非营利性民办学校应全面梳理业务流程，明确其中的风险点，根据风险点确定控制点，从而建立全员、全流程的内部控制制度。同时应发布内部控制记录、评价与审计办法，为强化内部控制的有效运营提供保障。三是要形成内部控制文化。非营利性民办学校应清晰表达目标愿景，明确社会责任。高层应以身作则，带头践行诚信与道德价值观，树立正直、合规的理念，并对下属进行监督。开展关于内部控制规范的员工培训，形成合规运营、规范发展、有序工作的内部控制文化。

2）形成目标—流程—风险—控制—评价—整改闭环

这是从内部控制的基本工作思路出发明确的控制工作流程或方法。即在业务运营过程中，明确内部控制目标，清晰梳理业务流程，明确其中的主要风险点,根据风险容限和风险容量明确内部控制内容、控制程度,采取控制措施,每年对内部控制实施活动进行评价,根据评价结果对存在的控制问题进行专项整改,从而形成从内部控制建立到评价整改的完整业务闭环。

3) 根据业务生命周期或循环开展内部控制

一个业务生命周期通常包含了从业务启动到业务完结的全过程。比如一个项目研发业务生命周期就包括项目立项与审批(立项申请、立项评审、立项审批)、项目研发过程(自主研发包括组建团队、配置资源、跟踪检查,外包研发包括选择合作对象、签订合同、跟踪检查)、项目成果验收等环节。我国台湾地区2017年修正后的《学校财团法人及所设私立学校内部控制制度实施办法》要求,私立学校针对具体业务,采用"循环"思路,从纵横两个维度来制定内部控制的政策及程序,这些业务涉及招生循环、入学至毕业循环、教学作业循环、学生辅导循环、人事管理循环、采购及付款循环、不动产建筑物及设备循环、融资循环、投资循环、资讯管理循环。具体到某项业务,要求根据业务循环周期的主要环节制定相应内部控制的政策及程序,如在入学至毕业循环中就提及应制定覆盖注册、学籍及成绩管理、奖惩、奖助学金、休退学、毕业等环节的政策及程序,从而尽可能实现业务的全流程控制。

4) 应用信息系统开展内部控制

在当今大数据、物联网广泛渗透的背景下,信息系统控制既是一种广泛应用的控制方法,也是十分重要的控制对象。信息系统控制主要包括一般控制和应用控制。一般控制主要是对信息系统的开发维护过程及应用环境的控制,这些控制方法适用于大多数信息系统。一般控制主要包括信息系统建设的立项、研发、发包、购买以及维护、更新等方面的控制,包括设置相应的管理机构、制定研发规划、降低研发成本、保障运行条件、确保系统和数据安全等举措。应用控制涉及具体信息系统的控制,包括输入控制、处理控制和输出结果控制。输入控制包括明确入口接触资格、录入信息的授权审批等,处理控制包括对信息系统数据处理方法等的控制,输出控制包括对数据外溢风险等方面的控制。在这方面,我国已经出台了《企业内部控制应用指引第18号——信息系统》,非营利性民办学校在建立和实施信息系统控制时可以参照。

2. 具体控制方法

1) 不相容职务分离

不相容职务分离是横向开展的岗位内部控制方法，应用了早期的内部牵制思想。不相容职务是指那些如果由一个人担任，既可能发生舞弊和错误行为，又可能掩盖其舞弊和错误行为的职务。让这类职务相互分离，背后的假设是两人及以上同时发生舞弊和错误行为的机会比一人要少。非营利性民办学校在设置岗位过程中，要通过工作分析、岗位职责划分、组织结构设置等明确哪些岗位涉及不相容职务，并考虑是否需要对这些不相容职务进行分离，如果不分离由一个人兼任这些职务会造成哪些后果。一般来讲，经济业务的收支不应完全由一个岗位或一个人办理，业务的管办评不应由一个岗位承接，重要风险岗位如财务、人事、招生、基建等应当接受相应分离岗位的审计或巡视巡察。此外，不相容职务分离控制还可以通过岗位轮换、定期抽查历史档案和账簿文件、定期开展资产盘点、岗位业务交叉检查以及建立岗位回避制度等来实现。

2) 授权审批控制

授权审批控制是纵向开展的岗位内部控制方法。权力的纵向分配是组织结构设计中的一项重要元素，授权既是提高工作效率的手段，同时也是责任分担、权力牵制的有效方式。授权主要涉及的问题是授权对象的确定、所授权限类别和大小、授权方式及授权的变更、授权撤销和终止等。被授权人在一定权力范围内行使审批职权并承担相应责任。例如，非营利性民办学校在货币资金使用过程中，通常会根据资金额度进行授权审批控制。项目主管、财务负责人、分管校领导、校长、理事长根据自己的权限分别行使相应资金额度的审批职权，并承担相应责任。

3) 会计系统控制

会计系统控制既是一种控制方法，也是重要的控制活动。会计系统控制包含一套针对组织经济活动的控制方法、制度和程序，涉及会计岗位控制、合规性控制、印鉴票据控制、财务报告控制、会计档案控制。在这方面，我国财政部发布了较为细致的系列《内部会计控制规范》，对组织内部会计控制提出了明确的要求。非营利性民办学校应当根据《民间非营利组织会计制度》进行会计核算，发布财务会计报告，开展会计系统控制。

4）资产保护控制

资产保护控制主要是对学校资产进行有效管理，防止出现资产被盗用、丢失、被不当占有等问题。资产保护控制通常采用的方法有资产登记造册、限制接触特定资产、加强实物资产管理和使用、定期进行资产盘点、规范资产调拨报废流程、为特殊资产购买保险等。

5）全面预算控制

全面预算控制也是一种有效的控制方法，它强调在项目运行和资金使用过程中应当编制相应的预算，根据预算科目进行经费列支，根据预算执行差异进行业绩评价。全面预算控制的方法主要是根据组织的发展战略和目标，将整体预算逐层分解，并与生产经营活动和财务活动计划进行匹配。具体包括落实预算管理部门、明确预算目标和科目、强化预算审批和监督、管控预算执行和调节过程。全面预算控制能使资金使用更加规范和有计划。

第八章　非营利性民办学校内部控制规范的构建（二）

第一节　控制什么——控制业务

在分析了控制目标、控制主体和方法后，就需要分析控制业务及其主要节点，回答究竟要控制什么的问题。在控制业务与节点的框架构建方面，COSO《内部控制：整合框架》在世界上具有广泛影响力，诸多世界专业协会以及发达国家采用了该框架。我国《行政事业单位内部控制规范（试行）》将控制活动划分为单位层面和业务层面。我国台湾地区对私立学校的内部控制要求集中在学校教职员工人事事项、财务事项、营运事项、关系人交易及相应的业务循环等方面。这些都是对COSO《内部控制：整合框架》的超越。按照普遍活动与特殊活动相结合的原则，本书根据业务性质把非营利性民办学校内部控制的具体业务对象划分为四大部分，并聚焦其关键问题加以分析，以给非营利性民办学校构建和实施内部控制规范提供相应借鉴。需要指出，鉴于以前的制度基础在治理结构、教师人力资源管理等方面着墨较多，本书就没有重点讨论。

一、组织环境控制

控制环境是内部控制得以顺利实施的基本条件，营造良好的控制环境是非营利性民办学校从董事会到校长等管理层的主要责任。在国际注册内部控制师所需要掌握的核心技能中，控制环境部分要求熟悉组织行为准则、组织价值观、管理层责任、员工胜任能力、一般工作流程、组织机构设置、内部设计与资产保护等十项内容。非营利性民办学校的某些控制内容与企业类似，这里我们结合非营利性民办学校的实际情况，重点阐述引导其发展的办学目标与宗旨、育人价值观与责任这两个特别突出的控制环境方面的内容。

1. 办学目标与宗旨控制

非营利性民办学校作为非营利组织，应当将办学目标与宗旨作为控制环境的关键要素之一。非营利性民办学校最大的特点是公益性，其基本宗旨是向社会提供高质量的教育服务。非营利性、公益性、公共性将非营利性民办学校与营利组织和私益性组织区分开来，也使非营利性民办学校承担了独特的教书育人的公共使命。非营利性民办学校应依托发展战略落实目标宗旨，避免办学方向偏离主责主业。

（1）控制目标。确保非营利性民办学校的非营利性和公益性，聚焦教书育人主责主业，不断提高教育质量，打造以教育教学主业为核心的学校品牌。

（2）业务流程、控制点与风险分析。目标与宗旨控制的流程包括制定和执行环节，其主要风险点和控制节点也集中在这两个环节。主要关注以下风险：一是学校缺乏愿景或目标宗旨，导致学校组织性质定位不清，举办行为不规范，业务不集中，经费被挪用于其他无关业务；二是学校愿景或目标宗旨出现偏离，举办者或管理者以营利组织的视角理解和定位办学行为，试图通过各种方式转移、套取学校办学结余；三是学校愿景或目标宗旨脱离办学实际，或者未在发展战略、年度计划中落实，形同虚设。

（3）控制措施。非营利性民办学校目标与宗旨的制定要立足于其"非营利性"和作为"学校"的组织特性。针对"非营利性"，2023年民政部开展了相关核查工作，要求核查包括非营利性民办学校在内的民间非营利组织是否违规向出资人返还开办资金、财务收支是否全部纳入组织法定账簿核算等12项内容。这些核查要求涵盖了实现非营利性民办学校"非营利性"宗旨的控制措施。就"学校"这一角色而言，需要在非营利性民办学校的办学理念、文化标识、发展战略和年度计划中落实控制措施，体现学校的目标宗旨。与此同时，非营利性民办学校应加强对战略和计划实施情况的监控，一旦发现办学行为偏离目标宗旨，应及时加以调整。

2. 育人价值观与责任控制

在企业内部控制中，这方面的控制主要强调的是诚信与道德价值观控制、文化控制和社会责任控制。非营利性民办学校是面向青少年开展教育的公益性机构，学校管理人员和教师的言行对青少年成长有深远影响，但一些不当教育行为令人触目惊心，国家对育人价值观和育人责任有严格要求，因此非营利性民办学校在这方面的内部控制应当独立设置并重点强调。

（1）控制目标。确保学校坚持党的教育方针和正确的价值导向；不聘用从业禁止人员担任教师；教师教育教学行为符合教师职业道德规范和新时代教师职业行为准则，及时发现并纠正违反师德师风的行为，不出现违反师德师风的恶性事件。

（2）业务流程、控制点与风险分析。这方面的风险存在于教师选用过程、学生管理过程、教育教学过程。主要关注以下风险：一是在准入阶段，没有仔细查阅相关档案信息，没有深入了解，聘用了不符合教师职业要求的从业禁止人员；二是教师在从教过程中出现不符合师德师风规范的言行，给学生身心和学校声誉造成负面影响；三是内部运行机制难以发现师生的失范言行，导致不当言行和伤害不断累积，从而造成严重后果。

（3）控制措施。成立师德师风建设委员会或教师工作部等专门机构；规范教师选拔录用的条件和程序，按照国家相关规定严格审查备选人员的犯罪记录以及是否存在违反治安管理的涉性行为；定期或不定期开展师德师风教育，及时通报披露相关案例，形成震慑；分析教师违反师德师风行为的风险点，制定管理办法或相互监督办法，例如规定教师不得在家庭或社会场所辅导学生，要求异性师生在非公开场合或工作场合沟通交流时遵守相应规定；规定对学生教育惩戒的条件、程序和违规惩戒的限制，避免出现违规惩戒；建立强制报告制度或举报制度，保护举报人，定期或不定期向学生收集育人价值观和责任落实的苗头性线索，对相关教师进行及时提醒和处理。

案例 8.1：上海市浦东新区某民办小学教师昂某某猥亵女童案[①]

2017 年 9 月至 2019 年 6 月，被告人昂某某利用担任上海市浦东新区某

---

① 根据中国裁判文书网案例做了删改和整理。中国裁判文书网. 昂某某猥亵儿童一审刑事判决书（2019）沪 0115 刑初 5045 号[EB/OL]. （2020-07-24）[2024-08-07]. https://wenshu.court.gov.cn/.

民办小学教师的便利，在小学档案室等场所先后多次对女童吴某某、袁某某等采用贴脸、亲吻、摸胸部和阴部等方式实施猥亵。受害人在法庭上提供的证据显示，昂某某担任吴某某等同学的数学老师和班主任，一般在午休时以布置作业的名义将女学生叫到档案室，对其进行猥亵。昂某某平时也与女学生有不恰当的肢体接触，在走廊、办公室通过搂抱女学生腰部、拍打女学生胸部、与女学生牵手等方式进行猥亵，并且要求女学生对此事保密。女学生虽然对此类行为很反感，但自己无法定性。后来，女学生接受了学校法制教育，才知道昂某某的行为是不当的，遂告知家长。一审法院判决昂某某有期徒刑四年，五年内禁止从事与未成年人教育相关的职业。

据法庭调查，昂某某2001年曾因奸淫幼女被判刑，当地教育局将他从市教师名单中除名，并开除党籍。而2019年教育局要求教师开具无犯罪记录证明时，昂某某却提供了当地公安局开具的无犯罪记录证明。其教师资格证也因为颁发时间较早而未录入中国教师资格网，无法查询到其教师资格是否丧失。

教师在育人责任履行过程中，最大的风险就是出现违反职业道德规范甚至违法的行为，从而给学生身心造成难以磨灭的负面影响。案例学校对昂某某的教师资格证进行了检查，要求其出具了无犯罪记录的证明。应该说，学校在入口关建立了良好的教师选任流程，明确了新进教师师德师风风险点，并且针对风险点采取了控制措施。但是，由于未知的原因，公安部门出具的证明与实际情况不符，中国教师资格网的信息也存在时间差，这使得这一风险控制关口没有发挥作用。在后续的环节，学校未设置教师职业行为的风险控制点，缺乏相应的控制措施，这为昂某某实施猥亵提供了可乘之机。

我国自古以来就非常重视教师的道德行为，有时认为"人师"比"经师"更重要，也更难求。在过去20年间，我国在防控教师职业行为的道德风险方面采取了很多控制措施，包括从建立一般规范到形成职业行为准则，从榜样示范到列举负面清单，从一般倡导到违规处理，这些举措旨在建立预防和惩戒教师不当职业行为的长效机制。但是，采取的控制措施主要集中在事前的认知教育、案例警示、入职调查，以及事后的惩戒方面。事前控制措施包括开展师德师风培训，传达其他部门对违规教师的通报，对计划入职的教师进行犯罪记录调查等。事后控制措施包括在评职评优中实施"一票否决"、给予行政处分、实施从业禁止,以及对情节严重者处以刑事处罚。事前审查、事后处理的举措是有必要的,但也要关注从业过程中的事中监管。目前,非营利性民办学校针对教师育人价值观与责任的风险行为的控制机制还较为欠缺,这直接导致一些对学生的猥亵、侮辱、体罚等不当言行和不当教育惩戒行为在短时间内、在萌芽阶段难以被发现,更使得一些行为失范的教师得寸进尺,导致学生受到的伤害不断累积、加重。这是育人价值观与责任内部控制亟须补充完善的内容。

二、经济业务控制

非营利性民办学校在运营过程中会涉及大量的经济业务,比如融资筹资、收支业务、采购业务、合同业务、资产管理业务、负债业务、财务报告业务等,这些经济业务的流程、面临的风险和控制点、控制措施,与其他组织的相关业务类似。某些非营利性民办学校的经济业务存在举办者强干预的状况,学校一些重大经济业务甚至避开理事会、党委会、校长办公会等治理主体,面临着举办者凌驾于单位内部控制之上或内部控制失效的重大风险。已有关于经济业务内部控制的案例研究涉及财务控制、资产控制等内容,关于其他经济业务的讨论也较充分,这里我们选取部分经济业务,结合实际案例,对非营利性民办学校经济业务风险及控制措施进行适当分析。

1. 合同业务内部控制

合同(这里不包括劳动合同)是非营利性民办学校开展教育教学工作和实施教育管理过程中经常使用的法律文书。有关研究表明,合同纠纷是民办学校年度民事纠纷中最主要的类型。其主要表现为合作办学协议纠纷、借款合同纠纷、教育机构转让纠纷和教育培训合同纠纷。[1]加强合同业务的内部控制有助于降低法律风险。

非营利性民办学校合同业务的内部控制主要分合同订立和合同履行两

---

[1] 方芳. 民办学校法律纠纷折射出的治理问题及其改革[J]. 现代教育管理, 2016(4): 42-47.

个阶段。①①合同订立阶段主要包括合同调查、合同谈判、合同文本拟定、合同审核、合同签署等环节。合同调查环节要关注对方的主体资格、能力资质、信用状况，及时了解、认真分析对方和自身的履约能力。合同谈判环节要关注重大问题是否做了约定、是否做出不恰当妥协，以及是否存在因谈判能力或经验不足而处于被动局面等风险。合同文本拟定时要加强合同内容的合规性审查、归口管理和多部门审核。合同审核环节强调，合同要经业务部门审核，必要时也要经法律部门审核。合同签署环节要防止因印章管理不善而出现越权签订、所签署的合同被改动及后续保管不力等风险。②合同履行阶段包括合同履行、合同结算、合同登记与归档三个环节。在合同履行过程中，要关注双方履约过程，及时提示可能出现的违约风险；关注合同变更或解除的条件、程序及违约责任；对合同执行情况及时加以评估，并积极应对合同纠纷。合同履行完毕，要根据合同约定进行款项结算。最后要将合同建档登记，避免出现档案不全、内容被泄露或者被用于其他不当用途的风险。

案例 8.2：重庆市某民办技工学校与何某刘某等金融借款合同纠纷②

重庆某民办技工学校是重庆市较早成立的民办学校之一，何某为该校校长。2014 年 9 月 3 日，贷款人 A 公司与借款人何某、刘某，保证人 B 公司，保证人重庆某民办技工学校签订《个人借款合同》，约定何某、刘某向 A 公司借款 100 万元用于流动资金，借款期限为 12 个月，自合同签订之日起生效；合同项下借款由 B 公司、重庆某民办技工学校提供连带责任保证担保；担保的范围包括贷款本金及主债权的衍生利息、违约金、罚息及 A 公司追索前述主债权而发生的调查费、保全费、诉讼费、律师费等所有费用；若 B 公司、重庆某民办技工学校未能完全履行其在合同中所作承诺和保证或其他义务，借款方或担保方对其违约责任向 A 公司支付贷款金额的 20%违约金。嗣后，何某、刘某因未按约履行还款义务，被 A 公司告上法庭。

一审法院认为，借款合同是各方当事人的真实意思表示，合法有效，并且认为重庆某民办技工学校是民办非企业单位，而且其经营的主要目的

---

① 贺志东. 最新企业内部控制原理与操作实务[M]. 北京：电子工业出版社，2019：307-331.
② 根据中国裁判文书网案例做了删改和整理. 中国裁判文书网. 重庆市某技工学校与何某刘某等金融借款合同纠纷二审民事判决书（2016）渝 05 民终 5168 号[EB/OL]. （2017-07-26）[2024-08-07].
https://wenshu.court.gov.cn/.

仍是营利，能够独立承担民事责任，要求学校为其所涉债务承担保证责任。二审法院根据《中华人民共和国担保法》第九条和相关司法解释，认为重庆某民办技工学校本身负有提高国民素质和维护教职工、学生切身利益的社会责任，不具备承担保证责任的主体资格，因此其与 A 公司签订的保证担保合同无效。但是，其他债务人和保证人应当承担债务清偿责任。查阅中国裁判文书网，该民办技工学校还涉及与 10 多家小额贷款公司的金融借款合同纠纷，以及 2 起买卖合同纠纷。

首先，案例学校涉及担保业务纠纷。《中华人民共和国担保法》（已废止）规定，"学校、幼儿园、医院等以公益为目的的事业单位、社会团体不得为保证人"。2020 年《中华人民共和国民法典》也规定，"学校、幼儿园、医疗机构等为公益目的成立的非营利法人的教育设施、医疗卫生设施和其他公益设施"不得抵押。案例学校违反当时的法律规定，违规签订担保合同，给学校带来巨大的法律风险和运营风险。其次，案例学校涉及合同业务纠纷。在合同业务方面，《企业内部控制应用指引第 16 号——合同管理》已经较为全面梳理了合同管理的风险点以及在合同订立和合同履行方面的控制措施。案例学校没有强化合同内部控制，没有梳理分析合同订立流程、合同履行环节的重大风险点，也没有针对风险环节进行业务控制，最终导致学校陷入法律纠纷，其教训十分深刻。

2. 采购业务内部控制

案例 8.3：杨某某利用职务之便侵占山西朔州某民办学校财物案[①]

山西朔州某民办学校有大食堂、二食堂和幼儿园食堂。杨某某系大食堂和幼儿园食堂的管理员兼学校三个食堂的保管，不仅承担食堂管理工作，还负责清点食材、入库签单。学校采购付款的主要流程是：①采购员岳某给供货商打电话，提出采购需求。②供货商将货物运至学校，由采购员岳某对货物名称、数量、单价、总价等进行清点复核并在货物收据上签字。收据一式两联，一联给供货商，一联给食堂管理员。③供货商将货物交于学校食堂保管员杨某某，杨某某清点完货物后在前货物收据上签字，并开

---

① 根据中国裁判文书网案例做了删改和整理。中国裁判文书网. 杨某某职务侵占罪一审刑事判决书（2019）晋 0602 刑初 92 号[EB/OL]. （2020-03-30）[2024-08-07]. https://wenshu.court.gov.cn/.

具自己签字的入库单。入库单一式三联，一联给供货商，另外两联给食堂管理员。④采购员岳某通知供货商结账，供货商拿收据、入库单找管理员杨某某出具费用报销单。费用报销单经岳某和校领导签字后，由财务审核并向供货商付款。

杨某某利用职务之便，多次模仿学校采购员岳某的签字，伪造"收款收据"和"入库单"，让供货商找学校结款。待供货商从学校结款完毕后，杨某某要求供货商将伪造结算的货款转给自己并将该款项据为己有。在此期间，杨某某丈夫吴某某也配合她模仿签字并参与资金侵占。从2014年起，杨某某与其丈夫先后共同侵占学校公款超过百万元。2017年学校发现此情形后，杨某某才向学校陈述了职务侵占的事实，并分三期（金额分别为16万、60万、55万）将侵占公款转给岳某和校长闫某。鉴于此，学校对杨某某及丈夫行为予以谅解。2019年12月，山西省朔州市朔城区人民法院一审判处杨某某有期徒刑三年，缓刑五年。

案例学校在采购环节、存货盘点环节、财务报销环节建立了不相容职务分离控制、授权审批控制规范。但是，这些控制规范在实施过程中存在漏洞，使得杨某某管理权限过于集中。据庭审调查，采购员岳某最初所签字的货物收据为一式两联，但杨某某结账时都要走了，岳某没有留底单。而在费用报销单上签字时，因为没有底单，找不到核对依据，岳某一般不详细核对就直接签字。这样，采购方面的不相容职务分离控制没有发挥作用。此外，杨某某不仅担任食材货物入库清点员，同时还担任食堂管理员。在具体运行过程中，杨某某可以根据食材的质量对供货商是否继续供货提出意见。因此，当杨某某要求供货商向其返回通过伪造报销单结算的费用时，供货商对其十分忌惮，不得不顺从，且不愿意揭发。同时，杨某某丈夫还担任该校小学部主任。后来，采购员岳某发现食材质量有问题并向董事长反映，同时通过暗中观察才发现了长达三年的签字漏洞。总之，该学校在食堂采购业务内部控制方面需改进：一是不相容职务分离存在问题，采购、入库验收、食堂主管职务应当分开设置；二是采购业务运行流程中，经办人、事项复核人应该互留相应的底单，以备查验；三是应对货物、收款收据、经费报销单进行定期盘点和抽样复查；四是应当建立相应的食堂货物物流信息系统，通过信息系统加强相应环节的不相容职务分离控制和授权审批控制。

采购是组织中发生频繁、资金集中的业务，涉及的交易链条长、商品品类复杂，需要精心梳理业务流程并在核心风险点加以控制。一般来说，采购业务活动包括请购申请、制定采购计划、实施采购活动、验收活动、支付购货款、采购折让与退货等环节。如果非营利性民办学校采购管理机制不健全或没有建立采购制度，这些环节中都可能出现重大风险。比如采购申请审核不严格，需求不合理，超需求提出请购申请或制定采购计划；实施采购活动时可能出现人为操纵并从中获取回扣等行为；在签订合同时可能出现内外人员串通订立虚假合同并套取资金等问题；在产品验收时可能出现账实不符、产品质量不过关的问题；在支付购货款时可能出现盲目付款、重复付款或提前付款的问题。所以，在采购业务上应当建立相应的内部控制规范，比如供货商准入规范、账实定期核对规范、价格监督规范、采购与验收规范、退换货规范、应付账款控制规范等，加强对采购流程的规范化管理。

3. 筹资业务内部控制

案例 8.4：南洋教育集团学校接连倒闭[①]

南洋教育集团是20世纪90年代中国民办教育的一面旗帜。从1994年在山西建立第一所南洋国际学校开始，南洋教育集团陆续在全国许多城市建立了多所学校，其势盛极一时。南洋教育集团主要采用"教育储备金"模式筹资办学。即在入学时向学生家长一次性收取8万元到32万元不等的资金作为教育储备金，许诺学生毕业时全部返还。学生在校就读期间的学费、伙食费全免，若半途退学，学生也可以将免费资格转让他人。较之同类私立学校每年收取两三万元的学费、生活费等，"教育储备金"模式显然优惠得多，对家长的吸引力也更强。就这样，南洋教育集团利用教育储备金建立了一所又一所配置高、条件好、特色明显的民办学校。

在即将集中偿还家长教育储备金之际，南洋教育集团董事长任某某于2004年将集团整体转让给帅某某，自己却举家迁往国外。2005年秋，从山西南洋国际学校面临资金危机、迟迟不能兑现到期的教育储备金开始，南

---

① 根据以下文献做了删改和整理。应益华. 对南洋教育集团倒闭的反思[J]. 财会月刊, 2007 (6)：87-88；刘云伶, 赵华, 赵仁伟. 南洋教育集团十所学校倒闭内幕[N]. 中国教育报, 2006-04-04.

洋教育集团学校接连倒闭，大批学生和家长向学校讨要教育储备金，南洋教育集团的危机全面爆发。

南洋教育集团学校倒闭给整个民办教育界和社会带来了极大的震动。20世纪90年代初期和中期，我国经济一度出现短暂过热现象，金融机构人民币五年期定期存款基准利率在有的年份超过13%，1990年、1993年一年期定期存款基准利率也在10%左右[1]，一些民间借贷的利率甚至更高，在大发展过程中房地产、股票市场的收益也很高，这些储蓄和投资的高收益预期，使民办学校举办者确信，未来兑现家长缴纳的"教育储备金"时有充足的资金保障。南洋教育集团以"教育储备金"模式向家长举债发展，其资产负债率一度高达70%[2]，而且将大量教育储备金用于投资，靠银行利息、投资收益维持学校日常运转。但亚洲金融危机导致资产贬值，南洋教育集团学校的债务偿还能力有限，再加上运营过程中对公办学校举办或参与举办的民办学校进一步挤压办学空间的竞争形势认识不足，从而出现了危机。尤其是到了毕业季，大量家长要求回兑教育储备金时，南洋教育集团学校就陷入了资金周转困难的局面，这种情况下若处置不力也容易引发群体性事件。总之，从内部控制角度回看南洋教育集团学校倒闭事件，其举办者缺乏足够的筹资风险、负债风险、生源风险和金融市场风险的管理意识，学校缺乏内部控制机制，问题出现也就不可避免。

正如本书第一章提及的重庆某民办学校的案例，"教育储备金"模式成为20世纪90年代我国民办学校举办过程中竞相模仿的筹资模式，但最终也容易使学校陷入类似南洋教育集团所遭遇的资金危机。一些地方政府总结这类民办学校的办学教训，发布了禁止借办学向学生或家长集资的规定。如2000年广东省人民政府发布的《转发省教育厅关于解决我省民办学校教育储备金问题的意见的通知》要求，民办学校一律不得以吸收教育储备金的方式办学，并要求加大力度清退以前已收取教育储备金，逐渐转为收取学杂费。2007年发布的《山东省人民政府关于加强民办教育规范管理引导民办教育健康发展的意见》提出"严格禁止以'建校基金'、'教育

---

[1] 中国人民银行货币政策司. 金融机构人民币存款基准利率[EB/OL]. （2015-10-24）[2024-08-14]. http://www.pbc.gov.cn/zhengcehuobisi/125207/125213/125440/125838/125888/2968982/index.html.

[2] 张铁明. "火烧铁索连环船"的败局及其启示：南洋教育集团储备金办学模式崩溃的剖析[J]. 教育发展研究，2007（10）：7-13.

储备金'等各种名义,向学生和学生家长集资或变相集资",从而在源头上规避了"教育储备金"模式所带来的办学风险。

为了从根本上规避民办学校因资金问题倒闭而引发的办学风险,许多省市在民办教育地方立法中探索建立了"风险保证金制度"。要求民办学校从收入中提取部分资金作为学校发展的风险保证金,用于学校倒闭时的费用支出,从而形成良好的民办学校退出机制。如2000年发布的《天津市社会力量举办教育机构规定》(已废止)第二十六条就要求,"教育机构应当用开办资金的5%建立办学风险储备金,并逐年从学费总收入中提取2%作为办学风险储备金,直至达到当年学费总收入的50%时停止提取。办学风险储备金要单独立项。用于处理教育机构的重大意外事故和停办或者解散后的善后工作,并须经审批机关批准后方可使用"。其他一些省市也采取了相应做法,将风险保证金制度写入了民办教育的地方政策或法规中。如2005年发布的《黑龙江省人民政府关于促进民办教育发展的若干意见》、2006年发布的《焦作市实施〈民办教育促进法〉办法(试行)》(已废止)、2006年发布的《深圳市民办教育管理若干规定》、2006年发布的《宁波市民办教育促进条例》、2009年发布的《山西省民办学校风险保证金提取及管理办法》、2015年发布的《昆明市民办教育促进条例》、2021年发布的《关于重庆市义务教育阶段线下学科类校外培训收费有关事项的通知》等。风险保证金制度规定了风险保证金的来源、使用范围、使用限额及补充、使用审批程序等,这些约束性规定为民办学校规范化办学、保证办学质量提供了制度保障。风险保证金制度是针对民办学校内部资金管理突出风险而设置的制度,该制度并没有从营利性和非营利性角度区分适用范围,因此同样适用非营利性民办学校。

案例8.5:刘某等非法吸收公众存款为民办学校融资案[①]

创办于1988年的陕西某学院是经陕西省教育厅批准的民办教育机构,举办人、法定代表人为刘某。2005年,刘某因扩大办学规模筹建新学院急需资金,经人介绍认识了张某。双方商议由张某以陕西某学院市区招生办主任身份带领其集资团队,以该学院名义向社会募集资金,从募集资金中

---

① 根据中国裁判文书网案例做了删改和整理。中国裁判文书网. 刘某等集资诈骗二审刑事判决书(2017)陕03刑终309号[EB/OL]. (2017-12-30) [2024-08-07]. https://wenshu.court.gov.cn/.

提取佣金，由该学院和张某团队按比例分成。双方最初约定分成比例为学院占 65%，张某集资团队占 35%，后张某集资团队所占比例陆续调整，2009年 2 月起调整为 31%、2010 年 9 月起调整为 25%、2012 年 8 月起调整为 17%。出资人的本金及利息由学院负责偿还。

  为吸引群众投资，张某带领其集资团队 150 余人，以学院招生办名义在宝鸡市多地向人群发放材料和进行口头讲解，带领群众参观学院校区，宣传学院发展规模、经营状况及合作办学回报，并以赠品奖励、免费旅游、免费吃饭等方式吸引群众关注。同时安排业务员带领集资群众到学院财务室，由财务人员登记信息，收取集资款，签订以学院及法定代表人刘某为甲方、集资群众为乙方的《投资办学协议》或《借款合同》，开具收款收据，向集资群众发放赠品及返现。经司法会计鉴定，2005—2012 年，陕西某学院共向 8076 人吸收存款共计 4.67 亿元，其中未归还本金近 60%。2017年，经陕西省高级人民法院终审判决，刘某和张某犯非法吸收公众存款罪，分别被判处有期徒刑 9 年，分别处罚金 40 万元。陕西某学院被判处罚金 50万元。其他有关人员也被判处相应刑罚。

  以上案例仍反映了民办学校在筹资融资过程中存在的问题。首先，从控制主体看，案例中的民办学校缺乏全员参与的内部控制，法定代表人刘某以及学校管理层其他人员、财务等缺乏内部控制意识。当然也可能有类似于内部控制的举措，但因为管理层凌驾于内部控制之上，最终导致了非法集资的实施。其次，从风险角度看，案例中的民办学校在融资过程中没有进行风险分析，尤其是合规风险分析。融资行为明显违反国家金融管理的法律规定，即未经国家机关依法批准向社会不特定人群承诺以高额利息回报，从而构成非法吸收公众存款罪。再次，从控制环境看，案例中的民办学校也缺乏目标宗旨与价值观方面的内部控制，非法集资资金至少被提取了 1/4 用于招生人员分成。

  筹资融资的首要风险是合规风险，即筹资业务可能违反国家法律法规规定，可能使民办学校遭受行政处罚，严重者会涉及刑事违规从而受到刑事处罚。整体上看，过去 30 年，在"教育储备金"模式的惯性影响下，我国民办学校向学生家长或社会不特定人群筹集资金办学并受到刑事处罚的案件时有发生。如 2015 年判决的刁某某等人为西安某技术培训学院非法吸收公众存款案、刘某某等人为西安某技术学校非法吸收公众存款案，2017年判决的查某某为西安某技师学院非法吸收公众存款案，2019年判决的王某为山西省怀仁市某小学集资诈骗案，2020年判决的蒋某某和泗县某中学非法吸收公众存款案、周某和广德市某私立小学非法吸收公众存款案等。[1] 这些案件警示我们，举办者违规既会给民办学校可持续发展带来巨大风险，也可能使举办者或工作人员遭遇牢狱之灾。民办学校需要整理出相应筹资流程，预估关键流程中的重大风险，尤其是合规风险，并对风险点进行控制，从而避免重大损失。

4. 负债活动控制

负债是民办学校为确保可持续发展而可能开展的经济业务活动。通过查看民办学校的财务审计报表，可以发现许多学校都有不同程度的负债，有的学校负债率甚至超过60%。另外，有的举办者名义上仍是民办学校的所有人，没有把资产过户到学校的名下，于是举办者通过抵押资产进行负债融资，最终导致债台高筑，学校破产清算。

案例8.6：过度举债导致学校破产清算及转让[2]

湖南东安县某学校系2012年举办的民办普通中小学校。在学校快速发展过程中，举办者以学校使用的资产作为抵押盲目举债，债务主要有民间借贷、银行金融贷款和建设方的工程款垫资。从2016年起，学校资金链出现问题，为了偿还各种债务，学校开始以建设项目为幌子实施"庞氏骗局"。天眼查显示，该学校涉诉78起，收到限制消费令13条。2019年该校举办方主要控制人简某某因犯诈骗罪被判处无期徒刑，学校在法院的主持下进行破产和解。2021年在当地法院的主持下，原举办者退出学校举办方并引入战略投资方。截至2022年，经债权申报并经清算组最终确认，共计4.1亿元普通债权及1500万元工程款债权才得到全面化解。

在办学过程中，简某某作为举办者缺乏负债风险意识，未建立负债评

---

[1] 这些案例的判决书均可在中国裁判文书网上通过搜索案号查阅，相关案例判决书载明的案号具体为：（2015）陕刑二终字第00014号、（2015）陕刑二终字第00051号、（2017）陕刑终320号、（2019）晋刑终223号、（2020）皖13刑终48号、（2020）皖18刑终9号。

[2] 根据以下文献做了删改和整理。邓定桥，殷小亮. 府院联动引活水 激活民校"休克鱼"[N]. 人民法院报，2023-10-27.

估及控制机制，导致非法举债、盲目举债、多头举债、债上加债，最终使自身入狱、学校破产重整、政府和社会承压。可见，加强负债风险评估和关键环节控制十分重要。有研究表明，企业内部控制质量越高，其资产负债率越低，负债融资与内部控制呈负相关关系。[1]负债融资主要包括负债预算编制、负债方案审批、负债活动实施、债务本息偿还、负债信息记录、负债活动审计等环节。每个环节都应当采取不相容职务分离控制、授权审批控制、合规部门审查、审计控制等内部控制方法。

从过去民办学校发生的负债案件来看，负债活动较为严重的风险及控制重点集中在以下三个方面：一是负债活动违规风险。即不遵守国家法律法规，比如向教职员工或社会不特定人群公开集资，扰乱国家金融管理秩序，构成诈骗或非法吸收公众存款罪。在此种情况下，民办学校就需要综合考虑负债的合规问题，必须保证在法律法规许可的范围内进行负债融资。二是负债规模过大风险。负债规模过大而学校偿还能力有限，导致债务到期无法偿还。民办学校负债率究竟多少比较合适？有研究发现，全国民办中小学及幼儿园的负债率为5%—10%，而民办高校的负债率为30%—40%，后者是前者的3倍左右。[2]一些地方在年检中要求民办高校资产负债率控制在40%以下，否则该指标将不得分。从企业角度来看，负债率临界值控制在50%左右较为稳健。三是短期负债过高风险。虽然短期负债成本较低，但是民办学校还本付息压力大。民办学校应当保持短期负债和中长期负债的比例，合理压缩短期负债，适当拉开还债期限，以免财务状况恶化。以上负债活动风险在非营利性民办学校中也多有发生，因此相应措施对非营利性民办学校加强负债活动内部控制也有借鉴作用。

5. 关联交易内部控制

关联交易是非营利性民办学校中比较常见的交易行为，有研究者概括了当前民办高校常见的8种关联交易行为。[3]关联交易能够提高交易效率、

---

[1] 张薇. 内部控制、负债融资与企业绩效关系研究[D]. 河北大学硕士学位论文，2020；宋小保，郭春. 治理抑或风险：负债融资与公司内部控制. 南京审计大学学报，2021（2）：32-40.

[2] 胡卫，董圣足，方建锋. 民办学校资金来源及债务情况调查[EB/OL]. （2012-08-12）[2024-06-18]. http://www.shmbjy.org/infomng/PZLUPLOAD/WZFBW1001/pdf/XZLADMIN120831013105.pdf.

[3] 谭洪益. 民办高校关联交易合规治理研究[J]. 黑龙江高教研究，2023（3）：39-43.

降低交易成本，但也容易成为避税和资金不合理输送的渠道。在分类管理实现以后，非营利性民办学校举办者不能分配办学盈余，一些实际控制人可能会通过不公允的关联交易变相取得办学资金。近年来，国家对此进行了严格规范。2020年财政部发布《〈民间非营利组织会计制度〉若干问题的解释》，要求在会计报表附注中披露关联方关系的性质、交易类型及交易要素（如交易金额、定价政策等）。2021年修订后的《中华人民共和国民办教育促进法实施条例》提出了关联交易的基本原则，要求"实施义务教育的民办学校不得与利益关联方进行交易。其他民办学校与利益关联方进行交易的，应当遵循公开、公平、公允的原则，合理定价、规范决策，不得损害国家利益、学校利益和师生权益"。"民办学校应当建立利益关联方交易的信息披露制度。教育、人力资源社会保障以及财政等有关部门应当加强对非营利性民办学校与利益关联方签订协议的监管，并按年度对关联交易进行审查。"

非营利性民办学校应根据关联交易发生发展流程来确定主要风险点及其控制点。一次关联交易的发生，与其他正常交易一样，涉及交易对象的选择、交易询价、交易论证、交易决策、合同签订、交易存档、交易审计等环节。关联交易的风险点在于：关联交易商品或服务的定价缺乏标准，使关联交易价格虚高，从而导致学校大量资金流失；缺乏关联交易论证决策程序或程序流于形式，导致关联交易方被人为指定；关联交易合同管理不当或档案管理不善，中途变更缺乏论证程序或者没有及时记载存档；关联交易监督管理缺乏激励约束机制，导致学校关联交易无监督机构或者监督机构职能无法有效发挥；关联交易信息未在财务报告中记载或虚假记载，未在审计报告中披露或虚假披露，未向相关部门报告，未向社会公众披露等。

实施关联交易内部控制需要建立相应的控制机制：一是要明确关联交易的监督约束机制。在立项论证阶段，可以由校长办公会提出关联交易事项，监事、党委参与论证，或者将党委会讨论列为前置程序，并要求党委向政府及时报告，这样可以对非营利性民办学校的关联交易进行相应的监督指导。二是要确保交易定价的公允性。交易定价一般可根据政府定价、政府指导价、可比的独立第三方市场价或合理成本费用来确定，避免虚高或虚低交易定价。三是加强对关联交易信息的及时存档、报告和对外披露。

将关联交易置于社会监督的阳光之下，能减少不当交易对公允原则的损害，能更好地保护国家利益、学校利益和师生利益。四是强化对关联交易的外部审计和年度检查。在每一会计年度聘请外部审计机构进行审计时，应当对关联交易加以披露，行政部门在每年年检时也应当对关联交易披露信息予以重点关注。2024年，上海市教育委员会公布了《上海市民办学校关联交易管理办法（试行）》，该文件对关联方认定、关联交易定价、关联交易论证、决策执行过程重要节点监督、档案管理及信息披露、审计及年度检查、法律责任等内容进行了规定，这是从风险和内部控制视角系统规范关联交易的专门文件，值得有关政府部门和非营利性民办学校借鉴。

三、教育业务控制

教育业务控制涵盖了从招生、培养到就业的多项核心专业业务，也涵盖了教师教学管理、奖惩管理等业务。如果这些业务控制不力，同样会出现舞弊或工作错漏现象。

1. 招生业务控制

生源是非营利性民办学校的生命线，招生是非营利性民办学校赖以生存的重要业务。但是，招生也是非营利性民办学校教育业务中最可能存在违规风险和生源市场波动风险的领域。

（1）控制目标。招生业务控制的目标是保证招生合规，完成招生计划，保证学校可持续发展。

（2）业务流程、控制点与风险分析。招生工作包含拟定招生计划、进行招生、招生通知书发放、生源整理分析与总结等环节。具体风险包括：学校对招生工作不重视，招生计划无法完成，导致学校收入受到影响，难以持续运行；学校招生简章与实际培养状况不符，虚假宣传或扩大宣传，可能引发行政处罚或诉讼风险；学校为完成招生计划，可能违反国家和区域招生政策规定，从而受到行政处罚；招生过程中出现因私招生、因权因钱招生等现象，破坏招生的公平公正。

（3）控制措施。设置专门招生部门，做好招生工作人员之间的分工；审查招生简章是否符合学校实际情况，确保招生承诺与学校办学实际一致；

开展招生合规性培训，划定招生过程中的行为警戒区（绿色区域、黄色区域和红色区域），做好招生工作中的合规控制；开展招生工作绩效考核，给予招生专员适度奖惩。

案例 8.7：西安某职业学校违规招生[①]

2018 年 12 月 25 日，有媒体报道"某精品高中（高一）学生至今无学籍"，引起社会各界关注。西安市教育局经过调查，发现报道中所述"某精品高中部"为西安某职业学校举办，该校是经教育行政部门审批的民办中等职业学校。2018 年 8 月，该校租赁西安某大学高新学院闲置校舍开展教育教学活动。为满足部分学生升学需求，该校开设了高中文化课程班（共 3 个班，学生学籍均在该校注册为中职学生）。在招生时，该校混淆职业高中与普通高中的区别，使家长和学生误认为是全日制普通高中。该校存在违规招生和虚假宣传行为，造成了不良社会影响。市教育局经研究决定，对该校违规虚假宣传、误导家长及学生行为在全市进行通报批评。同时，责令该校立即停止违规宣传行为，并就媒体报道问题限 3 天内与学生及家长见面沟通，明确说明办学性质、学籍建立等情况，正面回应家长和媒体关切，消除误解。

案例 8.8：部分民办学校违规招生

2018 年 4 月，邯郸市部分民办学校以竞赛、测试等名义违规组织招生考试活动，市教育局成立专项工作组进行调查。调查发现，有 4 所民办学校利用假期时间与民办机构合作，以竞赛、测试、推荐等形式选拔学生，这些做法违反了国家和地方教育行政部门的招生政策。调查核实后，邯郸市教育局对未认真履行监管职责的区教育局给予通报批评，对 4 所民办学校给予黄牌警告，并取消当年所有评优评先资格，责令其做出检查和整改，所组织考试成绩不得作为招生依据。如果继续违规考试招生，将给予核减招生计划、年检不合格直至取消办学资格的处罚。[②]

2022 年秋季学期开学前，湖南省湘潭市湘潭县 3 所民办初中在正常电

[①] 根据相应材料做了删改和整理。西安市教育局办公室. 西安市教育局办公室 关于西安某职业学校违规宣传 招生问题处理情况的通报[EB/OL]．（2018-12-27）[2024-08-07]. http://edu.xa.gov.cn/xxgk/zcwj/bmwj/5d9ee499fd850812b3857272.html.

[②] 根据新闻报道做了删改和整理。邯郸市教育局. 严禁变相"掐尖" 邯郸 4 所民办学校违规招生被教育局通报[N]. 人民日报, 2018-04-14.

脑随机录取之外，超计划为未被电脑随机录取的693名学生办理了录取和缴费手续。教育行政部门调查后认为，该行为违反了国家和地方关于义务教育阶段民办学校的招生规定。湖南省教育厅在充分调查取证的基础上，会同有关地方相关部门依法依规对湘潭县教育局主要负责人、分管负责人等作出免职处理，对3所民办初中作出行政处罚，责令清退违规招录学生和所收费用，同时核减3所学校2022年秋季招生计划。①

以上案例反映出非营利性民办学校招生过程中常见的两个问题，即虚假招生宣传和不按政策要求招生。虚假招生宣传是指学校为支撑自身可持续发展，用不真实的承诺来招揽生源。不按政策要求招生可能存在于各个升学阶段。案例8.8所反映的"掐尖招生""超计划招生"等违反《中华人民共和国义务教育法》及义务教育相关招生政策的行为，也凸显了加强招生业务内部控制的必要性。虚假招生宣传和不按政策要求招生，表面上看是招生业务的问题，实质上往往是举办者、学校领导的"高层基调"出现偏差或领导层凌驾于招生内部控制之上导致的。因此，招生内部控制不仅要加强业务活动控制，也要加强控制环境中的治理结构、社会责任、诚信与道德价值观等方面的内部控制。

2. 教学科研项目业务控制

教学科研是非营利性民办学校的主责主业之一，在教学改革、研究成果产出方面具有重要价值。尤其在非营利性民办高校中，会有大量纵向横向教学科研项目运行，因此需要加强教学科研项目业务控制。

（1）控制目标。确保项目申请验收公平公正，项目按计划实施，项目经费按国家规定开支，项目能得到有效、合规转化。

（2）业务流程、控制点与风险分析。项目的业务流程一般包括申请、立项、执行、验收、转化等环节。主要控制点应根据相应环节的关键节点来设置。具体风险包括：项目申请没有经过合理规划和充分动员，项目申请过程中教师的积极性不高，项目申请的数量不足、质量不高；评审标准

---

① 根据相应材料做了删改和整理。教育部. 教育部关于湖南省湘潭市湘潭县三所民办初中违规招生查处情况的通报[EB/OL].（2022-01-12）[2024-01-05] http://www.moe.gov.cn/jyb_xwfb/gzdt_gzdt/s5987/202201/t20220112_594022.html.

和评审环节缺乏公平公正，内部评审不严格或弄虚作假，导致项目立项引发争议，这种风险在验收环节同样可能出现；重立项轻执行，或者因执行管控不严导致项目没有实施或实施失败；在项目实施过程中项目经费使用不规范，出现挪用项目经费、转移项目经费、虚构支出套用项目经费或将科研经费用于个人消费等情形；未完成既定目标，项目无法结题或验收不通过，或者存在学术不端行为，影响后续经费拨付，影响单位学术声誉[①]；在转化环节，受各种因素制约而无法转化，或者转化过程中出现产权问题而不合规，从而引发刑事违规风险。

（3）控制措施。设立项目管理专门部门和专家委员会，强化专家同行在项目管理中的决定性作用；实施不相容职务分离控制，建立专家同行评审的双盲回避制度，确保项目评审公平公正；强化项目实施的过程性监管，确保项目能够正常实施；在项目经费使用过程中，加强不相容职务分离控制，确保经费使用合规；严格按照项目发包方的要求和预定计划结项，加强项目与市场的对接，开展项目转化政策培训，使项目能够有效、合规转化。

3. 教学工作业务控制

教学工作是非营利性民办学校的中心工作，教学质量的好坏关系着学校的办学声誉，因此需要加强对教学工作业务的控制。

（1）控制目标。学校理论课教学、教学实践和考试等日常教学工作能够有序开展，学校教学质量能够得到保障。

（2）业务流程、控制点与风险分析。学校教学工作业务流程包括教学计划、教学实施、教学评价等主要环节。教学计划包括课程安排、教师备课、教学条件准备等；教学实施包括授课、学生指导等；教学评价包括考试、教师授课评价等。业务控制点应该基于主要环节设置。主要风险包括：教学计划不周密，学校课程安排、教师教学准备不充分，不具备开课条件和学习条件，导致学生无法正常上课；教学实施过程中出现重大失误，导致教学失当；考试科目或内容安排不合理，考试操作失误，导致考试延误或出现严重突发事件等；教学质量保障不力，导致教学质量严重下滑。

---

① 丁丽. 高等学校内部控制实务[M]. 北京：经济科学出版社，2021：142.

（3）控制措施。学校建立专门的教学管理部门并做好分工；每学期提前做好各项教学工作安排，加强教学管理信息系统一般控制；加强教学常规管理，确保教学能够平稳顺利进行；做好教学前的设备安全检查、教学过程中的安全防护工作；建立考试命题、监考和阅卷工作规范，加强不相容职务分离控制；对考试工作中可能出现的违纪或突发事件进行预判，通过考前培训、考试保密、不相容职务分离等措施加以防范；通过多种形式进行教学质量监控，保障教学质量。

案例 8.9：河南省新乡市某民办小学责任纠纷案[①]

2021 年 1 月 14 日下午，在正常体育课期间，某民办小学的体育老师在球场开展守门训练。由体育老师往球门踢球，学生在球门里拦下球后，将球传回给体育老师。在这个过程中，学生殷某伸手拦截足球时左臂受伤。受伤后，学校老师对殷某受伤部位做了冰敷处理，并通知了家长，家长到校后带殷某到医院就诊。诊断结果为左尺桡骨远端骨折并骨骺损伤，前后治疗共花费 3 万余元。

法院审理认为，该民办小学体育老师在教学过程中，没有根据足球教学内容的特点，充分考虑其向球门踢球时的力度、小学生的防守能力等因素，没有采取审慎的体育教学措施。该民办小学提交的小学足球实践课教案载明，在五人制足球班级联赛中守门员最好戴专用手套，但该民办小学体育老师在实际教学过程中没有采取这一防护措施。总之，该民办小学在教学活动中未尽到相应职责，导致学生受伤，法院判决其承担赔偿费用约 4 万元。

案例中的民办小学在体育课教学过程中缺乏人身安全方面的内部控制，因过错导致学生受伤并承担赔偿责任。从内部控制角度看，主要问题在于：一是体育课缺乏安全防护设备或防护措施。国家针对高风险的体育活动，不同程度地规定了相应的防护要求，比如足球守门员应佩戴防护手套、在一定高度的人梯下要铺设河沙或软垫等。二是在体育课教学过程中缺乏相应的过程控制。体育教师应当预见到成人踢球力度过大和小学生防守能力较弱的情况，但该教师未能预见，或已经预见却轻信可以避免，从

---

① 根据中国裁判文书网案例做了删改和整理。中国裁判文书网. 殷某 1、新乡市红旗区某小学教育机构责任纠纷民事再审民事判决书（2022）豫 07 民再 8 号[EB/OL].（2022-02-22）[2024-06-20]. https://wenshu.court.gov.cn/.

而导致学生受伤。所幸,学校在学生受伤后有相应的应急预案,及时通知家长并将学生送医救治,没有出现救治延误或伤情扩大的风险。总体而言,学校应梳理体育课、对抗性比赛、外出研学等活动的流程,明确其中的高风险点并采取相应的控制措施,从整体上降低安全事故的发生概率。

4. 学生管理与升学就业业务控制

学生管理是有效开展教学工作的前提,升学就业涉及学生的根本利益,加强内部控制能够减少矛盾纠纷。

(1)控制目标。学生管理立足于育人目标,在引导学生遵守国家法律法规和校纪校规的基础上,将奖惩与育人相结合。提供升学就业指导,助力学生根据自身意愿实现升学就业的理想。

(2)业务流程、控制点与风险分析。学生管理与升学就业业务流程包括学生入学报到、学籍管理、心理健康管理、奖惩管理、社团活动管理、升学就业推荐、志愿填报指导等环节。主要风险包括:入学报到审核不严,导致冒名顶替者或不符合资格的学生到校报名;学籍管理出现重大失误,导致学生无法正常享受受教育权,或者在毕业时出现学籍与学业证书不匹配的情况;学生心理健康问题预防不到位,学生出现严重心理障碍乃至心理危机时未能及时干预;奖惩过程存在重大瑕疵,在行为定性、处分等级、处分程序等方面存在问题,引发申诉或诉讼;在升学就业指导方面存在违规操作行为,如冒用学生账号或密码,替代学生填报相关升学就业志愿等。

(3)控制措施。建立专门管理部门,做好人员管理分工;开展学生入学审核复核工作,防止冒名顶替现象发生或不具备条件的学生入学;制定学生奖惩规章制度,明确奖惩条件和授权审批流程,逐级进行审核;实施升学就业志愿填报信息系统接触控制和账号密码控制,确保升学就业志愿由学生及其监护人填报和确认。

四、其他业务控制

非营利性民办学校运营管理过程中,除组织环境控制、经济业务控制、教育业务控制外,还可能涉及其他突发事件的应急控制,比如校车安全、食品安全、舆情等突发事件的控制。目前,针对这类事件,许多学校主要依据突发事件应急预案进行控制。这里同样可以借鉴基于风险管理的内部控制思想，从而实现有效的应急管理。

案例 8.10：周某某等违规超载犯危险驾驶罪案[①]

2018 年 9 月 11 日 16 时许，南昌市某幼儿园园长周某某安排闵某某驾驶小型普通客车接送幼儿。该普通客车核定载客为 7 人，但是最终搭载了 17 名幼儿、1 名老师上路行驶。车辆在行驶过程中被公安交管局民警查获，查获时车辆实载 19 人，超载率达 171%。尽管周某某、闵某某坦白认罪，但其行为均已构成危险驾驶罪。二审法院判决，周某某、闵某某均犯危险驾驶罪，分别判处拘役一个月，并处罚金 5000 元和 3000 元。

该案例反映出，除了组织中的控制环境、教育业务和经济业务，学校的其他业务也暴露在风险之中。校车安全一直是我国幼儿园安全管理的中心课题，从幼儿园直接责任涉及刑事犯罪的角度看，危险驾驶罪是近年来高发的罪行之一。案例中的幼儿园没有建立相应的内部控制体系，最终导致园长和司机受到刑事处罚。其主要问题在于：一是控制环境建设不力，如在价值观方面，高层缺乏合规基调，缺乏合规运营的价值观，园长存在侥幸心理，带头违规安排校车超载运行。二是在控制活动方面，针对校车接送幼儿的风险排查制度和控制机制尚不完善。

校车运营的控制目标相对简单清晰，即符合国家法律法规和政策要求，确保师生生命安全。校车安全工作涵盖了从校车出发到校车安全返回的全过程。校车风险包括校车器械安全风险、驾驶员无驾驶牌照风险、不安全驾驶行为风险、运营超载风险、交通事故风险、人数清点不当风险、驾驶路线随意变更风险、突发恶劣天气风险等。针对主要风险应建立专人负责、交叉检查、及时沟通和报告等机制，避免重大违规事件和责任事故的发生。

案例 8.11：某民办学校食堂出现食品安全问题[②]

2018 年 10 月 19 日晚，上海市食药监局接到有关上海市某民办学校食

[①] 根据中国裁判文书网案例做了删改和整理。中国裁判文书网. 周某某、闵某某危险驾驶二审刑事裁定书（2019）赣 01 刑终 65 号[EB/OL]. （2019-03-30）[2024-07-20]. https://wenshu.court.gov.cn/.

[②] 根据相应材料做了删改和整理. 上海市药品监督管理局. 市食药监局和市教委关于上海市某民办学校食品安全问题调查处置情况的通报[EB/OL]. （2018-10-22）[2023-04-10]. https://yjj.sh.gov.cn/hygq/20191212/0003-41899.html.

品安全问题举报后立即进行核查处置。同时，市食药监局和市教委要求全市所有中小学和幼儿园开展自查，于 10 月 20 日晨起组织对上海某公司提供餐饮服务的全市 28 家学校食堂以及该公司物流仓库全面开展飞行检查，并面向全市中小学校和幼儿园开展食堂食品安全专项检查。10 月 21 日，市食药监局和市教委还特邀家委会成员进学校食堂参与实地突击检查。

经查，上海市某民办学校食堂存在蔬菜霉变、半成品提前标注加工日期、调味品和半成品超过标注的保质期限等问题。对于上海某公司提供餐饮服务的本市 28 家学校食堂，除在某民办幼儿园食堂内查见 1 瓶虚假标注标签的调味品、在某国际学校食堂内查见 1 瓶超保质期调味品并在厨房外垃圾桶内查见超保质期面包外，其他 26 家学校食堂及该公司物流仓库未发现食品安全问题，全市其他中小学校和幼儿园食堂均未发现食品安全问题。

针对发现的问题，浦东新区市场监管局已责令 3 所学校食堂立即停止由上海某公司继续提供餐饮服务，并对涉嫌存在食品安全违法行为的公司立案调查。浦东新区教育局责令发现问题的民办学校董事会向家长和社会公开道歉，免去校长职务接受调查，对相关责任人严肃追责。责令发现问题的民办幼儿园和国际学校对相关责任人严肃追责。市教委、市食药监局要求全市各区进一步健全完善学校食品安全监管长效机制，形成校长每周自查、责任督学每月检查、家委会不定时查看的检查制度，增加飞行检查的频次，发现问题立即督促整改并进行通报批评和问责。同时，要求所有学校食堂必须坚持公益性原则，不得以收取管理费等形式牟利，确保全市学校食堂食品安全。

食品安全问题是影响师生健康的重要问题，近年来一些非营利性民办学校，甚至是高收费的国际学校，不同程度地暴露出食品安全问题，引发媒体和社会关注，可见非营利性民办学校食品安全问题是一个必须通过强化内部控制来管理的重要风险点。非营利性民办学校应当梳理从食品采购、食品加工制作到食品供应的主要流程，找出其中可能存在重大风险的关键节点。针对风险点的控制措施有：一是要加强环境控制。强化高层的正直、诚信的育人价值观，要将师生健康安全放在第一位，坚持学校食堂运营的公益原则。二是要加强食堂管理制度和工作程序建设，从食品采购、留样、加工烹饪、供应等全流程，以及食品加工制作人员、环境、设备、餐具等全要素方面强化内部控制，尤其对涉及食品卫生的重要风险环节进行重点控制。三是要加强不相容职务分离控制，强化食品原料采购的相互监督机制、家长委员会的全流程常态化监督机制，进而将食品安全风险降到最低。四是要建立食品安全事件的应急处置预案，在发生食品安全事件后按照预案进行处置，比如第一时间将涉事人员送医救治，向上级部门报告情况，妥善留存涉事食品样本，持续做好舆情监测与应对工作，避免事态进一步扩大。

案例 8.12：成都某实验学校食品安全舆情事件[①]

2019 年 3 月 12 日，成都某实验学校的家长在新浪微博发布信息，称学校食堂将过期发霉的食物给学生食用，并附上现场拍摄的图片及文字说明。当天下午，学校召开了沟通协调会议，相关检测机构同时抵达现场，对保存在食堂里的食品进行抽样检测，但因家长未参与整个检测过程，一些细节未公开，引发了更多不满。12 日晚，40 多名家长闯入学校食堂，并在网上发布了更多照片。13 日上午，部分家长情绪失控，与执勤人员发生了冲突。13 日下午，部分家长在各大媒体平台发布学校现场视频，网民对政府的应对态度充满了负面评价。同时，众多家长聚集大街的视频、学校食堂承包商等大量信息在网上广泛传播，舆情热度急剧攀升。15 日，成都市区两级政府在网上公布了相关食材检测结果和学生体检结果，舆情稍有缓解。17 日，成都市政府召开新闻发布会，介绍了学校食堂管理情况，公布、解释和说明了部分家长刻意拍照夸大事实、散布谣言等行为。此后，该校食品安全舆情事件渐趋平息。

正如上文所说，校园食品安全问题是影响师生健康的重要问题。近年来，诸多校园食品安全事件不同程度地引发了网络舆论。案例中的成都某中学实验分校是 2003 年成立的一所十二年一贯制民办学校，现已按照"公参民"学校转设要求更名。2019 年 3 月两会期间，其所引发的食品安全舆情事件异常汹涌，从而对非营利性民办学校提出了加强舆情管控的要求。舆情管控直接涉及信息与沟通要素中的对外信息沟通，具体而言，非营利性民办学校可从以下几个方面着手：一是应当建立舆情突发事件应急预案，明确相应的管理部门、管理人员和应急程序。二是要加强舆情监测，及时对涉及学校的各项舆情进行分类处理。三是要根据舆情特点形成相应的内

[①] 李朗. 校园食品安全类网络舆情的基层政府应对与反思[J]. 新闻知识, 2020（2）：45-53. 彭雪瑞. 成都某实验学校食堂事件网络舆情应对案例研究[D]. 电子科技大学硕士学位论文, 2023：20-24.

部控制策略。比如，提高信息透明度，建立多元的信息发布平台；真实、及时回应舆论，尽量快速发声，多说应急及善后处理措施，慎说原因；适当借助意见领袖的力量平息舆论等。四是建立常态化的信息披露机制，提高公益办学的透明度。

第二节 效果如何——效果评价与监督改进

内部控制实施效果评价与监督改进是内部控制体系的重要组成部分，通过效果评估可以发现控制缺陷，而有效的监督则有助于弥补这些缺陷并促进控制改进。目前，无论在企业还是在行政事业单位中，内部控制专门部门或内外部审计机构开展的内部控制评价，使得内部控制"长出牙齿"，使内部控制这一重在优化流程、制衡权力、约束行为的规范得以有效推行。内部控制评价与其他评价一样，涉及评价主体、评价内容、评价工具、评价方法和评价结果应用等基本要素，致力于回答谁来评价、评价什么、用什么评价、如何评价及评价结果如何使用等问题。

一、明确内部控制评价主体及机构

按照全员参与内部控制评价的要求，可以从单位层面和业务层面来确定内部控制评价主体及机构。

从单位层面看，企业的内部控制评价主体通常包括理事会或董事会、经理层、专设内部控制部门或内部审计机构，行政事业单位内部控制主体包括领导机构、专设内部控制部门或内部审计机构。总之，在单位层面，高层必须高度重视并且参与内部控制评价工作。对于非营利性民办学校来说，理事会或董事会在内部控制评价方面应该承担领导责任，应明确内部控制评价基调，履行领导、指挥、协调评价工作的职能，听取内部控制评价结果报告，审定重大缺陷及缺陷整改建议，指导开展内部控制缺陷整改工作，对外报告内部控制规范实施运行状况。大型非营利性民办学校的理事会或董事会中可以设置内部控制委员会，委员会受理事会或董事会委托开展评价监督工作。学校校长、副校长等校领导具体负责内部控制评价工作，学校可设置内部控制评价部门或要求内部审计机构开展评价工作，也可以建立临时机构开展内部控制评价工作。目前，我国大多数非营利性民办学校的内部控制未成体系，内部审计机构要么未设立，要么设在财务部门，纪检监察部门和监事会的作用未能充分发挥，一些重要财务制度与举办者相关制度混用，内部控制评价与监督工作难以落实。

在业务层面，各业务单元和职能部门既是内部控制的实施者，也是对自身内部控制有效性进行评价的责任者，负责对自身内部控制体系建立和运行状况进行自查自评，配合单位评价和复核工作，对评价发现的内部控制缺陷进行报告，并提出相应的整改举措。

二、建立内部控制评价指标体系

1. 面向企业的内部控制评价指标体系

内部控制评价指标体系涵盖了评价维度、评价标准、计分权重和计分结果等内容，是内部控制评价十分重要的工具。内部控制评价指标体系主要植根于内部控制要素。从企业角度来看，依据《企业内部控制评价指引》《企业内部控制审计指引》，企业内部控制评价一般包括定量评价和定性评价。在定量评价中，评价指标体系的一级维度，一般仍根据《企业内部控制评价指引》提及的"内部环境、风险评估、控制活动、信息与沟通、内部监督"，或者COSO《内部控制：整合框架》的控制环境、风险评估、控制活动、信息与沟通、监控活动五要素来确定，每个维度再细分为具体的二级维度。当然，由于各企业所处行业以及发展阶段不同，它们在二级维度及其后续维度的划分和权重分配上会有差别。有的划分得比较细，有的则比较粗略。每个一级维度、二级维度（或称为一级指标、二级指标）被赋予一定的权重或分值。在完成维度划分和权重分配后，再为每个具体维度设置相应的评价标准，比如优良中差标准、强弱评价标准、完善程度标准。评价主体根据评价标准对自身的内部控制设计与运行情况进行打分，通过分值反映内部控制设计和运行的质量，从而形成相应的内部控制量化指数。表8.1和表8.2是节选的适用于不同企业的内部控制定量评价指标体系。定性评价主要针对各二级维度进行描述和评论，指出存在的缺陷和缺陷产生的原因，并提出相应的改进措施。

表 8.1　企业内部控制定量评价指标体系（节选）

评价因素	内部控制强	内部控制弱	评价得分 满分	评价得分 得分	缺陷原因 设计	缺陷原因 执行	备注
	1.控制环境						
	2.风险评估						
	3.控制活动						
	3.1 不相容职务分离控制						
3.1.1 不相容职务的界定	对各业务层面上的不相容职务和岗位进行了系统的梳理、辨认和界定	没有明确指出哪些职务和岗位是不相容的	10				
3.1.2 不相容职务的分离	在人员配备和权责分配中确保没有人同时担任两项或两项以上的不相容职务	在人员配备和权责分配中存在同一员工兼任不相容职务的情况	10				
3.1.3 定期轮岗制度	明确规定了财务等关键岗位员工定期轮岗的制度要求	没有员工轮岗的期限和相关要求，对关键岗位的员工，也没有强制休假制度	10				
……							

资料来源：王清刚.内部控制与风险管理[M].北京：高等教育出版社，2019：301.

表 8.2　上市证券公司内部控制评价指标体系（节选）

目标层	一级指标	权重	二级指标	权重	三级指标	评价等级计分
上市证券公司内部控制	控制环境	M_1	组织发展	M_{11}	是否存在风险委员会	
					公司相关部门是否做到分工合作	
					风险管理部门是否追踪管理风险	
			发展战略	M_{12}	发展战略中是否考虑风险管理因素	
			人力资源	M_{13}	风险管理是否为绩效考核的标准之一	
					是否对员工进行风险意识教育	
					是否防范员工道德风险和违规执业风险	
			企业文化	M_{14}	是否强调风险管理企业文化	
			社会责任	M_{15}	是否保护客户权益	
					是否将环境保护与可持续发展并重	
					是否具有薪酬机制和健全的福利体系	
	风险评估		……			

注：评价从完善到不完善分 5 个等级计分，完善计 5 分，不完善计 1 分。

资料来源：石泓，苟红岩.上市证券公司内部控制评价指标体系的构建[J].财会月刊，2016（27）：93-96.

2. 面向行政事业单位的内部控制评价指标体系

行政事业单位内部控制评价指标也是定量与定性相结合。以财政部 2016 年开展的行政事业单位内部控制基础性评价工作为例，定量评价指标分为单位层面和业务层面，分别为 60 分和 40 分。同时，财政部还要求行政事业单位填报相应的内部控制基础性评价报告[①]，这是定性评价的部分。2024 年 7 月财政部发布的《行政事业单位内部控制评价办法（征求意见稿）》将内部控制评价分为单位内部控制自我评价和部门内部控制评价两种方式，并针对两类评价制定了相应的评价指标体系和评价报告（参考格式）。整体来说，这些评价指标体系和评价报告（参考格式）更加细化和优化。

以单位内部控制自我评价指标体系为例，该指标体系包括单位层面内部控制、业务层面内部控制、内部监督三个评价类别。①单位层面内部控制分议事决策机制、权力制衡机制、信息系统三个必填指标和单位自行补充指标，有的再分出相应的二级指标（表 8.3）。②业务层面的内部控制分预算业务内部控制、收支业务内部控制、采购业务内部控制、资产业务内部控制、建设项目内部控制、合同管理内部控制、其他业务内部控制等七个一级指标，一级指标分出二级指标，各二级指标下再根据建立情况、实施情况分出三级指标，评价内容则在三级指标之下还有细分。③内部监督评价类别下主要有内部监督机制建立情况[主要指向部门分离设置情况，即监督评价部门（岗位）是否与内部控制建设牵头部门（岗位）相互分离]、内部监督机制实施情况（主要指向问题整改情况，即本年度风险评估、外部审计、内部审计、纪检监察、巡视、内部控制评价等发现的内部控制相关问题的整改落实情况）等指标。指标体系最后是其他情况，主要是表彰和批评后的加分和扣分情形。

表 8.3 行政事业单位内部控制自我评价指标体系（节选）

评价类别	一级评价指标	二级评价指标	评价内容	分值	评分细则	得分
一、单位层面内部控制	议事决策机制	"三重一大"集体决策机制建立与实施	单位是否建立"三重一大"集体决策机制，明确重大事项的划分标准、议事规则及会议记录过程等内容，并严格执行	5	已建立健全并有效实施集体决策机制的，得满分；机制设计不完善、不明确或未严格执行的，视情况扣 1—5 分	

[①] 财政部.关于开展行政事业单位内部控制基础性评价工作的通知[EB/OL].（2016-06-24）[2024-07-15]. http://kjs.mof.gov.cn/zhengcefabu/201607/t20160701_2343756.htm.

续表

评价类别	一级评价指标	二级评价指标	评价内容	分值	评分细则	得分
一、单位层面内部控制	权力制衡机制	分事行权	对经济业务活动的决策、执行、监督，单位是否明确分工、相互分离、分别行权	2	已建立健全分事行权机制并有效实施的，得满分；机制建立不完善、覆盖不全面或未严格执行的，视情况扣 0.5—2 分	
		分岗设权	单位是否编制岗位说明书，明确岗位责任，确保单位关键岗位实现不相容岗位相互分离	2	已规范建立分岗设权机制并有效实施的，得满分；机制建立不完善、覆盖不全面或未严格执行的，视情况扣 0.5—2 分	
		分级授权	单位是否根据不同管理层级和工作岗位，依法依规授予适当权限	2	已建立健全分级授权机制并有效执行的，得满分；每发现一处授权不当、越权办事的，扣 0.5 分，扣完为止	
	信息系统	内部控制信息化情况	单位是否将内部控制要求嵌入信息系统，以及信息系统是否覆盖单位全部经济活动或主要业务活动	2	信息系统全面覆盖单位经济活动和主要业务活动，且满足内部控制要求的，得满分；信息系统不满足内部控制要求的，视情况扣 0.5—2 分	
		信息系统控制情况	信息系统的开发、运行、维护是否制定并履行相应的控制措施	2	已制定并执行信息系统相关控制措施的，得满分；控制措施制定不完善，或未全部执行的，视情况扣 0.5—2 分；未制定或未执行控制措施的，不得分	
	补充指标	补充指标……	结合内部管理实际，由单位自行补充	5	单位自行制定评分细则	
		小计		20		

……

资料来源：财政部办公厅. 关于征求《行政事业单位内部控制评价办法（征求意见稿）》意见的函[EB/OL].（2024-07-26）[2024-08-15]. http://kjs.mof.gov.cn/gongzuotongzhi/202407/t20240731_3940823.htm.

3. 非营利性民办学校内部控制评价指标体系

无论是从控制要素角度进行分维度评价，还是从单位层面和业务层面分级分类评价，都是对内部控制评价内容的不同划分。尽管非营利性民办学校内部控制有独特的要素和重点，但其指标体系和内容与上述两类组织有诸多相似之处。对非营利性民办学校内部控制进行评价时，应坚持可操作性和实用性原则，评价的目的是发现非营利性民办学校内部控制缺陷，完善内部控制体系，而不是追求量化或指数化。因此，本书将非营利性民办学校内部控制评价划分为两大部分：一是对内部控制管理工作的评价，即对非营利性民办学校内部控制机构的设置与运行、制度规范的建设运行、文化的构建与营造等情况进行评价。

可以设置相应选项或采用类似调查问卷的方式来评价。二是对内部控制嵌入非营利性民办学校业务后的运行情况进行评价,即评价内部控制嵌入组织环境、经济业务、教育业务和其他业务的情况(表 8.4)。主要评价内部控制设计状况和运行效果,即是否设置了控制目标,是否进行了流程优化和风险分析,是否寻找了针对关键风险环节的控制点,是否采取了控制措施以及这些措施应用后的效果究竟如何,同时应报告内部控制存在的缺陷及整改情况。在评价标准上,控制措施设计情况主要评价是否设计、设计是否准确完备,控制措施运行效果情况主要评价控制制度及控制举措的运行绩效,缺陷及整改更新情况主要评价反映的问题及解决更新举措。

在评价方法上,可以采取定性和定量评价相结合的方法。在具体评价过程中,可以采用个别访谈、专题讨论、穿行测试、实地查验、抽样实施控制有效性测试等方法,广泛收集内部控制设计和运行是否有效的证据,分析、识别内部控制缺陷。同时,应加强内部控制评价的信息化手段的应用。通过信息化方式自动生成相应的数据信息,并由部门自我报告年度内部控制设计与运行情况,尽量确保数据信息真实可靠,降低业务运营成本。

表 8.4 非营利性民办学校内部控制评价指标体系框架

1. 内部控制管理工作评价					
一级指标	二级指标	三级指标	控制措施设计情况	控制措施运行效果情况	缺陷及整改更新情况
机构	内部控制领导机构				
	内部控制实施机构				
	内部控制监督机构				
制度	内部控制制度				
文化	内部控制员工手册				
	内部控制培训				
2. 内部控制业务活动评价					
一级指标	二级指标	三级指标	控制措施设计情况	控制措施运行效果情况	缺陷及整改更新情况
控制环境	目标宗旨				
	育人价值观与责任				
	组织架构				
	人力资源				
	信息系统				

续表

2. 内部控制业务活动评价

一级指标	二级指标	三级指标	控制措施设计情况	控制措施运行效果情况	缺陷及整改更新情况
经济业务	合同管理业务				
	采购业务				
	筹资业务				
	负债活动				
	关联交易				
教育业务	招生业务				
	教学科研项目业务				
	教学工作业务				
	学生管理与升学就业业务				
其他业务	突发事件应急处置				
	其他高风险业务				

三、内部控制评价的内外部监督

与行政事业单位、企业的监督机制相比，非营利性民办学校的内外部监督既有共性，也有特殊性。行政事业单位的监督机制表现为权责明确，监督者和被监督者关系明确，监督组织（如上级业务部门、组织人事部门、审计部门、纪检监察部门）健全，且有正式的渠道确保监督者能够获得实施监督所需的信息。对于企业来说，它的监督者可以是内部的投资人、所有者，也可以是外部的消费者。投资人或所有者可以通过"用手投票"（行使表决权，如股东大会选举董事、董事会任免总经理等）和"用脚投票"（如在资本市场上抛售股票）这两种方式实施监督，消费者则在市场竞争环境下通过对商品的自由选择，以价格、市场占有率等信号将压力持续传递给生产者，从而形成外部硬性的市场监督机制。非营利性民办学校可以借鉴这些机制，但不能照搬，因为非营利性民办学校有不同的组织性质和不同的主体关系。

在内部监督方面，诸多非营利性民办学校建立了监事会，可由该机构履行内部控制的监督职能。不同非营利性民办学校在纪检监察机构、审计机构等的设置方面差异很大，已经设置的机构有的也难以有效发挥作用，因此需强化内部监督机构的设置和规范化建设。比如强化内部审计机构或内部控制专门管理机构或临时管理机构的设置。由内部控制专门管理机构负责内部控制体系的建设和运营工作，并在学校领导下指导其他业务部门推进内部控制规范建设。由内部审计机构负责内部控制评价工作，并根据监督情况提出缺陷弥补或整改建议，尤其要在缺陷报告意见基础上及时堵塞漏洞。有研究表明，由于物流、资金流、技术流、信息流和人员流等链条的存在，内部控制缺陷可能在组织间传染，从而形成内部控制缺陷的扩散现象。①

在外部监督方面，政府主管机构和登记注册机关应当将非营利性民办学校内部控制规范建立及运行情况纳入年度检查范围，督促非营利性民办学校建立健全内部控制体系，减少舞弊行为的发生，堵塞漏洞，降低合规风险、持续运营风险和虚假报告风险。此外，非营利性民办学校应请外部审计机构对学校财务报告、内部控制报告进行审计，并将审计后的报告向社会公开披露，以赢得家长、学生及利益相关者的信任，增强自身公信力，获得更多的社会支持。

这里有必要简要介绍我国台湾地区 2017 年修订的《学校财团法人及所设私立学校内部控制制度实施办法》中关于内部控制检查评价的规定。在学校财团法人及所设私立学校中，内部控制运行监督及检查评价主要通过"内部稽核"方式进行，该办法主要提出了以下几项要求：一是要求学校财团法人及所设私立学校根据实际情况配备专兼职稽核人员，或者设置专责稽核岗位，这些岗位受董事会、校长直接领导，确保内部控制制度得以持续和有效实施。接受稽核的相关业务单位或人员应当提供相关资料，积极配合。二是要求学校财团法人及所设私立学校制定稽核实施办法，规定内部稽核的目的、定位，稽核人员组成、职权及责任，稽核项目、时间、程序及执行方式。三是对稽核工作内容和程序提出了要求。在内容方面，要求在不与会计职能相抵触的前提下，对人事、财务、营运等活动，现金出纳处理，学校现金、银行存款及有价证券等进行事后稽核与盘点，对财务上增进效率与减少不经济支出的情况进行查核，并提出相关建议；在工作程序方面，要求制定稽核计划并经董事会审议通过。四是在稽核结果报告

---

① 王海林. 企业内部控制缺陷扩散与防扩散[M]. 北京：经济科学出版社，2022：174-175.

呈现与转送方面进行了规定。如果稽核发现内部控制制度缺失，或者发现异常事项及其他缺失事项，学校财团法人及所设私立学校应据实披露，检附工作底稿及相关资料，做成稽核报告并定期追踪。相关稽核报告应定期报送校长检阅，并将副本送交监察人。如果监察人发现重大违规或重大损害风险，应在接获报告后十日内以书面形式函报学校法人及主管机关。整体来看，稽核在内部控制发挥作用过程中形成了一道重要的防线，而且通过监察人建立了与外部监管机关的有机联系。但是，由于大部分学校财团法人及所设私立学校缺乏内部控制制度设计经验，而且内部控制增加了学校财团法人及所设私立学校的额外工作负荷，人手不够、精力不足，再加上实地开展稽核作业时花费时间多、实地访查单位有限等，我国台湾地区学校财团法人及所设私立学校的内部控制在实际运营过程中也存在制度执行难的问题。

第三节 强化内部控制规范建设与运用的建议

内部控制作为非营利性民办学校管控运营、报告和合规风险的重要手段，在实现控制目标上能够发挥重要作用，但是，从内部控制规范建设和运用的经验来看，需要在实践过程中考虑面临的问题并加以解决。

一、坚持内部控制的全员、全过程、全面覆盖

无论是企业还是行政事业单位，其内部控制规范的建立和实施都要求全员参与、全过程覆盖、全方面涉及，以提升自身的抗风险能力和管理水平，进而有效实现组织目标。非营利性民办学校也是如此。

全员指内部控制涉及的所有人员，不仅包括理事会或董事会成员、校领导、业务与职能部门干部，也包括其他教职员工。以举办者代表为主要成员的理事会或董事会，在内部控制建设中承担着构建控制环境、以身作则、以上率下和营造文化等至关重要的职责。所谓"上梁不正下梁歪"，如果理事会或董事会成员缺乏正直、合规运营的价值观，无视内部控制或凌驾于内部控制之上，学校不可避免会走向歧途，管理也很可能变得混乱。

从与非营利性民办学校相关的刑事案件中可以看到，一些违法违规行为往往由举办者或管理层带头实施。在决策机构层面，董事会应安排一名董事牵头负责内部控制工作，大型非营利性民办学校如非营利性民办高校、非营利性民办教育集团还应成立内部控制委员会。在执行机构层面，校长、副校长等校领导是内部控制设计、实施和监督的具体负责人，应安排一名副校长分管内部控制工作。在部门层面，应安排财务部门、审计部门或纪检监察部门承担内部控制职责，必要时应成立专门的内部控制部门。学校各职能部门中层干部应坚持"一岗双责"，负责业务发展的同时也要负责业务内部控制工作。在员工层面，每个岗位都可能存在舞弊或工作错误风险，只是风险发生的可能性、发生程度及损坏强度不同。在员工岗位实行源头控制，是避免内部控制重大缺陷出现的有效手段。

在业务流程上，内部控制涵盖了工作的计划、实施、评价、总结所有环节，也即从业务循环的全流程角度思考内部控制措施，形成工作闭环。因为业务开展过程中存在舞弊风险，而且业务计划拟定之初和评价总结环节的舞弊风险尤为突出，有的时候，计划拟定、评价和总结环节的舞弊造成的损失更大。所以，内部控制往往强调从业务循环或业务周期视角出发，针对全过程进行风险分析和控制点设计，实现"业控融合"，而不只是涵盖实施过程的关键环节。

在业务全面覆盖方面，内部控制应贯穿于决策、执行、监督等所有业务环节。内部控制不仅仅涵盖会计领域，也不仅仅涵盖经济业务领域，也要涵盖非经济业务领域和其他具有风险的业务领域，应从会计控制、经济业务内部控制走向全面的管理控制；内部控制不仅仅涉及基建业务、招生业务等"硬业务"领域，也涉及文化、价值观等"软业务"领域；内部控制不仅仅覆盖教学等常规工作领域，还应覆盖学生人身伤害、舆情发酵等突发事件的处理领域。

从风险防控的角度出发，可以依据IIA的"三线模型"架构"三全"内部控制体系，形成风险管理合力。非营利性民办学校的教务管理部门、总务管理部门、年级组/学科组、院系等是第一道防线，这道防线是发现问题、识别风险的前沿哨点。财务部门、合规部门、内部控制部门是第二道防线，主要负责防范财务风险、法律风险和内部控制建设不当的风险，凭借更专业的知识与能力抵御风险。内部审计部门、纪检监察部门是第三道防线，旨在对学校风险管理进行评价与监督，提供客观的结果反馈。当然，不同的学校、不同业务的控制重点、控制密度和控制强度会因为业务和岗位本身的性质而有所差异。因此，在设计和执行内部控制时，要因地制宜，不能一刀切。

二、正确认识和处理好内部控制与学校其他业务的关系

虽然内部控制自成体系，但是绝不能将内部控制看作既有业务的新增，或者把它当作既有业务的对立面，而应看成既有业务的正常组成部分。内部控制与既有业务之间的关系是嵌入式关系而非叠加式关系。以招生业务为例，即便没有内部控制的嵌入，招生业务本身也需要设立岗位、配置人员、明确重点、理顺流程、实施招生。但是，如果没有风险导向的内部控制嵌入，可能难以发现和避免招生过程中的重大失误或违规行为。内部控制嵌入后，通过梳理招生流程，分析流程中可能出现的重大舞弊风险点，同时在风险点上采取控制措施，并对这些控制措施的有效性进行定期或不定期的评价与总结，将会有效降低招生业务带来的违规风险，确保招生工作规范有序。

在一些业务中，嵌入内部控制之后可能会导致流程增加，进而使得工作费用、工作时间和精力投入等成本上升，甚至可能使工作效率降低。这就要考虑内部控制点设置与业务效率之间的平衡。如果控制点设置过密，不相容职务分离、授权审批过多过细，就可能导致业务运行效率下降。此时，应转变管理职能，考虑如何合并相应的控制点，降低控制密度，或者利用信息系统间的自动转接来代替人工控制。当然，对学校内部控制进行评价以及向内外部报告评价结果，这是新增的业务，非营利性民办学校可以将其与既有的监督评价业务进行整合，从整体上降低运营成本。

三、立足信息系统和数据库开展内部控制体系建设

信息化是增强内部控制的有效手段。通过信息系统加强对业务流程的关键节点的不相容职务分离控制和授权审批控制，明确不同人群的进入权限和使用门槛，能够有效减少舞弊现象的发生。例如，在人事管理方面，人事信息系统的分级授权、分岗设权、分事行权，能够有效避免单人操纵

系统时在人员招聘环节进行舞弊。在教学、研究等教育业务方面应用信息系统，能够有效实现双盲审评，避免人情关系对成果质量评价的干扰，从而有效降低教学科研业务质量审评中的风险。

当然，信息系统也是一把双刃剑，比如，有些犯罪分子会通过信息系统对会计出纳人员实施电信诈骗，因此加强信息安全保护，加强会计或出纳等岗位资金支出的内部控制具有十分重要的意义。在长期利用信息系统实施内部控制的基础上，非营利性民办学校应在日常业务领域建立基础性数据库，尤其应在舞弊或错误风险较大的采购、基建、合同、收支等经济业务领域，以及招生、教学质量保障、升学就业等教育业务领域，建立风险数据库、案例数据库和违规行为数据库，根据数据库整合形成风险预警机制，通过红黄绿灯制度对风险的演化和积累做出预警。

图 8.1 展示了某学生信息系统规划的毕业论文（设计）实施流程图。流程图能够清晰地展示教学秘书、学生、导师、系主任、答辩秘书、答辩组长等的基本工作职责和角色，也能清晰地展现整个论文撰写和提交流程。在这一流程中，我们可以明确影响毕业论文（设计）质量的关键风险环节，从而通过技术辅助加以控制。例如，在学生撰写初稿前，由导师对学生的课题和开题报告进行审核，从而设置了导师审核题目、导师审核开题报告、开题报告公开答辩三个把关节点。写作环节的把关节点是导师审核论文初稿和日志、导师审核定稿并评分。此外，系统还会邀请专家对学生选题进

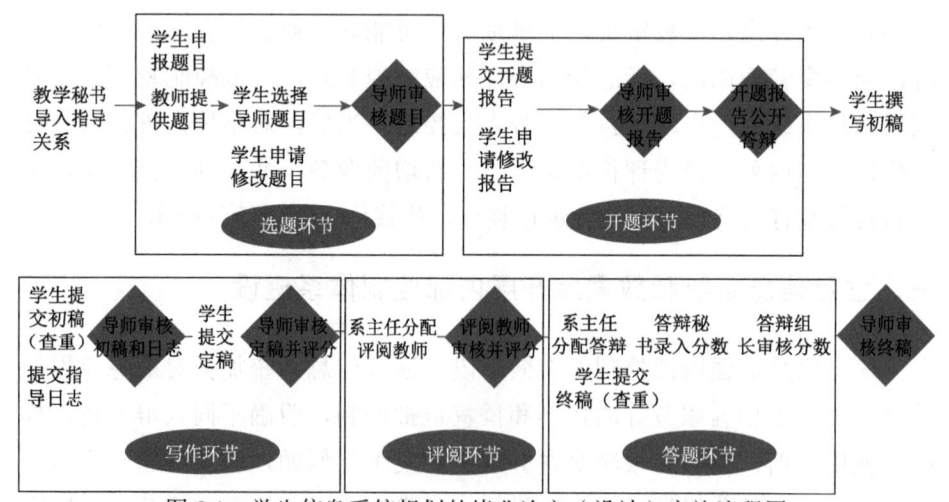

图 8.1 学生信息系统规划的毕业论文（设计）实施流程图

行抽样检查，就学生论文选题、导师选题指导等方面进行第三方质量把关。提交定稿后，还有评阅环节、答辩环节，从而能更好地把关论文质量。另外，该系统中专门设置了指导日志，以提高导师指导的频率，加强过程管理，降低导师指导不力带来的论文质量风险。系统还要求在交叉评阅前和终稿定稿后分别进行论文查重，从而有效规避学生可能因抄袭而引发的学术不端风险。

四、政府主导推动并将内部控制纳入年检和内外部审计范畴

内部控制是非营利性民办学校的自我监督、自我约束、自我节制机制。尽管该机制能够给非营利性民办学校带来降低不合规风险、确保可持续经营、实现战略目标、保证资产安全的长期价值，但由于会增加运营成本，并且相对限制了自我管理空间，所以非营利性民办学校自动自发构建并实施内部控制的积极性并不高。可借鉴面向企业和行政事业单位强化内部控制的做法，由政府制定相应的规范和指引[①]，要求非营利性民办学校加以推进。

我国面向企业的内部控制规范建设先是从特定类型的企业开始的。如中国人民银行、中国银监会[②]对银行和保险类企业提出强化内部控制的要求，中国证监会对证券公司提出构建内部控制的要求，国务院国资委对中央企业的要求，上海证券交易所、深圳证券交易所对上市公司的要求。在特定类型企业试点取得相应经验之后，财政部提出了一般企业构建内部控制体系的整体要求。财政部还提出了行政事业单位构建内部控制的相关要求，由审计署等相关部门在审计中加以推进。在发达国家比如美国，也是由行业组织制定具有共识性的内部控制框架，国会、SEC 和 GAO 等机构广泛参与，要求企业和其他政府机构、非营利组织建设和实施。即便如此，各单位内部控制的成熟度也参差不齐，有的从管理层贯彻实施的动力不强、推动力度不够，有的管理层甚至凌驾于内部控制之上，带头舞弊、指使作假。所以非营利性民办学校的内部控制需由政府主导推动，并且还要有相应的监督评价手段加以保障。

---

① 王阿娜. 民办高校内部控制的内涵、特点及基本思路[J]. 浙江树人大学学报（人文社会科学），2019（5）：14-17, 26.

② 2018 年 3 月，银监会撤销。

政府在发布规范和指南的同时，需要建立相应的监督评价体系。由律师事务所、会计师事务所等专业机构对非营利性民办学校内部控制加以审计，并在年检中对内部控制建立、实施及评价审计报告进行检查，要求学校向外公布相关的内部控制报告，促进内部控制信息公开，引导家长、学生及社会媒体对民办学校内部控制运行情况进行监督。必须充分认识到非营利性民办学校内部控制体系构建的艰巨性、复杂性和长期性，尤其需要政府专项规定、大力推进。

政府在大力推动过程中，也可以优化监管模式。政府对非营利性民办学校的检查，通常聚焦于其办学行为是否合规、资产是否安全等方面。但是，非营利性民办学校自身运行情况较为复杂，一些非营利性民办学校尤其是非营利性民办高校组织规模大、办学环节多，政府监管部门要想在诸如年检等短时间内发现其违规问题并非不可能，但监管成本高、监管效率低。事实上，政府可借鉴这些年来由内部控制衍生的合规监管做法，即政府在年检过程中重点检查非营利性民办学校内部控制体系的建立、实施与评价情况，甚至在成熟后只要求其每年报告内部审计和外部审计发现的主要问题以及对这些问题的整改情况。这样，将政府直接监管办学行为，转变为政府对非营利性民办学校自我监督、自我完善办学行为的监管，从而避免出现内部治理成本增加但是效果不佳的后果。在发现重大违规问题甚至犯罪行为之后，如果学校认错认罪认罚，愿意通过完善内部控制体系堵塞漏洞、避免再犯，行政部门可以通过行政和解协议暂缓行政处罚、减轻处罚，司法部门可以依法依程序采取刑事免起诉、延迟起诉或减免刑事处罚等办法予以激励。在这方面，可以借鉴涉案企业合规改革试点的经验。①

五、循序渐进推进内部控制体系建设

学校内部控制体系覆盖的范围广、涉及的人员多，需要大量专业知识并优化流程，还需要构建信息系统，因此，其总体建设工作不可能一蹴而就，需要分步规划、循序渐进地实施。在我国尚未统一规定非营利组织或非营利性民办学校开展内部控制体系建设的背景下，建议非营利性民办学校分两步开展内部控制体系建设工作。

---

① 陈瑞华. 企业合规管理体系建设的两种模式[J]. 法学评论，2024（1）：15-28.

第一步，针对合规要求建设合规内部控制体系。目前，世界上许多国家和地区都强调合规管理，我国中央企业、银行企业基本建立了合规管理体系。目前，我国针对涉案企业的合规改革试点工作正在不断完善。总之，合规管理体系的建立、合规监管的加强将成为未来非营利性民办学校监管的大趋势。非营利性民办学校可以通过梳理法律法规、政策、行业自律规范、学校内部规章制度，构建学校办学行为合规内部控制体系，规避违规风险。当然，合规内部控制体系的建设需要付出成本和努力，非营利性民办学校先期可以从最为重要、最为紧迫的专项合规控制体系建设入手，然后再逐渐实现全面合规。

比如，非营利性民办幼儿园的教育对象是学龄前儿童，有的需要校车接送。校车在运维过程中存在一定的安全风险。通过查阅一些与非营利性民办幼儿园有关联的案件，我们发现校车超载、校车司机饮酒驾驶等行为引发的犯罪案件时有发生。对于非营利性民办幼儿园来说，教育行政部门应当首先要求其建立校车安全合规内部控制体系，从专职人员、专有车辆、专项制度、接送环节等方面全面梳理校车购置和使用流程，分析其中的重大风险点并采取内部控制举措，从而防止危及儿童人身安全的事故发生，也避免幼儿园或负责人陷入刑事处罚的境地。

第二步，针对效益要求，有效调整和优化内部控制点和控制措施，建设致力于确保非营利性民办学校可持续发展、高质量发展的内部控制体系。合规只是保证了非营利性民办学校规范运营，并不能有效化解学校运营风险，学校可以通过分析外部政策环境、内部行政效率等，改进管理和业务流程，从而确保学校未来的可持续运营。

例如，在近年来学龄人口减少的背景下，非营利性民办学校应充分考虑自身的机制灵活优势，根据新时代家庭对优质民办教育的需求，大胆创新，充分实施教育教学改革或人才培养机制改革，在重大项目、重大工程改革方面建立相应的控制机制，确保改革取得成效。在中小学阶段，在有的家长和学校超前学习、知识内卷、过度刷题的情况下，非营利性民办中小学能否大胆改革，在保护学生好奇心和想象力、培养学生创新精神和实践能力、提高学生综合素质、增强学生社会情感能力方面走出新路？在高等教育阶段，非营利性民办高等院校在少子化的趋势下大致还有 7—10 年的生源黄金期。根据出生人口变化对高等教育普及化发展影响的研究结果，

2032年我国高等教育适龄人口将出现增长拐点，2035年后高等教育在学总规模将呈下降趋势[①]，届时必然有一批非营利性民办高等院校面临倒闭或退出的局面。在这种状况下，非营利性民办高等院校需要摆脱低质量、兜底性的自我定位，真正遵循技术技能型、应用型人才成长的规律，充分整合相应资源，走出人才培养特色化、高质量发展的新路。总之，在合规控制的前提下，非营利性民办学校需要在特色发展、高质量发展方面建立重大改革的控制机制，确保在未来激烈生源竞争中立于不败之地。

---

① 贺祖斌，段文星. 我国出生人口变化对高等教育普及化发展的影响——基于2000年以来国家人口政策的分析[J]. 高等教育研究，2023（11）：33-43.

参 考 文 献

〔美〕爱德华·卡尼等. 联邦政府内部控制[M]. 王光远等译. 北京：中国时代经济出版社，2009.
财政部会计司. 行政事业单位内部控制规范讲座[M]. 北京：经济科学出版社，2013.
财政部会计司编写组. 民间非营利组织会计制度讲解[M]. 北京：人民出版社，2005.
财政部会计司考察团. 英国和法国企业内部控制考察报告[J]. 会计研究，2007（9）：74-82.
蔡磊. 非营利组织基本法律制度研究[M]. 厦门：厦门大学出版社，2005.
陈焕娣. 高校内部控制建设及典型案例[M]. 苏州：苏州大学出版社，2022.
陈金罗，金锦萍，刘培峰. 中国非营利组织法专家建议稿[M]. 北京：社会科学文献出版社，2013.
陈瑞华. 企业合规基本理论[M]. 3版. 北京：法律出版社，2022.
陈作华. 内部控制质量与内部人寻租：基于内部人交易视角的经验证据[J]. 证券市场导报，2015（5）：25-32.
丁丽. 高等学校内部控制实务[M]. 北京：经济科学出版社，2021.
董圣足等. 民办学校分类管理推进策略研究[M]. 上海：华东师范大学出版社，2020.
樊行健，肖光红. 关于企业内部控制本质与概念的理论反思[J]. 会计研究，2014（2）：4-11, 94.
方红星，池国华. 内部控制[M]. 4版. 大连：东北财经大学出版社，2019.
冯巧根. 风险管理与内部控制[M]. 北京：人民邮电出版社，2019.
耿长娟. 从志愿失灵到新治理：萨拉蒙的非营利组织理论[M]. 北京：中国社会科学出版社，2019.
国际内部控制协会. 国际注册内部控制师通用知识与技能指南[M]. 邱健庭，徐莉莉译. 北京：中国财政经济出版社，2009.
贺志东. 最新企业内部控制原理与操作实务[M]. 北京：电子工业出版社，2019.
姜宏青，王玉莲，万鑫淼. 我国民间非营利组织绩效内部控制研究[J]. 山东大学学报（哲学社会科学版），2014（2）：53-62.
金锦萍，刘培峰. 转型社会中的民办非企业单位[M]. 北京：社会科学文献出版社，2012.
金锦萍. 社会组织财税制度[M]. 北京：中国社会出版社，2011.
景朝阳. 民办非企业单位导论[M]. 北京：中国社会出版社，2011.
李敏. 企业内部控制规范[M]. 3版. 上海：上海财经大学出版社，2021.
李维安，戴文涛. 公司治理、内部控制、风险管理的关系框架：基于战略管理视角[J]. 审计与经济研究，2013（4）：3-12.

李心合. 内部控制：从财务报告导向到价值创造导向[J]. 会计研究，2007（4）：54-60.

李钊. 民办高校办学风险防范研究[M]. 北京：社会科学文献出版社，2009.

李钊. 民办高校风险管理：理论与实践[M]. 北京：教育科学出版社，2012.

刘罡. 高校财务内部控制实务[M]. 北京：中国农业大学出版社，2018.

刘建银. 准营利性民办学校研究[M]. 北京：北京师范大学出版社，2010.

刘明辉，汪寿成. 人力资源内部控制与风险管理：理论·实务·案例[M]. 大连：大连出版社，2010.

刘太刚. 非营利组织及其法律规制[M]. 北京：中国法制出版社，2009.

刘霄仑. 基于COSO与Basel体系并行实施背景下的中国商业银行内部控制研究[D]. 南开大学博士学位论文，2012.

〔美〕罗伯特·穆勒. 新版COSO内部控制实施指南[M]. 秦荣生，张庆龙，韩菲译. 北京：电子工业出版社，2019.

毛新述，孟杰. 内部控制与诉讼风险[J]. 管理世界，2013（11）：155-165.

民间非营利组织会计实务研究组.《民间非营利组织会计制度》解读与操作指南[M]. 北京：中国财政经济出版社，2020.

缪艳娟. 企业内部控制研究：制度视角[M]. 大连：东北财经大学出版社，2009.

企业内部控制编审委员会. 企业内部控制主要风险点、关键控制点与案例解析（2023年版）[M]. 上海：立信会计出版社，2023.

邵金荣. 非营利组织与免税：民办教育等社会服务机构的免税问题[M]. 北京：社会科学文献出版社，2003.

施先旺. 内部控制理论的变迁及其启示[J]. 审计研究，2008（6）：79-83.

石泓，苟红岩. 上市证券公司内部控制评价指标体系的构建[J]. 财会月刊，2016（27）：93-96.

王阿娜. 民办高校内部控制的内涵、特点及基本思路[J]. 浙江树人大学学报（人文社会科学），2019（5）：14-17，26.

王炳照. 中国私学·私立学校·民办教育研究[M]. 济南：山东教育出版社，2002.

王国生，姚维刚. 民间非营利组织会计[M]. 北京：中国金融出版社，2005.

王海兵. 企业社会责任内部控制研究[M]. 成都：西南财经大学出版社，2020.

王慧英，黄元维. 地方民办教育分类管理新政：现状、难点议题与治理策略：基于25个省（自治区、直辖市）民办教育新政实施意见的文本分析[J]. 现代教育管理，2019（6）：56-61.

王名，李勇，黄浩明. 德国非营利组织[M]. 北京：清华大学出版社，2006.

王名，李勇，黄浩明. 英国非营利组织[M]. 北京：社会科学文献出版社，2009.

王名. 社会组织论纲[M]. 北京：社会科学文献出版社，2013.

王清刚. 内部控制与风险管理：理论、实践与案例[M]. 北京：高等教育出版社，2019.

王成. 公共部门内部控制：最高审计机关国际组织内部控制概念的更新[J]. 中国内部审计，2005（12）：71-73.

王汝滨. G民办高校内部控制建设的优化研究[D]. 重庆理工大学硕士学位论文，2020.

谢志华. 内部控制、公司治理、风险管理：关系与整合[J]. 会计研究，2007（10）：37-45，95.

杨雄胜. 内部控制范畴定义探索[J]. 会计研究, 2011（8）: 46-52, 96.
杨有红. 企业内部控制系统: 构建·运行·评价[M]. 北京: 北京大学出版社, 2013.
应益华. 对南洋教育集团倒闭的反思[J]. 财会月刊, 2007（6）: 87-88.
俞雪花. 基于企业文化视角的内部控制[M]. 北京: 人民出版社, 2011.
袁曙宏, 李晓红, 许安标. 《中华人民共和国民办教育促进法》释义[M]. 北京: 中国民主法制出版社, 2017.
曾帅. Z民办高校的内部控制研究[D]. 东北财经大学硕士学位论文, 2022.
张春生. 中华人民共和国民办教育促进法释义[M]. 北京: 法律出版社, 2003.
张庆龙. 高校内部控制建设实施操作指南[M]. 北京: 经济科学出版社, 2018.
张庆龙. 政府部门内部控制: 框架设计与有效运行[M]. 北京: 化学工业出版社, 2012.
张铁明. "火烧铁索连环船"的败局及其启示: 南洋教育集团储备金办学模式崩溃的剖析[J]. 教育发展研究, 2007（10）: 7-13.
张宜霞, 舒惠好. 内部控制国际比较研究[M]. 北京: 中国财政经济出版社, 2006.
张远凤, 邓汉慧, 徐军玲. 非营利组织管理: 理论、制度与实务[M]. 北京: 北京大学出版社, 2016.
章琳一, 张洪辉. 无控股股东、内部人控制与内部控制质量[J]. 审计研究, 2020（1）: 96-104.
郑雁鸣, 刘建银. 现存民办学校向非营利性过渡的政策分析[J]. 教育科学, 2018（2）: 8-13.
中华人民共和国财政部. 企业内部控制规范[M]. 北京: 中国财政经济出版社, 2010.
中华人民共和国财政部制定. 民间非营利组织会计制度（2004）[M]. 北京: 经济科学出版社, 2004.
周美华, 林斌, 林东杰. 管理层权力、内部控制与腐败治理[J]. 会计研究, 2016（3）: 56-63, 96.
〔美〕COSO. 企业风险管理: 整合框架[M]. 2版. 方红星, 王宏译. 大连: 东北财经大学出版社, 2017.
〔美〕COSO. 企业风险管理: 整合框架应用技术[M]. 张宜霞译. 大连: 东北财经大学出版社, 2017.
〔美〕Treadway委员会发起组织委员会（COSO）. 内部控制: 整合框架（2013）[M]. 财政部会计司组织翻译. 北京: 中国财政经济出版社, 2014.
〔美〕Treadway委员会发起组织委员会（COSO）. 内部控制: 整合框架[M]. 方红星主译. 大连: 东北财经大学出版社, 2008.
Anheier H K & List R A. *A Dictionary of Civil Society, Philanthropy and the Non-profit Sector*. Bodmin: MPG Books, 2005.
Center for Civil Society Studies, John Hopkins University. Comparative Nonprofit Sector Project(1991-2017) [EB/OL]. （2021-05-22）[2024-08-07]. http://ccss.jhu.edu/research-projects/comparative-nonprofit- sector-project/.
COSO. Achieving effective Internal Control over Sustainability Reporting （ICSR）: Building trust and confidence through the COSO Internal Control — Integrated Framework[EB/OL]. （2023-05-20）[2024-08-09]. https://www.coso.org/_files/ugd/

3059fc_a3a66be7a48c47e1a285cef0b1f64c92.pdf.

Dorminey J, Fleming A S, Kranacher M J, et al. The evolution of fraud theory[J]. *Issues in Accounting Education*, 2012, 27(2): 555-579.

Dzomira S. Internal controls and fraud schemes in not-for-profit organisations: A guide for good practice[J]. *Research Journal of Finance and Accounting*, 2014, 5(2): 118-126

European Commission. Internal Control Framework[EB/OL]. （2017-09-20）[2024-07-11]. https://ec.europa.eu/info/publications/internal-control-standards_en.

FRC. Guidance on Risk Management, Internal Control and Related Financial and Business Reporting[EB/OL]. （2014-09-17）[2024-08-11]. https://media.frc.org.uk/documents/Guidance_on_Risk_Management_Internal_Control_and_Related_Financial_and_Business_Reporting_September.pdf.

GAO. Standards for Internal Control in the Federal Government[EB/OL]. （2014-09-10）[2024-07-15]. https://www.gao.gov/assets/gao-14-704g.pdf.

IFAC and CIPFA. International Framework: Good Governance in the Public Sector[EB/OL]. （2014-07-01）[2024-07-10]. https://www.ifac.org/knowledge-gateway/professional-accountants-business-paib/publications/international-framework-good-governance-public-sector.

IFC. Internal Control Handbook[EB/OL]. （2022-01-31）[2024-06-30]. https://www.ifc.org/en/insights-reports/2022/internal-control-handbook.

ISACA. COBIT[EB/OL]. （2024-01-03）[2024-08-14]. https://www.isaca.org/resources/cobit.

OMB. OMB Circular A-123-Management's Responsibility for Internal Control[OB/OL]. （2004-12-04）[2023-02-04]. https://obamawhitehouse.archives.gov/omb/circulars_a123_rev/.

PSC-INTOSAI. Guideline for Internal Control Standards for the Public Sector（INTOSAI GOV 9100）[EB/OL]. （2022-06-20）[2024-08-14]. https://www.psc-intosai.org/wp-content/uploads/2022/06/INTOSAI-GOV-9100_e.pdf.

The Institute of Internal Auditors. The IIA's Three Lines Model: An update of the Three Lines of Defense[EB/OL].（2020-07-01）[2024-06-15]. https://www.theiia.org/globalassets/documents/resources/the-iias-three-lines-model-an-update-of-the-three-lines-of-defense-july-2020/three-lines-model-updated-english.pdf.

后 记

党的二十大报告确立的"引导规范民办教育发展"方针，明确了我国民办教育中长期发展的基本政策导向。我们理解，"引导"的落脚点是坚持公益和高质量发展，"规范"的落脚点是实现合规。应该说，改革开放40多年来，我国民办教育取得了巨大的发展成就，民办学校的办学行为也日渐规范。但是，一些民办学校内部仍存在合规问题突出、运营风险较大、自我约束不力等现象，这反映出一些管理制度在实际执行中仍面临困难。因此，需要寻找新的路径来强化民办学校的规范办学。多年来，我国借鉴国际经验，结合中国国情，针对行政事业单位和企业（尤其是大型国有企业和上市公司），全面建立了内部控制制度。尽管这些制度在执行过程中也存在一些问题，但在强化组织规范化运行方面发挥了应有作用。而且，通过将内部控制纳入内外部审计流程，将年度评价后的信息上报或对外披露等，相关单位的内部控制得以持续改进，执行效能也逐渐得到肯定。目前，我国出台了许多务实管用的引导规范民间非营利组织和民办学校发展的政策措施，但明确以风险管理为特征并系统架构其内部控制的专门规范尚待确立，因此有必要在理论上展开探索。

本书集中研究面向非营利性民办学校的内部控制。一是因为长期以来非营利性民办学校是民办教育的主体，二是因为针对民间非营利组织的专门系统的内部控制规范不足，在这方面进行探讨更有意义。本书首先介绍了研究背景与方法，然后借助内部控制理论形成了本书的分析框架。在此基础上，开展了面向民间非营利性组织和非营利性民办学校的组织性质分析、制度基础分析和案例研究。同时，介绍了世界上有代表性的内部控制规范。最后，基于以上分析提出了非营利性民办学校内部控制规范的构建框架。需要指出的是，内部控制并非万能，对于非营利性民办学校实现合规目标、真实完整报告目标以及可持续发展目标而言，它只能提供合理的保证，而非绝对的保证，在实施过程中，还需要相应的行政、司法政策加以激励。

  内部控制涉及内容十分广泛，尤其是从管理角度出发的综合控制涵盖了组织管理的方方面面，关联的政策和法律法规也很多，笔者在本书写作过程中虽已竭尽心力，但难免会有疏漏。敬请各位读者、方家予以批评指正！

刘建银（scljy@126.com）

2025 年 6 月 18 日